忆往昔，敬过往，慕先贤，羡才华。

莆田人在宁波

People from Putian in Ningbo

王国宝 著

宁波出版社
NINGBO PUBLISHING HOUSE

图书在版编目（CIP）数据

莆田人在宁波 / 王国宝著 . -- 宁波：宁波出版社，
2023.9
　ISBN 978-7-5526-5085-3

　Ⅰ . ①莆… Ⅱ . ①王… Ⅲ . ①历史人物—生平事迹—
宁波 Ⅳ . ① K820.855.3

中国国家版本馆 CIP 数据核字（2023）第 160784 号

莆田人在宁波

PUTIANREN ZAI NINGBO

王国宝　著

责任编辑	孙秀秀
责任校对	谢路漫
封面设计	江海鹏
装帧设计	金字斋
出版发行	宁波出版社
	（宁波市甬江大道 1 号宁波书城 8 号楼 6 楼　邮编　315040）
网　　址	http://www.nbcbs.com
印　　刷	宁波白云印刷有限公司
开　　本	710mm×1000mm　1/16
印　　张	19.75
插　　页	1.5
字　　数	330 千
版　　次	2023 年 9 月第 1 版
印　　次	2023 年 9 月第 1 次印刷
标准书号	ISBN 978-7-5526-5085-3
定　　价	76.00 元

如发现缺页或倒装，影响阅读，请与出版社联系调换　电话：0574-87248279

莆田博物馆(蔡昊摄)

莆田城北云雾缭绕(蔡昊摄)

莆田东庄河道日落（蔡昊摄）

莆田湄洲岛全景（高亚成摄）

莆田城区清晨平流雾（蔡昊摄）

莆田荔园路城区段绚丽夜景（蔡昊摄）

莆田古谯楼夜景（蔡昊摄）

莆田湄洲岛妈祖祖庙新年祈福（高亚成摄）

莆田木兰溪（蔡昊摄）

莆田木兰溪南北洋平原（蔡昊摄）

莆田湄洲岛妈祖祖庙（蔡昊摄）

莆田湄洲岛妈祖石雕像(蔡昊摄)

莆田玉湖新城夜景(蔡昊摄)

莆田涵江东方二十五坎(蔡昊摄)

莆田湄洲女赶海(蔡昊摄)

莆田南少林寺(蔡昊摄)

莆田木兰陂(蔡昊摄)

莆田洋尾村(蔡昊摄)

宁波东钱湖（叶炜摄）

宁波潮涌港口（俞婉君摄）

宁波天一广场（叶炜摄）

宁波三江口（叶炜摄）

宁波象山石浦（周思聪摄）

宁波奉化雪窦寺弥勒大佛（周思聪摄）

·· 指导单位 ··

中国人民政治协商会议莆田市委员会

·· 特别鸣谢 ··

福建省人民政府顾问　柯志华先生

宁波市莆田商会第二届执行会长　潘文庆先生

•• 谨以此书 ••

向一如既往支持、关心、帮助本书出版的各界人士表示衷心感谢！

序　言

忆往昔，敬过往，慕先贤，羡才华。

古之"莆田人在宁波"，或因宦海沉浮、婚嫁因袭、秩满致仕，或因垦殖开发、渔业捕捞、经商占籍，千里之奔，士俗争赴，如过江之鲫，何止万千！有的居无定所，食无时辰；有的莫知其所居，未详其姓名。有的停留时间不长，但依然有一定的影响；有的室如斗大，却勾画出广厦万间。其因虽异，却暗合走出小天地、放眼大世界和以区区之身之蚁力而肩负除旧布新之重任。其中虽有个别谋权、谋利、谋名之人，更多的则是忠勇义德、孝廉仁慈、智信礼严者，晚学为之浩叹。

今之莆田人在宁波，常被贴上标签，其实那只是极少数人，完全代表不了绝大多数的莆田人。而真正令人倍感自豪的，则是"行善、立德、大爱"的妈祖文化，她是莆田地域文化的代表，更是莆田人的荣誉与骄傲。晚学乃福建莆田人也，甫成年，谋生于宁波，遂定居焉。人生苦短，倏忽之间，已年逾花甲。莆田乃生我养我之地，是吾故乡；宁波为安居乐业之邦，乃第二故乡，皆钟情也。

福建远古属百越之闽越，简称"闽"，元代下辖福州、兴化、泉州、漳州、建宁、延平、汀州、邵武等八路，故有"八闽"之别称。我所熟知的福建人，尤其是莆田人，多良朋真友，他们敢走夜路，四海为家，输了笑笑，爱拼会赢，忙者

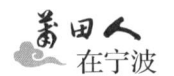

自促,天地本宽,贫贫富富皆有循环;我所接触的宁波人,三回六转者稀,家运兴盛者著,他们精明理性,恬淡质朴,常见鹤发相迎,不乏翠眉款接,在安宁平静的日子里,过着充实宽慰的生活。

福建和浙江接壤,莆田与宁波相揖,独特的地理环境与人文关系,相同的山川云雾和海洋基因,赋予莆田山海般的气魄及温润,如山之坚,如海之恒,自古为然,于今为甚。

笔者长期从事文史工作,明灯时做伴,古书常为朋,但凡读到莆田人在宁波之事迹记载,勤录之于纸,强记之于胸,经年累月间,竟集涉百余人之众。盖因中国历史悠久,中华文化源远流长,王朝更替,尘埃飞扬,诸历史现象、事件等古朴多彩,奇异纷呈,在领略古人意境、奉行先贤教诲的同时,采集古早在宁波的莆田人的念头油然而生,故采获期间,深感熨帖。

然欲引径布丝,却或十指漏缝,有时人如摆钟,神摇意夺。而每游莆田故地,循路而行,却又如整理旧书,天涯咫尺。为筹生计,更是深沉凝重,上不及乌鸟。回望悠长的历史隧道,深入琐碎的日常,万事开头不易,中间坚持更难。

就宁波城区,有宋代的方轸自福建莆田迁至五乡方家庄;宋代莆田人郑永中,字育之,郑庄后裔,郑僎之子,元丰(1078—1085)中以荫补任慈溪(今属宁波)知县;宋代陈卓乃莆田迁鄞始祖陈膏之孙,居梅墟;宋代陈大耆亦自莆田来,迁居于姜山前横、后横和余姚高车头等处;宋代林实自福建莆田迁居横街头上陈,林茂山、林茂峰兄弟也自福建徙周宿渡,裔孙分迁江东、东吴沙地、南门外、定海、校场底、天官第、城隍庙跟、江北岸等处,林实之后林添迁居城内水浮桥,此派称北郭林氏,官明州录事参军林真则自莆田迁城内湖西;宋代翁仲通自福建莆田来,官于鄞,迁家居蜃蛟北湖后山翁家;宋建炎绍兴年间,凌宗业以子贵赠光禄大夫,自福建莆田县来,居钟公庙凌家埠,其子姓有分迁韩岭、车厩、慈溪等地,明时凌文龙居城内濠河头,清咸丰(1851—1861)进士凌行均、凌行堂、凌忠镇为其后裔;龚姓先自福建莆田迁至余姚,宋时则有龚启生、启享兄弟自余姚迁鄞东咸祥;宋端平二年(1235)吴叔告榜进士郑埏,莆田人,历官明州教授,除国子学录,通判泉州。元至顺年间（1330—1333），志书首录汤彦自福建迁来城内菱池头。明代陈楷则自集士港迁湖里陈，其先世自莆田来，与梅墟、东吴陈姓同宗。清乾隆（1736—1795）初，佘又显自福建莆田徙城内马衙漕。

莆田人在宁波为官者益多，成就者不朽而存。如莆田仙游人杨崇鼎，杨在尧之子，能文善武，胸有大志，时为风云人物，被陈洪进选为女婿。后周显德七年（960），宋太祖赵匡胤建立宋廷政权，迅速统一了中原，威震四海，宋王朝授杨崇鼎为明州推官，升大理寺丞、知惠州（今属广东）；又如宋代莆田人宋砥于绍兴七年（1137），任象山县令，时征徭无度，宋砥至，悉厘正之，锄奸豪，教民以孝悌，邑苦旱，于是收赎锾，置灰壤之利，积钱三百万有奇，以次修举堰碶，躬即其地，以勉民作。又浚流泉，增堤防，尽发旧址而新之，邑民德之，有记；又如宋端平二年（1235）吴叔告榜进士，莆田人郑嵩起之子郑斑，历官明州（今宁波）教授；再如明代莆田人陈文讲，嘉靖二年（1523）任象山县教谕，性直，不能容人之过，知县史篁严惮之，时役民修大成殿，有贿以二十金免助役者，文讲拜圣像前曰："吾受此何以对先圣？"挥去之，捐俸置祭器，至明末犹存焉，后升崇阳知县，至鄞县（今属宁波）卒。

除了进士，还有举人。仅明朝一代，莆田人就有永乐十八年（1420）吴观榜举人洪琰，任慈溪训导；景泰七年（1456）杨瑛榜举人许文著，许文烨从弟（堂弟），任奉化县学教谕；天顺三年（1459）杨琅榜举人吴孜，吴绎思之兄，历鄞县教谕；成化元年（1465）赵珏榜举人陈纯，官定海教谕；成化四年（1468）黄文琳榜举人陈察，陈珪之子，任慈溪教谕；成化十三年（1477）蔡清榜举人朱瑾，朱津之曾孙，朱恺之从弟，任鄞县县学教谕；同年同榜举人李文献，从兄李伯通，历定海县学教谕；成化十九年（1483）陈仁榜举人李有嘉，李长源从弟，任鄞县县学教谕。

而因手头史料奇缺，相当部分人事则汪目望洋，不知所为。如明代莆田人姚鸣佩，嘉靖四十三年（1564）任象山知县；明代莆田进士宋汉，万历四十五年（1617）任象山推官；清代福建仙游武举张应春，乾隆二十年（1755）任象山右营守备；民国兴化廪贡廖立元，五年（1916）任象山知事等。

再如台州一地，早在西晋太康元年（280），就与宁波缘叨幸会，历史上分

出、并入、分划、改属、复归、划属等屡有变更。台州的三门地处浙东沿海,位于宁波宁海县之东,背靠象山港,当地林氏人口近四万,约占三门县总人口的十分之一。据各聚居村林氏宗谱记载,早在唐宋时期,就有林氏人员不断从福建莆田等地迁徙而来,在为当地做出贡献的同时,也带来了妈祖文化。回首感怀万千,思乡之情无尽,如今在宁波发展的林永国即三门林氏后裔,其非徒善创,亦且善因,盖已愈此,故书之。此地亦有宋绍兴八年(1138)莆田进士姚廷瑰,官至承议郎、台州崇道观主管;宋隆兴元年(1163)林寀,官台州教授。明代莆田进士杨万程,嘉靖二十六年(1547)任台州府知府,此后同乡进士陈策亦任台州府知府;明正统年间(1436—1449)莆田仙游人柯添,以贡授台州府学训导;莆田人黄初,明天顺六年(1462)福建乡试第一名、解元,曾任台州府学教授,同年福建乡试黄初榜举人林仲壁则官台州府同知;明嘉靖(1522—1566)莆田进士林应箕,曾巡按浙江,建修奉化县城,奏倭寇焚劫浙江地方状,参论失事所由,提抗倭方略;明代莆田人方涞,万历七年(1579)官台州府通判;明代莆田进士黄景星,约万历二十九年(1601)后任台州府推官,升刑部主事;明代莆田人郭世忠,约万历四十年(1612)后官台州府同知。

其他地区则有宋代莆田仙游人陈尧则,以父荫补余姚县尉;明代莆田人黄斌卿,崇祯元年(1628)以父殁于军,荫百户,十年(1637),因军功调浙江宁台参将,统领水师,镇守舟山……

舟山亦然,早在春秋时期,今舟山的定海一带即属"甬东",后屡有调整。

宁波人任职福建莆田留下政绩的也大有人在,如明代宁波人王彝,宣德八年(1433)曾任仙游知县,诚恳爱民,勤于职业,既有备,乃营县治、建学宫、筑坛址,修理仓库门路,百工偕作,民不知劳。甫三载,卒于官。邑人哀慕不已,立碑颂德,作祠塑像,春秋报祀。《重刊兴化府志》评论:"王彝有治材,而加之以至诚恻怛,此民所以深感之也。"

宁波奉化人汪元春(1208—1266),字景新,少颖悟,从学于余端臣、王贯道,受其《诗》学,称雄诸生间,与浙江著名学者黄震同门,宋淳祐元年(1241)进士,调上虞尉。宝祐四年(1256),任省试考官,独褒黄震答卷,后黄震前往

序　言

答谢，汪元春方知乃同门晚出，遂为莫逆之交，"每以出处大致相勉励"。咸淳二年（1266）以宗学博士知兴化军，妻妾不之官。却例钱不受，而禁其官属。每食，蔬饭一盂，事至即面问而立决之。为政率以教化为先，扶善抑恶，锄强植弱，修弊起废。甫二月而卒。卒后三日，众为立庙祀之，且以金助其归费。其弟与子，泣辞不受。卒后，黄震为其作祭文和行状。众因刻其祭诔、哀辞，著有《遗爱录》等。

月忌岁不同，总成忙世界，于是也生出了一些剪不断、理还乱的枝节……

本书所录所记，有平凡、平淡者，又非俗人、庸人所及，他们不以躬耕为耻，不以无财为病，不以忙闲作辍，不以生死易心，能言时人所不能言与不敢言，做好人、行好事，不管公派私遣，无论亲疏贵贱，皆能踏实相互，水乳交融，故其出处渊源，以极尽匹夫之所执所力者为多，有些甚至比高文大册更有张力，其志又岂小哉！

当然古今之地，既育香花，也长杂草；许大世界，既有销魂片片，亦有伤情朵朵。更何况，还有非黑非白的灰色地带。天地未尝一瞬不变，是人皆有俗虑情怀，加上时代的局限，倘用今人的道德标准去评判古人，不仅折断了人物故事，更难以知道更真切的过往，这也是晚学未能写尽的缘故。

至于古代官员但凡涉贪舞弊，更会在奢华的世界里挥金如土，大官能盘活整个家族，如明代严嵩。而廉正恤民者，日常挥汗如雨，为官之后反而贫困，是谓勤者苦、俭者吝、辩者冤、廉者饥也，与巧取豪夺者形成鲜明对比。此天理之不存，人心之不容。

另则，今人易懂，古籍却字深词约，不易检点，考证更难，因而时常出现剪碎易、凑成难，割彼凑此、更难贴合的实际与尴尬。相当部分的史料，或惜其不传，或所记不详，或残缺不全，或有呼不应，或前誉后毁，或前是后非，或前后纷纭，或自相矛盾，但凡目之所及，力之所至，笔亦随之，更无躲闪。

未能亲闻亲历，亦难闻一知十，故本书篇章大小无定式，史料多则详、少则寡，既有执着难舍之愚钝，亦有搜集资料不够充分之原因，不能面面俱到，难免有撰写之讹。朝代、人物的前后排列，因事件因果与相关性、时空交互与认知角度等等，以大致时序展开。部分引用的著作和参考资料，因文义别

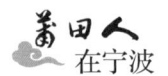

解、字句模糊、残损脱漏、术语诠释等情由，考据过程更为烦琐与困难，尤其是个别较为冷僻的措辞、复杂的辈分关系、庞大的官制结构，以及不同的评点专论、是非取舍，有的虽略加译释，也是强学力行，存在诸多脱节、不确切、缺少照应之处。故文中多引史籍原文，权作开门锁钥。关于现代部分选取极少的原因，既有篇幅所限，亦有其事迹众所周知等原因，故不复赘述。书中之所写，可能会耗费别人的时间，此非不能简，而是不敢省，书中之未及亦非不愿为，实乃不能为。

书之付梓，只是婴儿落地，尚需学语、学步。晚学自知才疏，自愧学浅，仁文义武，皆自叹不如。亦疑身之未周，言之或失，所有未得确解、自无定衡之处，欲断不可、欲续不能，有待高明点化，后出更新前修，皇皇惟敬，北面事之。

写意无穷，流情不尽，谨以此书，向所有品德优良的人们致敬！

王国宝于三头斋

癸卯年暑月

目　录

唐　宋

唐代	吴　祭	授官浙江主事,后裔吴英曾任浙江提标都司、定海总兵 /003
南唐	陈大雅	祖籍莆田,徙居象山,君子风范,父子皆贤 /010
宋代	徐　确	考证《禹贡》,任宁波象山知县,拒运"花石纲",宦绩廉明 /016
宋代	陈　淬	岳飞上司,功勋卓著,屠刀面前大义凛然 /021
宋代	林成材	一位因教学创见而迁调宁波的官员 /026
宋代	陈　膏	迁居宁波,得高宗皇帝玉音嘉喻 /031
宋代	方　轸	节而仗义,弹劾蔡京,迁鄞县县令 /037
宋代	郑耕老	曾任明州教授,天下"道理最大"乃其名 /043
宋代	林　正	不伐己功、不矜己能的定海知县 /048
宋代	沈法询	在宁波城内首建妈祖庙的莆田人 /054
宋代	方崧卿	学识淹贯,持身廉洁,历任明州、象山,甚得民心 /060
宋代	释戒香　释守惠　释觉空	佛性本具足,佛缘处处在 /067
宋代	方秉文	詹骙榜进士,官至明州象山县令 /073

宋代	林霅	以父荫补官,历明州荆曹属吏及管检法 /078
宋代	林枅	倡廉亲民尽忠实,曾知庆元府 /084
宋代	蔡戡	蔡襄四世孙,侃直忠亮,曾任职明州 /089
宋代	丁伯桂	作《顺济圣妃庙记》,知定海,敢言善谏 /095
宋代	顾汝美	知鄞县,修县衙,为官之道,勤公实廉 /101
宋代	陈卓	知余姚,在梅墟建"菊坡书院",俱清白名 /105
宋代	陈允平	博雅善文辞,与吴梦窗齐名,曾任余姚令 /111

元 明 清

元代	陈旅	集文士官员于一身,为宁波作《庆元路儒学新修庙学记》 /117
明代	周坦	立教有本,躬行为是,曾任宁波儒学训导 /123
明代	方逵	任宁波知府,重建尊经阁,重修灵桥,校刻《宁波郡志》 /128
明代	马思聪	绝食六日,宁死不屈,曾任象山知县,父子双忠 /135
明代	林富 林万潮	父子皆任职宁波,折减广德湖额赋等政绩卓然 /140
明代	杨大黍 莆田杨氏	任宁波府推官,调河源县知县 /145
明代	唐时雍 唐师锡	父子皆任职宁波,士范甚端,以淡泊率僚属 /149
明代	吴三畏 曾梦鳌 林光庭 宋祖腾	皆任职宁海 /153
明代	林继贤	虽一目失明,但决案公正,深得民心,人呼"林青天" /159
明代	黄仕达	任宁波府同知,垂名《宁波府题名记》 /164
明代	郑应龄	郑露后裔,曾任宁波府通判,人谓无愧于海瑞 /170
明代	昌应时	曾任宁波府推官,殚心苴政,孜孜课艺 /176
明代	杨继宗	曾任象山县教谕,为当地教育事业贡献良多 /181
明代	徐廷龙	曾任宁波象山知县,任上不烦敲扑,以德化民尽其贤 /186
明代	李多见	曾任象山县知县,宁波府通判,有德政清誉 /191
明代	陈其志	王阳明弟子,为人恭俭宽厚,曾任宁波府奉化知县 /196
明代	柯昶	曾任鄞县知县,举异卓,民尤德之,有神明之誉 /200
明清	吴鹏 林士雅 邹铨 林绪光 陈宗器	皆任职宁波奉化 /205

| 明清 | **李纯　朱子宣　林玄　郑远**等　皆任职宁波　/210
| 清代 | **吴　英**　曾任宁波府提标都司、定海总兵,勋崇山海,泽沛军民　/216
| 清代 | **吕瑞麟**　胆略并优,曾任宁波镇海城守营参将　/222
| 清代 | **释慧修**　住持宝庆寺、天童寺,示寂后全身塔在宝庆寺　/227
| 清代 | **黄邦杰**　在宁波开设商行,乃莆田桂圆干行业巨商　/232

近代以来

| 近代 | **郑维春**　先世自兴化迁居象山,风来雨落　/241
| 近代 | **林柏青**　开设货行,经营起家,航运之星,商海达人　/246
| 近代 | **朱　铎**　百年来兴化画坛花鸟创作成就最大者,与宁波结缘　/251
| 当代 | **刘玉栋**　中国篮球的骄傲,被称为"战神",曾司职宁波　/255
| 当代 | **翁国良**　从战士到副司令员,战风浪斗海盗解救遇袭船只　/259
| 当代 | **陈国潘**　从潜艇艇长到宁波港集团副总裁,荣誉满载　/264
| 当代 | **林国聪**　从水下考古到文化遗产管理研究,业峻鸿绩　/268
| 当代 | **林奇松　潘文庆**　宁波市莆田商会创会会长和第二届执行会长,缘之所寄,益奇益庆　/274

主要参考文献 /282

后　记　半路出家,实干最佳 /295

唐宋
TANG SONG

虞世南

春苑月裴回，竹堂侵夜开。
鸟排林度，风花隔水来。

《春夜》

莫把舞裙歌

好在故园桃

湖上送残春，

代黄公度

> 唐代

吴 祭

授官浙江主事,后裔吴英曾任浙江提标都司、定海总兵

　　吴氏乃莆田望族,其为迄今为止在史料记载中发现的最早以氏族入闽的姓氏群体。据初步统计,吴氏后裔在莆田黄石一支仅到宋代,就已分成18房系。除了莆田,吴氏后裔在福建其他地区以及广东、浙江、海南、台湾、香港等地,乃至东南亚、美洲、欧洲等地,约有116支系,其中台湾就有吴祭后裔人口60余万,在全台湾排序位居第七。另据有关资料介绍,历经唐、宋、元、明、清各代,吴氏后裔中涌现出了140多位进士,堪称"进士家族"。

　　其时,全国各地吴氏开基始祖众多,年代不一,其中亦有迁播浙江宁波者。据《宁波市志外编》载称,自唐末外地迁入宁波奉化的就有王、江、林、吴等较大姓氏,不仅加快了当地人口的增长,也给地方带来了更多的生产活力。

　　至于吴氏与浙江有据可循、与宁波有例可援者,则有吴祭。"莆田文化网"介绍吴祭原籍河南光州固始县善进乡,22岁中举,25岁授浙江主事,37岁任工部屯田员外郎,51岁起官拜平章政事兼观察使。另据《五塘总谱》、《福建莆田吴祭世系宗谱》、民国《莆田县志》、《入闽始祖祭公传》、《莆田市名人志》所载:

　　吴祭(约824—约906[①]),字孝先,号道成。莆田县黄石(今荔城区黄

石镇水南村)人,祖籍河南光州固始县[②]。莆田黄石水南吴氏始祖。为最早入闽开发福建的先贤之一。吴祭自幼习举子业,博览群书,广求六艺,早岁名驰国子,唐会昌五年(845)擢乡魁出身,宣宗大中年间(847—860)再应漕举[③],授浙江主事,调知工部屯田员外郎。僖宗中和四年(884)黄巢起义,(吴祭)以福建观察使收捕黄巢余党,与王审知、翁承赞[④]等三十六士大夫协讨平之。吴祭一行老幼三十余人,住福州侯官县。昭宗光化三年(900),王审知据八州之地,同士大夫多以移事,吴祭与堂从兄弟六人,义不从逆,避地分居福、泉间,或迁莆田,或迁沙尤,或迁侯官等地,皆能因地以成伟族。吴祭与其弟吴兴入莆迁居莆田北隅灵岩山,再徙居黄石之沈浦,率民开垦莆田的南洋和北洋万余顷。开沟挖渠,建海堤,围滩涂,兴修水利,抚民安民。因出身中原望族,潜心办学,广设书院,教化乡民。宋左丞相陈俊卿赞吴祭:"大哉儒宗,百世仰止,粤从中州,居莆水南,五侯似绩,国牒永纪,袍笏俨然,尊共瞻盱。"

古时莆田,曾设立过兴化军、兴安州、兴化路、兴化府,故俗称"兴化""兴安";且因历史上主要辖县为莆田和仙游,故又称"莆仙";而一些文人墨客,则更喜欢用"莆阳"作为别称。

一般认为,原莆田县置县于南朝陈光大二年(568),仙游县乃唐圣历二年(699)由莆田县西北部析置的清源县,于天宝元年(742)改名而来。太平兴国四年(979),宋廷析永福县(今福州永泰县)和福清县的部分村落,合游洋、百丈二镇,置兴化县,兴化军始辖莆田、仙游、兴化三县。明正统十三年(1448),兴化县裁撤,兴化府辖县又回归原来的莆、仙两县。

莆田历史上管辖范围最大的时期,则为20世纪70年代,时曾设立莆田地区,辖莆田、仙游、福清、永泰、闽侯、长乐、平潭、闽清8县。1983年,莆田地区行政公署撤销后,建立了莆田市,辖境又回到原点。

莆田之独特,在于虽处闽南泉州与闽东福州之间,但并未受"爱拼才会赢"的强韧与"有福之州"的秀润之风影响,而是贴切稳妥地保留了自己固有的人文品格,包括方言、戏曲、民俗、信仰等众多文化传统,形成了独特的莆仙文化。

唐 宋

吴祭所任职过的浙江，其陆域与海域均与福建接壤，曾同属江南东道、江浙行省，清朝时同属闽浙总督管辖。远在旧石器时代，浙江地区已有原始人类的活动足迹，其区域内最重要的河流当属钱塘江。周朝时，大禹在杭州造舟过河，故越人称此为禹杭；秦统一六国后，在灵隐山麓设县治，属会稽郡，称钱唐；到了西汉时期，曾将钱唐改为泉亭县，至东汉时又复为钱唐县，乃称钱唐；唐时先被称为杭州郡，后改为余杭郡，且因避国号讳，改"钱唐"为"钱塘"；五代十国时期为吴越国国都，故称西府（或西都）；清代，杭州城西沿西湖一带建造"旗营"，俗称"满城"。

浙江省宁波市位于东海之滨，北临钱塘江、杭州湾，西接绍兴，南濒三门湾，东与舟山隔海相望，历史悠久。春秋时，其为越国地，战国中期以后为楚国辖地。秦王政二十五年（222）秦灭楚后平定楚江南地，置会稽郡。隋时并鄞、鄮、余姚入句章县，是为宁波历史上最大县境。唐武德四年（621）废句章县，立鄞州。永昌二年（690）废鄞州，改鄮县。开元二十六年七月十三日（738年8月3日）始立明州。后梁开平三年（909）改鄮县为鄞县。绍熙五年十一月二十四日（1195年1月7日），改明州为庆元府。元代，改庆元路。明朝复称明州府，洪武十四年二月二十四日（1381年3月20日），取"海定则波宁"之意，明州改名宁波。古代宁波在浙江的地位举足轻重。

主事这一职务名称，在各个朝代有不同的意义，据《历代职官表》等所记载，汉代光禄勋（古代官名，九卿之一）已有主事，意即所属官员中的事务员，然非正式官名；南北朝时，尚书诸司中置主事令史，意即令使中的主任，这是官署中的事务员，以流外人员充任，亦非正官；到了唐代，尚书省与六部及中书、门下二省，均设有主事，秩从九品上，实则与令史同职，而尚书省工部屯田员外郎，则秩从六品上；至金代，才开始将主事列为正官，选用士流，其职务以文牍杂务为主，但也分掌郎中、员外之职；明代，将主事的官阶从七品提升为从六品（主事在明代不但列为司员，而且往往在部司中握有实权，而外官的知县则以内升主事为荣）；清代，又升为正六品，于是与郎中、员外正式并列为六部司官。

吴祭是唐宣宗大中年间（847—858）再应漕举，授浙江主事。古代"授"

字的含义较广,这里主要是指任命。古时吏部选拔任命普通官吏曰"铨授",报请皇帝批准任命中级官员曰"敕授",皇帝批准任命次高级官员曰"制授",三品以上官员由皇帝当面册封曰"册授",皇帝超越常规授予某项高级官职曰"特授"等。

志书提及的王审知(862—925),字信通、祥卿,号白马三郎,河南光州固始人。自唐光启元年(885)入闽直到去世,在闽39年,其中在福州32年,先后任福州观察副使、威武军留后、检校刑部尚书、威武军节度使、同中书门下平章事、检校右仆射、检校司空、特进检校司徒、检校太保、琅琊王、中书令、福建大都督长史、闽王等,人称"开闽大王"。

五代⑤时期,北方混战,王潮⑥、王审知等执政者在福建实行轻徭薄赋、休养生息、重文崇教等政策,使福建相对安定太平,进而吸引了中原士人来福建安家,并培养造就了大批的学子,此举让福建一改蛮荒之地的形象,成为发达地区,对当时福建的社会安定及经济、文化建设与发展等都做出了重要贡献。

王审知等人是在唐景福二年(893)攻下福州的,入城后王审知曾亲自"素服葬陈岩(福建观察使)","厚抚其家属"等。众所周知,官服是穿戴者地位的象征,官员上朝或者主持公事,只要是在公众场所,就必须穿戴规定的服装,衣帽冠带都要整齐,这样从服饰便知道官员级别的大小。《旧唐书·舆服志》载:"文武三品以上服紫,金玉带。四品服深绯(深红色),五品服浅绯(浅红色),并金带。六品服深绿,七品服浅绿,并银带。八品服深青,九品服浅青,并鍮石带。庶人并铜铁带。"这里的金、银、鍮石、铜铁,乃腰带上的装饰物或带钩,鍮石则是一种含铜成分比较多的天然矿石,其本身呈现黄色。而唐代士人、官员对官服尤为重视,在封建思想极重的古代,脱下官服,意味着失落官体。

志书中的陈俊卿(1113—1186),字应求,号六梅(一作"陆梅"),莆田人,宋代文学家、政治家,官至尚书右仆射同中书门下平章事(宰相)并枢密院使,后又进为左相。其自少严肃持重,不苟言笑,曾受命整顿浙西水军。据行状记载:"公(陈俊卿)生二十有六而仕,仕三十而相,相至二年而去,去十三年而老,老三年而毙,毙之年七十有四。"有文集三十卷,奏议表札四十卷。绍兴八年(1138)黄公度榜榜眼及第,有名对曰"地瘦栽松柏,家贫子读书"。授泉州观察推官,服勤职业,严以律己,同僚宴集,恒谢不往。秩满,秦桧⑦当国,察其不附己,改南外睦宗教授,通判南剑州(福建南平)。未上秦桧死,召为秘书省校书郎,为时为普安郡王的孝宗讲经授课,深得器重。累迁监察御史、殿中侍御史。其直言敢谏,史称他"斥奸党,明公道""洎知中书,知无不言,言无不尽"。弹劾依附秦桧、冤陷无辜的韩仲通,骄姿拒命的刘宝总以及独裁专政的汤思退,三人皆被罢免。高宗称其"仁者之勇",擢为权兵部侍郎。时完颜亮进兵淮水,企图占据淮东等地。陈俊卿受命整顿浙西水军,在胶西(今山东胶州市一带)战之,获胜,此后在屯兵垦田、安顿百姓、增强国力、提振国威等方面政绩卓著。宋隆兴三年(1165),任参知政事,知枢密院事。四年(1166),升右仆射同平章事。五年(1167),孝宗以(陈)俊卿为左相,虞允文为右相。六年(1168),因和允文在与金通和以及遣使到金国等方面有不同主张,乃自请补外,临行劝孝宗远佞、亲贤、修政、攘敌、泛使不可轻遣。陈俊卿曾八年上章告老。淳熙八年(1181),授醴泉观察使,封申国公;次年,以少傅致仕,进封福国公,后进封魏国公。淳熙十三年(1186)十一月,卒。孝宗闻讣,为之嗟叹辍朝。赠太师,谥"正献",赐葬莆田常太里妙寂院前,建"贞忠亮直"碑,于其故里阔口村建"陈丞相里第",入祀莆田乡贤祠。

陈俊卿赞吴祭为"大哉儒宗",足见他作为一代巨杰对吴祭的肯定和敬重。有道是"千载一时,万里一室",吴祭所任的浙江主事一职,看似置身外围,实则任职事中,包含文书案牍等诸多方面,更因地缘、人缘等关系,到任后的吴祭亦是新知满座笑相视,于道相从,不外如是。若以莆田文化网所载"吴祭25岁授浙江主事"推算,时应是唐大中三年(849)。《宁波市志》载称当年"明州(宁波)有商人李延孝、张支信等53人乘商船赴日贸易"、次年有"象山县(今属宁波)蓬莱书院建立"、之后又有"州人任景求舍宅为寺,名东津禅院(宁波市七塔寺前身)"诸大事。显然对其所管辖事务,包括宁波在内的相关领域及其内容也产生了影响。

反观吴氏后裔,在莆田这块土地辛勤耕耘,并以深情回馈家乡,受到当地民众共同的爱戴。在今莆田市荔城区黄石镇水南社区重兴寺前,就坐落有吴祭墓,坐东北向西南,占地约400平方米。附近又有吴祭祠。相传唐代即有先例,凡建庙立寺者,寺庙称为功德庙或功德寺,功德者可在寺庙内建祠;若在寺庙附近建墓,则称为功德墓。吴祭祠即建在重兴寺内,依先例推断,必是兴建重兴寺在先,而后才有了吴公祠。现在,吴公祠所悬挂的"唐工部员外郎吴公祠"门额,据考证,系宋代理学大家朱熹所题。吴祭墓、吴祭祠已是莆田重要涉台文物,亦是不断升级的重点文物保护单位。

吴祭后裔在台湾颇繁盛,多有建树,已经繁衍了几十代,被台湾同胞尊为"阿里山之神"而世代供奉的吴凤,就是吴祭的第32代裔孙,台湾至今还保留有"吴凤祠""吴凤乡"。此外,明代国师吴大田、明末清初名将吴英以及曾任新加坡总理的吴作栋均为吴祭后裔。位于台湾台南市成功路的吴氏大宗祠,目前已是全台湾最大的宗族宗祠。

还需补注一笔的是关于明末清初名将吴英。吴英曾任浙江提标都司、定海总兵,其不仅平定三藩、收复台湾、威震四川,在守卫福建和浙江沿海等地时亦忠贞报国、骁勇作战,有收复半壁江山之战绩,亦有体恤爱民、德泽布衣之高功赫勋,如清康熙十五年(1676)率兵击退盘踞于宁波象山的曾养性等。而在20世纪90年代初重修吴祭墓祠时,时任新加坡总理吴作栋的母亲吴柯桂华、胞叔吴佳钦等曾慷慨捐资。

祖先是炎黄,子孙血一样,此际几微,非贤不达。

〔注 释〕

①生卒年综合参考清《五塘总谱》、明吴稔《入闽始祖祭公传》、民国《莆田县志》等史料。另有史料记为:吴祭生于唐开元六年(718)或唐宪宗元和十年(815),卒于唐德宗贞元十八年(802)或唐昭宗天祐四年(907)等。

②一说祖籍浙江。

③漕举是宋贡举考试方式之一。

④翁承赞,字文尧,莆田县北高人,唐昭宗乾宁三年(896)进士,后梁贞

明二年(916)授闽国(今属福建省)门下侍郎同平章事,辅佐闽王王审知,时年56岁。

⑤五代(907—960)是指唐代以后,后梁、后唐、后晋、后汉、后周在中原建立政权的五个时期,是介于唐宋之间的特殊历史时期。

⑥王潮(846—898),字信臣,光州固始县(今河南省固始县)人,五代十国时闽国奠基人,秦国名将王翦之后,王审知乃其从弟。

⑦南宋初年宰相、奸臣,主和派、投降派代表人物。

⑧曾养性(?—1682),奉天(今辽宁沈阳)人,明末清初将领,曾参与三藩之乱。

> 南唐

陈大雅

祖籍莆田,徙居象山,君子风范,父子皆贤

陈氏家族之所以与象山结下不解情缘,乃至陈氏祖先在此定居,直把他乡作故乡,得先追溯到宋朝。

宋朝建立初期,江南依然存在地方割据政权,吴越王钱俶、清源节度使陈洪进各主一方。当时,陈氏先祖荣绪(又称陈挞)正在绍兴担任安抚使司马一职。978年,"泉漳纳土"、"吴越归土"后,陈洪进、钱俶相继入京,被长期"留居"宋都。作为吴越旧臣,荣绪日益不安,唯恐祸及自身,于是便带领族人避入吴越偏僻之地象山,以求安养生息。此心安处即吾乡,其后几代子孙中,也鲜有外出为官者。直到陈大雅这一辈,陈氏家族已在象山含辛茹苦繁衍了四代,此时方显兴盛之态。据载,两宋时期,陈氏家族先后涌现出十六名进士。此文着重介绍的陈大雅、陈辅则是一对父子。

传陈大雅(?—约977),字审己,五代末宋初人。南唐李煜时,官卫尉卿。李煜于建隆二年(961)继位,后兵败降宋,世称南唐后主、李后主。宋师围金陵时,陈大雅突围疾驰至军,劝朱令赟(赟)倍道勤王。复潜返金陵,城陷日投殿角井中,衣挂井干得不死,兵引之出。宋将曹彬命从李煜入宋,拜太子洗马,岁余而卒,年八十有八,颇具传奇。

民国《象山县志》卷二十二《先贤传一》载:"陈大雅,四世祖荣绪为吴越东府安抚使司马,自泉州仙游徙居明州象山①,子孙因不仕。至大雅,工为诗而甚好义,性慷慨,赒恤(周济救助)亲族里党空乏者无少靳(没有不肯给予)。"

《宁波府志》《宁波郡志》等亦载陈大雅:"天性明敏,与人交以信,有士君子风,亲族里党之乏赒恤之无少靳。""人服其义,工于诗,赵清献公②深器重焉。"

陈大雅擅长诗作,有《绝笔》诗云:"胡柳陂中过,令人念战功。兵交千骑没,血染一川红。朱氏皆豚犬,唐家尽虎龙。壮图成慷慨,掷剑向西风。"笔触间,阳刚之气震天动地,阴柔之美感人肺腑。

陈大雅不仅豪侠仗义,有正义感,而且为人慷慨,不吝钱财,经常救济贫穷的族人、邻里乡党,为人所称颂。志书载有这么一则故事:有一年,陈大雅住宿在一家客店里,当时店中正住着一位准备赶赴上任的官员,然其不幸染病,奄奄一息,周围的人避之不及,只有陈大雅日夜守护在他榻前,用尽自己随身所带的盘缠,帮他看病抓药、端汤递水,一直到几个月后官员病逝,他料理完后事才离开。由此可见,其达不离道,穷不失义,于道相从,义重于利。此事后来被殿中侍御史赵抃知悉,大大褒赞了一番。此即民国《象山县志》所载:"尝舍逆旅,遇有远任官病垂死者,同舍皆散避。大雅独晨夕相守,倾橐装,治汤药济之。留阅月,俟病者去,乃去……"

陈大雅有一子,名辅,字安国,是他几个孩子中最有建树的,陈大雅后来官至通直郎。通直郎乃唐、宋文阶官之制,从六品下,元以后废。

陈辅少年老成,史书中记载:"四岁丧母,衰慕如成人。"可以确知,丧母定给年幼的陈辅留下极深的心灵伤痛,也坚定了他日后进之以猛、持之以恒、再进再困、再熬再奋的决心与意志。

有道是小草易生,大树难折。聪颖过人的陈辅,七岁时便能背书百卷,还能将其中的意思娓娓道来。及长,为改变家中贫困现状,更是发奋读书,力求改变。晁补之在《鸡肋集》③中,记载了他刻苦好学的故事。每天一大早,陈辅就起床诵读,直至深夜,为了避免困乏时打盹,他在冬天竟用凉水浸泡双脚,激灵之下致人清醒,接着读书。如此日复一日,年与时驰,小草为

伍,绿荫做伴,功夫不负有心人,年轻的他就以卓越的文采在科举试场上成名,秤砣虽小压千斤。

《象山县志》载:"陈辅,(嘉祐)二年(1057)丁酉科章衡榜(进士)④。"宋嘉祐二年,也是科举制度确立以来不同凡响的一年,是年欧阳修受命担任科举考试的主考官,在这一年的进士榜单上,苏轼和苏辙兄弟、曾巩和曾希兄弟、林旦和林希兄弟皆赫然在列,其间,当然也有陈辅的名字。从此,陈辅迈入仕途。

陈辅仕途颇为曲折,然则曲木作栋。他由科举入仕,先任校书郎之职,后迁婺州义乌令;又迁忠武军推官,知均州武当县;后改著作佐郎,知湖州安吉县,其间徙摄睦州寿昌,后又恢复原职。接着,经部使者交荐,监杭州市易务,兼市舶司。

市易务,亦称市易司,官署名,元符三年(1100)改平准务;市舶司,亦为官署名,唐在广州设市舶使,宋改称司,设于广州、泉州、杭州、明州(今浙江宁波)、密州(今山东胶州)等地。

因表现出色,陈辅升迁秘书丞、太常博士,服五品。此后迁屯田员外郎,改朝奉郎,又升至度支(官署名),但因扬州事发被罢官职。以后,虽有门下侍郎许将,丞相吕大防、范纯仁等设法重新起用,宣诏其入职,陈辅都以身体疾病等原因请辞不就,可谓阅历世途、饱更世事后,忍小忿而全大本。

陈辅为官期间,清正廉洁、一心为民、敢于任事,在革弊政、倡新风、修水利等方面做了不少实事,推动了地方经济社会发展,政绩可圈可点,其例甚多,约而举之。

陈辅任婺州义乌地方官时,刚正不阿,体察民情,从不偏听偏信。到任伊始,第一件大事就是着手清理历年积案,尽快查明真相,认真地在刑律适用上加以严肃的甄别,纠错矫枉,使不少冤案错案得以昭雪,名声大振,深得人心。当时他手下有一位县尉名叫王锡,为人轻浮,飞扬跋扈,在家中更是肆意妄为,时不时就不问青红皂白,对奴仆们施行痛打。大家慑于他的淫威,往往敢怒而不敢言。陈辅闻知此人品行,十分气愤,准备待机惩治。果然有一天王锡照例又在府中故伎重演,正当庭院里数十人被鞭笞之际,陈辅带领一班衙役赶到，他命人夺下王锡手中的鞭子，又命人解开绑在奴仆们身上的绳索，然后历数王锡的罪状，将其绑缚而治，众人无不拍手称快。

陈辅主政湖州安吉县后，更是立志学习先贤名哲，决不依例空谈，务求真诚务实。有一年，安吉一带闹饥荒，百姓不得不背井离乡，四处乞讨，无生之气，有死之心。陈辅看到这番景象，忧心如焚，他让侍从拿出自己的钱物施舍给那些最困难的人家，而后又跟富户商议，以自己的信誉作担保，借取了几万石粮食，发放给那些流离失所的灾民，使数以千计的百姓得以存活。后来，当他即将调任秀州（今浙江嘉兴）华亭时，百姓闻讯纷纷赶来，聚集到湖州郡守府门前，跪地叩请挽留陈辅。他们说："向来清廉为民的好官，百姓们等他们调任离开了才会想念。但在我们县，陈老爷还没走，我们就万分想念了。大家都舍不得他离开，只要一想到他要走，大家心里就很难过啊！"虽然陈辅不敢违令最后还是赶赴他任，但几年后当王介担任湖州郡守时即上书朝廷："安吉不可以无陈君也。"如人所愿，陈辅重新担任安吉知县，当地百姓奔走相告，无不抚掌称妙。

陈辅担任均州（今属湖北省）武当县知县时，发现县城紧邻汉水，每逢汛期，岸边堤坝经常发生崩塌，当地百姓吃尽苦头，严重时还难逃劫难，以致生灵涂炭，民不聊生。陈辅看在眼中，急在心里，爱敬存心，救人危急，于是仔细琢磨自己家乡沿海民众抵御水汛时的做法和经验，手把手教百姓如何利用当地丰富的毛竹资源，剖竹编笼，以石填笼，垒叠加固。在陈辅的带头下，民众信心倍增，最终一道高五丈的堤坝于当年冬天顺利建成，从此水患尽除，县城汉水两岸的堤坝再也没有发生过垮塌事故，终使"水无遗泽，地无旷土"，百姓安居乐业，相安度岁。

陈辅自小饱读诗书，故而非常明白"礼治"的重要性。他每到一处上任，都会仔细调查当地的民风、民情，他主张通过移风易俗，给当地民众带去和乐安宁与长治久安。均州武当县境内名山曰武当山，山上有座诸葛武侯庙，享有盛誉，传在此求拜十分灵验。久之，每逢清明节，当地周边各县百姓都会云集武当山，在诸葛武侯庙山门前形成空前闹市，并举办大型祭祀活动。此行为本是祈求来年风调雨顺，保佑一方平安，谁知年复一年，各乡各族竟

相互攀比起来，祭祀仪式的排场越来越大，歪风邪气滋生，浪费自不必说，还经常引发口角甚至打架斗殴，亦曾发生过致人死命的惨重事故。陈辅决心来一场革故鼎新，先是立下县规民约加以约束，再则提倡"简""俭"与规范祭祀。他还召集各族长开会，制定了相应的规程礼仪，违反者皆以罚为戒。计日数月，时序匆匆，百姓们逐渐理解和接受了"礼治"之法，纷争日渐自息，民风日渐改变。数项应对之策，使一县皆宁，可见凡事可群起而坏之，亦可见末而知本，可谓功夫不同，效验亦异。

陈辅主政湖州安吉时，恰逢天目山暴发山洪，当时上下游各乡村为各自利益，就决堤放水一事争执不休，连主簿刘璹也无能为力。关键时刻，陈辅挺身而出，说服下游乡村配合放水，以己之诚化解险情，并承诺"决堤三日，慰二十一乡民"。灾后，他果然信守承诺，亲自下乡送粮以慰灾民，同时上书朝廷，乞减灾民役钱，"朝廷初以七十五等定家业均役钱"[⑤]，受到当地民众的拥戴。熙宁六年（1073）六月，太子中允（官名）沈括奉命相度（考察）两浙路（浙东路、浙西路）农田水利、差役等事，兼察访。他闻知陈辅所为，甚是赞赏，遂嘱咐其依经验编订《浙西法》，并立即上书皇帝，就州县水利施政利弊得失向朝廷多所建议，主张将陈辅的做法推广到浙东路。后来皇帝下诏，采纳他的建议。邑志云"朝廷以户高下五等输役钱，沈括命辅掌其事，此熙宁新法所谓免役钱也"，因此可以说，正是陈辅务实清廉的为民之心，最终打通了改革维新的关键环节，为民生谋得了福祉。

元祐四年（1089）十一月，陈辅逝世。古曰"黄金累千，不如一贤"，又有云"增油加布，不如一哲"，陈大雅与陈辅父子俩之所以被称为圣贤者，皆因修之于身、施之于事、见之于言，故此三者所以能不朽而存也。

〔注　释〕

①《宝庆志·先贤事迹》称，陈辅五世祖自福州徙居象山。今据晁无咎文正作泉州仙游。

②指"铁面御史"赵抃，北宋衢州（今属浙江）人，景祐元年（1034）进士，为殿中侍御史，正直政言，号"铁面御史"，历知睦、虔、杭州。有《赵清

献集》。

③晁补之：北宋文学家，字无咎，号归来子，济州巨野人，工诗词，为苏门四学士之一，著有《鸡肋集》《晁氏琴趣外篇》。

④《通志》有载，又有陈谏、陈谅，误。《万历志》，詥、谅与辅同年，亦误。

⑤免役钱：减免当役人户的代役钱。宋熙宁四年(1071)，规定畿内乡户照资产多少分等，上户分五等，中户分三等，下户分两等，坊部户分七等。每年夏秋二季，按等第出钱交官府雇人代役。乡户自四等，坊部户自六等以下免交。

宋代

徐　确

考证《禹贡》，任宁波象山知县，拒运"花石纲"，宦绩廉明

在古代，人才选拔除了殿试外，还有特奏名、释褐、舍选、诸科、赐进士出身、赐同进士出身、特赐五经及第、宗子取应等等，其中在宋代莆田就有一位神奇人物，名叫徐确。那是神宗元丰五年（1082），因征伐西夏受创的神宗意识到，欲一雪前耻，必须富国强兵，其前提则是招揽人才。于是举子徐确，就在此背景之下赴京试礼部，试策于庭，凭其笃志强力与精思切论、操履有称与真才实学，擢黄裳榜进士第四人，位居同年同榜十四名、莆田籍进士之首。

徐确是唐代状元、秘书省正字徐寅的六世从孙。徐确进士及第后，曾任宁波象山县令。据《莆阳文献》《莆阳比事》《重刊兴化府志》《莆阳进士录》等载：

徐确，生卒年不详，字居易。宋元丰五年壬戌（1082）徐确"试礼部第四，策于廷，中丙科"，授江阴（今属江苏）县尉。适遇岁大水，田园多被淹没，徐确奉转运使命，巡视乡野，以灾情入告，例当减租，县令大感不快，向转运使反告，欲加阻止。转运使将县令反告之事告之于徐确，徐确道：吾只知据实情上告，如若不实，理当受罪。转运使见徐确理直气壮，乃叹气道：县尉爱民如是，县令岂不愧矣？遂从减租议。不久，徐确调任永泰县尉。"俗喜杀牛，徐确严禁之。会令之子病，思啖牛心，屠者市一犊将杀之，犊衔牛刀奔尉治。

（徐）确适造县庭，犊走县庭下。（徐）确令迹所往为验，治屠者，送牛承天寺为长生牛。提点刑狱祖无颇刻石记其事。"

元符三年（1100）正月，蔡京罢职，提举洞宵宫，曾一度寓居永泰县，与徐确叙同乡之谊，颇为友好。及蔡京再度入相，徐确适在京，蔡京欲留置讲议司，徐确坚辞。从吏部选，知（明州）象山县。不久，改为宗正丞，出使两浙提举常平。"适大水，岁饥。（徐）确考《禹贡》①三江之说，得吴淞古江。以为太湖东注入海，吴淞江在下游。向者（过去）潮泥湮塞，水溢为患，请自封家渡古江开淘至大通港，直彻海口，计七十四里。役徒（役工）二百二十万七千余人，以常平钱、米一十八万三千余贯、石，充和雇之费。水道遂通。（徐）确与监司往往被赏，人以为滥。明年三月，诏以役人死亡者众，水仍为害，百姓怨咨，皆坐贬降。②"后守江州。

崇宁四年（1105），宋徽宗大兴土木，筑宫观，命宦官四出，舟楫载"花石纲"运至开封，徐确拒不从命。时司谏陈瓘因反对蔡京执政，谪居荒地。徐确与之书信往来，且写信对蔡京道："莹中久废，宜平前冤，以伸忠义之气。"陈瓘闻后十分感动，道："不意莆田乃有此人。"徐确性刚多略，宦绩廉明，与人交尚义，励节谊，入为尚书刑部员外郎，转朝奉郎，致仕。卒年七十，邑郡守为（徐）确建台省坊于东陇居里，旌其绩，彰其贤。平居雅以文章自许，著有《刑部文集》十卷、《总夬要录》一卷。

明代莆田著名史家黄仲昭在《兴化府志·名臣传》中，记述蔡京窃踞国柄时说："宋徽宗崇（宁）、宣（和）之际，蔡京专政，一时贪得患失之小人，争附丽之，以徼荣进，固禄位，甚至甘为鹰犬而不以为耻者。"而对莆田人的表现，则称颂徐确等"与（蔡）京为同郡，乃能蝉蜕于污浊之表，而不受其笼络，侃侃自立，各行其志"，可证权势常成官场人品高低之试金石。

徐确的高祖徐寅，乃唐代状元，为唐乾宁元年（894）苏检榜两名莆田籍进士之一。据《莆阳进士录》等所载，徐寅，字昭梦，授秘书省正字，其"博学经史，尤长于赋"，因饮醉触朱温（后梁开国皇帝）讳，得免归，卜居延寿溪上，以疾卒。著有《钓矶集》《探龙集》等行于世，《四库全书》收录《徐正字诗赋》，其中诗368首，数量之多，为唐五代闽人之冠。

这种血缘家族的文化传承链条,似乎也可以从其他人的身上找到例证。如徐寅的七世孙徐锐,字稳文,曾就读于延寿景祥院,宋熙宁九年(1076)与弟徐铎同榜进士。兄弟昼锦荣归时,乡人在迎接的彩旗上书联曰:"龙虎榜头孙嗣祖,凤凰池上弟联兄。"官朝奉郎,赠宣奉大夫,著有《诗格》一卷。徐锐之子徐溉(字叔清),以世赏入仕,高宗幸维扬(今江苏扬州),虏骑(金兵)侵逼,臣僚奔散,徐溉以国子监丞护驾渡江,殒于难。绍兴(1131—1162)初,授将仕郎,官其子徐材(字彦英)为理定(今属广西)知县;徐铎从子徐膺(字思文),则是宋代孝子,其七岁丧父,朝夕孺慕,弱冠之年,即登元丰八年(1085)进士,及策后念其母年高,不报而闭门读书,侍母温情无违礼,母病躬侍汤药不解带,母逝庐墓虎啸岩,负土为坟庐其旁,吃斋守孝三年,不时登山巅焚香吁天,祈甘露再降,而坟左有深堑,非役千夫不能塞,一夕有声若雷,旦视,堑已平矣,邻里叹异,欲上其事,徐膺固却,乃止之。徐膺死后,从父徐铎题其墓曰"宋孝子徐公之墓"。

徐确的从弟徐昭(字文忠),则是宋大观三年(1109)特奏名进士,历任横州司法参军,终官潮阳(今属广东)知县。居官,凡守将、诸司强制征收之杂税,于法违、于民有害者,一盖拒之。后得李纲、李弥大等名人举荐,迁升朝籍(进升朝廷官职),未至而卒。

徐确的长子徐师仁(字从圣)③,幼颖悟,甫七岁,外祖疑霍光何以不学,对曰:"伊尹放太甲而光不知,非不学耶?"徐师仁曾拜学问广博的李富④为师。大观三年(1109),与从叔徐昭同登贾安宅榜进士。任泉州晋江司法参军,调袁州(今江西宜春市)司曹,召为秘书省校书郎。时修史,极天下之选,得四人:倪若川、刘大中、汪藻,而(徐)师仁居其一。次年,迁著作佐郎。善诗文,《兰陔诗话》谓其"文益汪洋,落笔辄数千言",追配古作者。著有《壶山前后集》七十卷;作《创学记》(未见),残文见《永乐大典》卷五三四三《潮州府一·学校》著录。《八闽通志》卷八十四录其文《九鲤湖》,《莆风清籁集》录其诗一首。卒后,入祀莆田乡贤祠。

徐确的孙子徐利用(字器甫),亦为宋乾道二年(1166)特奏名进士,任县丞。还有与之血缘亲情有关的徐兴国(字彦华),其于南宋祥兴元年(1278),

唐　宋

崖门寨战前，先托人携书信冲破元兵包围圈，与在家乡的三男诀别，表达其忠于宋室、不惧生死之悲壮情怀，后元兵大举进犯，因力殚援绝，与忠靖之臣陆秀夫、张世杰一起投海殉国。

这里也有必要交代一下徐寅的三世孙、奇人徐复。据《宋史·隐逸传》《元丰类稿》《莆阳比事》《八闽通志》《莆田市名人志》载：

徐复[⑤]，生卒年不详，字复之，一字希颜，寓于吴，北宋著名术数家[⑥]，品性高洁，不慕名利。宋天文学者。博学，举进士不第，退而学易，精音律，兼通阴阳、天文、地理、遁甲、占射诸家之说，世罕有能及者。为人倜傥有大志，人自饬励，不求当世之誉。乐其所自得，谓富贵不足慕也，贫贱不足忧也。故穷阎漏屋、敝衣粝食，或至于不能自给，未尝动其意也。遇人无少长贵贱，皆尽恭谨。其言前世因革兴坏是非之理，人少能及。然其家未尝畜书，盖其强记如此也。康定（1040—1041）中，李元昊叛，诏求有文武材可用者，参知政事宋绶、天章阁侍读林瑀皆荐（徐）复。既至，仁宗见（徐）复于崇政殿，访问世务，命讲《易》，初终四卦，又问今岁值何卦，西兵何如。徐复言西方当用兵，推其日月，后无少差。（徐）复所为上言者，世莫得闻也。仁宗善其言，必欲官之，（徐）复固辞，乃官其子（徐）晞。留（徐）复登闻鼓院，诏与林瑀同修《周易天人会元纪》[⑦]。岁余，固求东归。仁宗高其行，礼以束帛，庆历元年（1041）四月赐号"冲晦处士"。（徐）复久游吴，因家杭州，州牧每至，必先加礼，然（徐）复未尝肯至公门。后归隐杭州万松岭，与林逋为忘年交，往来唱和，徐复居万松岭，林逋居孤山，夹湖相望，人称为"西湖二处士"。范仲淹知杭州，数就（徐）复访问，甚礼重之。（范）仲淹尝言，西兵既起，（徐）复预言罢兵岁月，又斗牛间尝有星变，（徐）复言吴当大疫，死者数十万人。后皆如其言。（徐）复平居以《周易》《太玄》授学者。人或劝（徐）复著书，（徐）复曰："古圣贤书已具，顾学者不能求，吾复何为，以微名后世哉？"晚取其所为文章尽焚之。今其家有书十余篇，皆出于门人故旧之家。敢于批评胡瑗"太古变法"[⑧]。卒年七十余。既病，故人王稷居睦州，欲往省之。（徐）复报曰："来以五六月之交，尚及见子。"（王）稷未及在，至期，（徐）复果已死。其终事皆预自处。（徐）复死十余年，而沈遘知杭州，榜其居曰"高士坊"云。曾巩

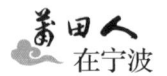

赞曰:(徐)复之文章,存者有《慎习赞》《困蒙养》等篇,归于退求诸己,不矜世取宠。余论次(徐)复事,颇采其意云。若(徐)复自拔污浊之中,隐约于闾巷,久而不改其操,可谓乐之者矣。著有《太一主客立成历》,《闽诗录·丙集》、《莆风清籁集》录其诗《同林遹宿中峰次韵》一首。

文章自是无穷,片纸岂能尽述,但见古人有云:显誉成于僚友,德行立于己志。若致声称,亦有荣于所生,可不深念耶!可不深念耶!

〔注 释〕

①《禹贡》以地理为经,分当时天下为九州,兼载山脉、河流、土壤、田地、物产、道路,以及各地的部落,虽有一定的局限性,但保留了非常重要的远古地理资料,是我国研究古代历史地理的重要文献,也可见上古中国人活动的区域。

②此后的故事还有:不料有人以救灾不力、饥民就役死亡者众为由上告,徐确被降职三级。降职后的徐确却说:"此役不兴,饥者当骈道就死。以是获罪,吾所甘心也!"其为民解困、兴利致罪而心甘情愿,何其坦然也。

③《莆阳比事》中作"字从信"。

④李富乃李泮长子,自幼研习《诗》《书》《礼》《易》《春秋》等经典,其禀性端正,不苟言笑,终日危坐,不知疲倦,时莆田官宦名流大都为李家座上宾,其中刑部员外郎徐确曾应邀任书院西席,讲授书经及为文之法,李富虚心受教,深得奥旨,著文汪洋恣肆,发人所未发,故深受徐确器重。

⑤《续资治通鉴·宋纪》中误作"建州人"。

⑥莆田名人众多,所擅之学博杂、知名度高、活动地域大。宋代莆田既涌现出郑樵等精通百家之学士,亦出现徐复、林光世、陈绍叔、林雷龙等通晓天文地理之学者。

⑦一作《周易会元纪》。清人毕沅著《续资治通鉴》及宋人所著《皇宋通鉴长编纪事本末·第二册》等中均作《周易天人会元纪》。

⑧据《宋史》卷一百四十二《乐志十七》载:"昔李照、胡瑗、阮逸改铸钟磬,处士徐复笑之曰:'圣人寓器以声,不先求其声而更其器,其可用乎?'照、瑗、逸制作久之,卒无所成"。

宋代

陈 淬

岳飞上司，功勋卓著，屠刀面前大义凛然

莆田乃"文献名邦"，人文荟萃，科甲鼎盛，亦涌现出许多爱国英雄和著名战将，他们用热血与生命，实践了惊天动地、赴汤蹈火的誓言，树立起一座又一座不朽的丰碑。陈淬就是其中的一位。

陈淬（？—1129），字君锐，莆田县延寿里东山（即紫璜山，今涵江区顶铺街）人。少年习武，宋绍圣元年（1094），参加科试落第，但他并未泄劲，依然手捧书籍，胸怀大志，扬鞭策马，"挟策西游"，即毅然投笔从戎，只身投奔北疆参军。时北宋政治家、改革家吕惠卿为大名府知府，帅督鄜延路。陈淬以戎服见吕惠卿，吕惠卿与陈淬语，感其武艺，遂补入三班奉职。陈淬与辽兵战于乌原，斩敌十余级，擒其寨主，有功，升左班殿直、鄜延路兵马都监、武经郎。

宋宣和四年（1122），陈淬授真定路分都监兼知北砦（寨），辽军惧其威名，三年不敢入侵宋土，人称"河北第一将"。并因累积战功升忠州团练使、真定路马步副总管，时著名战将岳飞为其旗下将领之一。

宣和七年（1125），金兵入侵真定，陈淬率本部与敌对阵，因无援军，部下三千余人阵亡，妻儿八人皆遇难。建炎元年（1127），陈淬任诸军统制，受命于南华阻击金兵，大胜，升大名府都总管兵马钤辖、恩州知州。金将王善拥

兵十万袭击恩州,后陈淬与长子陈仲刚出兵拒敌,金兵以飞刀袭陈淬,其子陈仲刚为掩护父亲以身挡刀,救下陈淬,自己身亡。次年,王善又率金兵围陈州,陈淬大破敌军,升宿州安抚使。宋军统制李成叛宋降金,高宗皇帝下诏以陈淬为御营使、六军都统、淮南招抚使征讨叛军,三战三捷。

建炎三年(1129),金兵大举南侵,渡长江进犯采石,直迫南宋临时都城建康(今南京市)。朝廷急令陈淬从河北前线率军增援建康,高宗自己则逃奔浙西。时右仆射杜充守建康,并以御营使等身份统帅各路兵马。杜充遣都统制官陈淬与提领岳飞等在长江南岸的马家渡截击金兵。陈淬献策:"彼众虽多,然止有二十艘,一艘不越五十人,每至不过千人。吾伏兵葭芦翳荟间,俟其旋济旋获,前后不相知;讫济,当尽获矣。"①意即金兵虽多,然只有战船二十艘,一艘不过五十人,一次只能过江千人,把军队埋伏于芦苇中,待金兵过来即擒,其后之兵不知是计又往前来,再擒,可全虏也。然杜充不从,于是金兵大举渡江,宋军溃退。陈淬孤军作战,原本三路军马合击,结果两路未到,最后力尽被俘。金兵把大刀架其胸前,陈淬神色自若,"据胡床①大骂",不屈,与从子陈仲敏皆被杀害。

随之杜充弃建康,逃往附近的古镇真州,再后降金。留守建康的陈邦光等亦相继投降,建康失陷,宋军全线崩溃。金兀术占领建康府后,亲率主力追赶宋高宗。高宗由越州逃向明州,随后又从明州乘船,逃到海上避难。

耐人寻味的是,据《建炎以来系年要录》载:"会将官张超失守,敌遂过江,(杜)充急遣都统制陈淬督统制官岳飞、刘纲等十七人将兵三万人与战,又命御前前军统制王瓔以所部万三千人往援。"《宋史·陈淬传》又载:"金兵遂犯板桥,诸军皆溃,(陈)淬独与战,势穷力尽,据胡床大骂,刃交于胸而色不动,与其从子(陈)仲敏俱死。"而《中兴小纪》则称:"(十一月)庚申。真州守臣向子忞弃城保沙上,子忞,子諲弟也。右仆射杜充在建康,会谍言李成师老可击。(杜)充遽遣兵,而金众大至,与(李)成并力入寇乌江县。(杜)充闻敌至,以其军六万人列戍江南岸,而闭门不出,师无统一。壬戌,敌至马家渡渡江,(杜)充急遣都统制陈淬同统制官岳飞等一十七员,领兵二万与贼死战。时御前前军统制王瓔受(杜)充节制,乃引军先遁。岳飞等军既败,退屯蒋山,以俟再战,然皆无斗志。丙寅夜,皆引去。丁卯,(杜)充领亲兵三千,绝江而北。"

从另一个方面忖度,强敌压境,兵荒马乱,朝廷漂洋出海,上司俯首投敌,左右人心惶惶,在此紧急之际和关键时刻,岳飞能以非凡意志与智慧勇气,为南宋保存了一支最为重要的生力军,又不能不说是抗金史上的一个重大转折。

陈淬之死,王瓘当有责任,其临阵脱逃,官职又比他大……如此结局,岂止潦草,谁或使之,则又何说。陈淬等英勇就义之事闻于朝后,朝廷诏赠为拱卫大夫(宋阶官名)、明州(今宁波)观察使(官名),官其一子一婿。

消息传回莆田,涵江民众感其德,于紫璜山麓建祠祭祀。陈淬祠堂在今涵江区紫璜山麓,元镇国上将军魏天桔为其立坊,匾曰"忠孝"。陈淬子陈惟刚卒后亦入祀莆田乡贤祠,此《宋史》有传,《重刊兴化府志》《八闽通志》《莆田市志》《莆田市名人志》等亦有记载。

陈淬之子陈惟刚[②](1084—?),又作维刚,字公执,一字毅老,其"少补太学生,弱冠",由舍选第宋崇宁二年(1103)霍端友榜进士,授须城(今山东东平)知县。因"燕蓟(今属北京、河北)之役,与有劳绩",后提举鼎澧路。"弓弩手逆贼钟相拥众万余攻辰州(今属湖南),(陈)惟刚率众鏖战,掩捕无遗。"官终朝散大夫。志书载:"(陈)惟刚性喜赋咏。"著有《燕山集》等。卒后入祀莆田、仙游乡贤祠。墓地位于仙游县浔阳西坪。

古代为表彰功臣贤德、忠孝节义、科举登榜等,素有立坊礼制,意在树杆立样,激励后昆。而古代官员死后,皇帝发布命令给予赠官等也时有记载,如宋代对死亡官员,就有加官、晋阶、赠谥号、赐物、发治丧费、勾销死者生前预借之"料钱"[③]、暂借官署给死者家属居住等规定。

宋高宗给去世后的陈淬加官、赠官,即所谓的诏赠,说到底就是相当于抚恤的赠予,不管是拱卫大夫还是明州观察使,对陈淬来讲完全就是个虚衔,但能够说明的首先是朝廷对陈淬的肯定、褒奖和礼遇,当然也有笼络的成分,而获得赠官者的子孙,也就能因此获益,如获得出仕做官的机会,甚至还能在犯罪时得以减刑、赎刑;其次,则说明虽然陈淬生前没在宁波任职,但死后却以

"明州观察使"之名加官晋爵,此既是陈淬的荣誉,亦是地方的荣耀。

身为同时代人物,陈淬与岳飞乃抗金英雄代表性人物。陈淬年轻时立志宁以义死,以武报国,故自愿投奔抗金前线,屡立战功,岳飞亦然;陈淬担任宋军统帅之时,在河北、河南等地指挥过多次重大战役,功勋卓著,此与岳飞亦相似而不同凡响,最终陈淬父子在屠刀下视死如归,壮烈殉国。

有关陈淬与岳飞的私下对话,也值得一提。传陈淬家厅堂挂有一幅他自己身着纶巾儒服的画像,上有他的自题诗:"落第少年不自哀,烽烟铁马戎轮台。数奇不是登坛将?竹杖芒鞋归去来。"有次岳飞等人来访,陈淬私下对他们说,三十多年前自己还是年少气盛的少年,虽然因为科举落第仍为举子身份,但仍然气鼓志奋、属意边功,谁曾料想到冷风急处、强雨来袭,祸乱迭作、路黑迷离,连妻儿都惨遭杀害,如今韶华渐逝,岁月又如此蹉跎,眼下之局面,上以此求,下以此应,今日脚踏之地,明日或将弃于敌手,其后果之惨重,能不惶汗?作为孤子一身的老翁,往事即将作古,空有报国复仇之心,又无补于国事,便请画工描了丹青,聊以自嘲……

以"精忠报国"被世人耳熟能详的岳飞(1103—1142),字鹏举,宋相州汤阴县(今河南安阳汤阴县)人,南宋抗金名将,中国历史上著名的军事家、战略家,位列南宋"中兴四将"之一。其曾率领岳家军同金军进行了大小数百次战斗,所向披靡,但在宋金议和过程中,遭受秦桧、张俊等人的诬陷,被捕入狱,并以"莫须有"的罪名,与长子岳云等同被杀害。宋孝宗时期,岳飞冤狱得以平反,遂改葬于西湖畔栖霞岭,并追谥"武穆",后又追谥"忠武",封"鄂王"。

《莆田侨乡时报》曾经以"文献名邦'多英烈'"为题载文称:北宋末南宋初,正当金兵大军压境,国家处于生死存亡的紧急关头,莆田出了一个与岳飞齐名的抗金英雄、宋军统帅陈淬……

陈淬无论在官职、地位,或军事上的战绩和作用等各方面,都堪与抗金英雄岳飞媲美!他是古代莆田人的骄傲,也是有宋一朝杰出的抗金英雄!一代忠良,万世光芒!

〔注　释〕

①出自(明)周瑛、黄仲昭著《重刊兴化府志》。

②一种方便携带的轻便坐具。

③《仙游县志》《重刊兴化府志》中作"陈惟刚"。

④宋代官员收入包括正俸和料钱,料钱说白了就是各种补贴,官员生活有困难时,可以提前预借料钱。

> 宋代

林成材

一位因教学创见而迁调宁波的官员

《同源字典》曰:"木有用叫做'材',物有用叫做'财',人有用叫做'才',故'材'、'财'、'才'三字同源。"莆田人林成材学养丰富,国学根基深厚,为文旁征博引,教学之道贵以德,故遣事运典,左右逢源,艺由己立,名自人成。

林成材乃北宋著名教官,曾迁调宁波等地,其能力出众,功力精勤,不仅在教学等领域多有创见,而且兼通政治,被提拔为国子博士后,人生之路高歌猛进,遂成学界奇才、业界精英。据《重刊兴化府志》等载:

林成材,生卒年不详,字择之[①]。仙游人(今福建莆田)。林国辅子[②]。(林)成材早入太学,以文行名,宋元祐六年(1091)马涓榜进士。擢国子博士。大观(1107—1110)初,置学司,提举京东西路,请诸州学官,先选尝为教谕职事者,次八行及大比前五人,次太学、辟雍长谕、诸州贡首,著为令。历祠部、吏部员外郎,转国子司业。学校之法,多所建明。历知明(今浙江宁波)、济(今山东巨野)、汝(今河南临汝)三州。曾经参与建设仙溪林氏大宗祠(位于今仙游县鲤城街道济川巷)。卒后入祀仙游乡贤祠。

古代朝廷所办的学校,归国子监管理,唐朝设有国子学、太学、四门学、律学、书学、算学,共六所,前三所相当于综合性大学,主要培养朝廷官员,后三所则相当于专科学校。律学,大致相当于法律专科学校;书学,大致相当于语言文字专科学校;算学,大致相当于数学专科学校。

古代的官员调动频繁,饱学之士林成材从提拔为国子博士起到历知明州等,可谓经历良多。博士一职,具有学术顾问性质,在秦、汉时其任最重,各司专门之学,参预政事讨论,出外巡行视察。至武帝以后,其职渐轻。其教谕之职,乃宋时始设,担负教育生员之责;其员外郎一职,则是较为高级的近侍官,隋代始于六部郎中之下设员外郎,以为郎中之助理,由此沿至清代不改,唯唐制列在六品,明、清则升为从五品;而国子司业,乃在中国古代最高学府和教育管理机构,国子监之次官。

因林成材是宋元祐六年(1091)的马涓榜进士,故《莆阳进士录》着重载其履历,虽为旧题老话,然有如闻其声而知其人之感。林成材的父亲林国辅,宋熙宁九年(1076)诸科及第,即科举考试中所有科目都应试中选。其官至将作监主簿,掌管营造和生产事务。在封建社会里,科举是人才选拔的主要途径之一,因而备考成为个人奋斗的重要一途,无论社会如何动荡,在莆仙地域文化中,科举文化始终具有十分突出的地位,表现在尊师重教、立德树人、科甲鼎盛、人才辈出诸方面。有人做过统计,在宋代的每42名进士中,就有1名是莆仙人,历史上莆田培养出2482名进士、21名状元、17名宰辅。可见林成材之所以成材,既有其家学渊源,同时也受地域文化传统与环境的影响。

莆田古称"兴化",又称"莆阳""莆仙",素有"海滨邹鲁""文献名邦"美称。北宋熙宁九年(1076),莆田人徐铎中状元、薛奕中武状元,神宗皇帝御制诗赐之云:"一方文武魁天下,四海英雄入彀中。"南宋咸淳元年(1265),度宗皇帝亦盛赞"莆,文献之邦也"。此处的莆仙,是莆田和仙游的合称,自古莆仙称"科名之盛,甲于闽中"。

同为仙游老乡,宋代淳熙八年(1181)的黄由榜进士傅诚,似乎也有过与林成材差不多的国子博士经历,《莆阳进士录》载其"幼知读书,有隽声。年十九,以书见泉之乡先生黄维之,大奇之。后尝从朱文公游"。志书还称:"(傅)诚平生自读书外,他无嗜好,所与语者,率皆好学清介之士,非此弗与之交"。进士及第后,授永春县尉,"力辩陈介珪之冤,与上官忤……(傅)

诚有守,奏辟以行,凡表奏类,悉以委之"。轮对间,忽卒于殿下,浊酒一杯诚足乐。因故,史家评其"性甘清贫,俸入不殖产业,悉以署书"。可见积书连屋的傅诚,和林成材走的都是少年勤读书的路线,但傅诚"无嗜好",而林成材在学界则"多所建明",其志向抱负,决定了他们人生之路的取向及命运结局。

林成材的另外一位同乡、南宋著名诗人王迈,乃嘉定十年(1217)吴潜榜进士,他"幼颖悟强记,俶傥有奇节,年十一二,下笔已惊人。既冠,以文谒乡先正傅诚,(傅)诚嗟异,谓他日必以文名世"。他在《重修学记》中,曾引用嘉熙二年(1238)以直秘阁知兴化军的毗陵(今属江苏)人张友来莆田时的一段话语:"莆壤地褊小,赋入薄,不敌江浙一大户,而家习诗书,多出魁人韵士,为中州冠。"其意思是说,莆田虽然地域狭小,国家征收赋税的实物收入也很少,甚至比不过江浙地区一户有钱有势的人家,但现在努力殷勤专精修习的,多数能成为夺魁之人、风雅之士,乃至在全国出类拔萃。

王迈官至"潭州(今湖南长沙)察推(观察推官),再调浙西帅干"。《重刊兴化府志》载:"(王)迈以学问词章发身,尤练世务。易被戒潭人曰:'此君不可犯,尝夺势家冒占田数百亩以还民。'"其还曾因揭发廷试考官徇私舞弊而被陷害免官,调任学士院教授,但他依然伸屈自如,在一次应召轮对中,言甚鲠切道:"人主不可欺天,人臣不可欺君。"又直指宋理宗有"厚权臣之恩,而慭然于同气之念"等用人之失。理宗既气愤又无奈,只好宣谕曰:"姑置卫王(权相史弥远,宁波人)之事。"王迈接连抗声道:"陛下一则曰卫王,二则曰卫王,何容保之至耶!"理宗又一时语塞,当转身至御屏背后时,则斥之曰:"此狂生也!"幸亏理宗此时尚存用人之长去其怒之善,否则岂止降职那么简单。然而,王迈之怒,又岂能伸张正义?此后因"论谏雷霆一世",成了权奸们诽谤诬陷的重点对象,此又与权相史弥远不无关系,最终被官削三秩(降官三级)。史氏家族在南宋一朝,先后出过三位宰相,即史浩、史弥远、史嵩之。史浩是史氏家族中第一位丞相,也是宁波历史上的首位丞相。之后,史家又出了史弥远、史嵩之两位宰相,"史氏三相"之名由此而来。史弥远为史浩的三儿子,史嵩之为史弥远之侄,其中史浩和史弥远先后被封为南宋的越王和卫王。好在屈己者亦能处众,右正言(官职名,谏官之一)江万里为此曾上疏力谏理宗:"(王)迈之才可惜,不即召,将有老不及用之叹。"理宗亦以为然,用刑不如加恩,责备不如礼贤。但王迈知邵武军不久便毅然辞官归里,自称"敕赐狂生",直云"未知死所先期死",可谓是非自见。

王迈与林成材坐而同乡,学而同道,清风做伴,明月相随,两人的交集都在宁波,他们都很坚定,厚积薄发,遗世独立,不与世俗同流合污。

综观林成材的成长历程,其中最为突出的是教学实践与学术创见,即志书所云"学校之法,多所建明"。此处的"建明",犹建白,多指学术等方面的创作发明。作为登第者中的一员,林成材读书愈多,识见愈广,阅世愈深,愈善变化,故内性愈加聪明,具备冠世才学,常有嘉言善行,最终成长为教学领域独树一帜的劲节奇才,实属北宋时期难得的跨越学政两界的复合型人才。

由是言之,自宋以来,莆仙地方虽小,但文教兴盛,人皆好学,习过松柏,砺过气节,教官在天南海北均有足迹。据明人郑岳《莆阳文献》粗略统计,莆仙人在各级官学任职的有国子监教职三十余人,府学教授约四十人,县学教谕二十余人,训导十余人,而实有人数则当以倍计,可谓学者标杆,师之力也。这些出自莆仙的教官,无论九州之大,无惧四海之远,远离故土,躬行实践,为所在地的教育等事业付出辛劳与智慧,类空谷足音,如火燎原。

当然,优秀的教官,不仅在教学等方面有很高的造诣,同时还必须是守正为民的好官,只有这样,才更能充分展现其官职与教职的品德风范,能更好地体现时代性,富有创造性,实现自身价值。以上来自莆仙的学界人士,他们大多是因为优秀的教学业绩和崇廉明德的清廉本色,而得到一定的升迁和调任,这既是对他们的肯定,也是他们前行的动力。

林成材在宁波的经历,宁波地方史料并没有留下太多的印记。经传所记尚且如此,更何况年代久远,宁波人对林成材自然是知之甚少,随着时间穿梭和记忆流淌,即使有,也是只听楼梯响,不见人下楼。频繁正视,书归了正,林成材之足迹点滴之所以能流传至今,盖因其实在名在,有实方有名。

宁波古早形成的官学、书院、蒙学等教学体系以及重学兴教的文化理念,出现的"学校如林,庠序盈门"等盛况,除了归功于本土的历史文化名人

和曾经任职宁波的如李夷庚、王安石等重要人物,同时还应该感谢和铭记为宁波兴文重教的文化生态出过蚁力的、来自不同地区的历代贤达,包括宋代知明州的莆田名士林成材。

赠人之以言,重之于金石。也许,这才是现实给他们的最好馈赠。

〔注　释〕

①《古今图书集成》卷三五七作"释之"。

②《八闽通志》卷五十三作"林迁之子"。

宋代

陈　膏

迁居宁波，得高宗皇帝玉音嘉喻

　　文化历史名城宁波，半城拥河，半城倚海，人文胜概，海定波宁，在北、南两宋的320年间，吸引和诞生了大量的优秀人士，陈膏即为其中之一。

　　都说名士择地而居，佳人选夫而嫁，陈膏娶宁波望族汪氏女，可称"花随红意，叶就绿情"，遂定居宁波梅墟，成鄞县梅墟陈氏之祖。梅墟之地，旧志称大梅山，云："汉梅子真①旧隐处也。昔有大梅生山中。吴大帝伐之，其上则为会稽禹祠之梁，其下则为它山堰梁，皆名'梅龙'。二梁之余，飞入定海，横亘江北，是为梅墟。"《四明谈助》又载："环鄞东三十里而遥，有梅墟焉，汉南昌尉梅福所栖迟也，因名'梅墟'。江阔滩横，激流奔涌，又名曰'茅洋'。"梅龙应指偃卧如龙的老梅树，能做庙宇栋梁，亦为它山堰堰梁和横卧江北之大梅木，远胜常人所称之上等木头。

　　福建简称"闽"，"闽"字里头的"虫"，南方人有称之为龙者，北方人亦有喻之为虎者。龙虎出门，临山照水，双锤落鼓，知轻知重。两家虽隔千山万水，终有机缘成佳侣，一如巨擘之润屋，名士之结庐，极妥安顿，岂止恭列。

　　进一步解读史料中的陈膏，发现他有一种安而能虑、虑而能得之幸运。靖康之变时，金兵来势汹汹，大举南侵，进逼郡城，噩耗接踵而来，朝廷上下，兵荒马乱，属下的许多官吏已逃之夭夭，唯独时任汾州学官的陈膏力挺太守张克戬等死守抗金,斯谓有心于避祸、不若无心于任运。张克戬乃侍中张耆的曾孙,进士及第后历任县令、知府、卫尉丞、库部员外郎等职,后任汾州知州,金兵南侵时他拒绝招降,率领军民奋力抵抗,城破之后,自杀殉国,同时自尽的还有家人八口,连金兵统帅都为之恻然,依礼节将其埋葬于后园。后朝廷追封其为康殿学士,谥号"忠确"。彼时陈膏安然无恙,命运由此转机。

绍兴十一年(1141)六月,宁波僧人王法恩起事,事发之后,很快就被朝廷平息了。传王法恩少年狂异,曾因事被官兵追捕,后被僧人慈悲感化剃度出家,且辗转至明州,不料其明里出家为僧向善,暗地里却结帮聚众,笼络人心,且又储存兵器,购买船只,欲趁官员调动等机会起事。始料未及的是,尽管筹划缜密,但还是被人告发,终被诛杀。时有提请屠明州城者,欲大开杀戒,凡首恶、党徒及盲从者全部给予严惩。时任御史的陈膏,却极力主张从轻处理,认为多杀不是圣世之事,故胁从者大都被饶恕或从轻发落,避免了一场大规模的妄杀事件,成就了陈膏大名。而当时王法恩为谋权趋利抑或舍命取义,如今已无人纠结。据《莆阳比事》《莆阳陈氏名人录》等记载:

陈膏(？—1142),字泽卿。仙游县(今属莆田)折桂里后坑(今仙游县榜头镇后坂村)人。陈淑孙。宋政和五年(1115)何栗榜进士。娶明州汪氏女,徙居明州。靖康时(1126—1127)为汾州(今山西汾阳)教授,金兵逼郡,属官大都逃走,唯独陈膏与太守张克戬死守抗金。宋室南迁后知惠安县(今属福建泉州),单枪匹马招降了叛乱士兵。擢为殿中侍御史,鄞僧王法恩谋逆,事觉,有人请求屠城镇压,陈膏力论多杀非圣世事,胁从者均得以从轻发落。不久改任太常少卿,为高宗所嘉,至大书屏间曰:"陈膏长厚,有古人风。"子陈居仁、陈居雅,孙陈卓。陈居仁、陈卓皆进士。以孙陈卓贵赠少傅。

《莆阳进士录》则载陈膏莆田县人,初为汾州教授,"佐守臣张克戬捍金人"。后知惠安县。"单马造曾衮垒,譬晓降之。鄞僧王法恩谋逆事觉,或请屠城,(陈)膏方为御史,力论多杀非圣世事,胁从者悉宽宥之。"官终太府少卿。

皇帝是在古代至高无上的主宰,能立天下之事,亦能毁既定基业。中国历史上有二十四个王朝,其实从秦代开始,中国的历代王朝,就都已经是皇帝家天下的时代，基本上专制垄断了一切，士人在其间的作用，只是维系专制皇权需要而已。因而，皇帝对官吏的宽严与敷衍，直接决定了该官吏之行藏乃至生死，有时生死祸福甚至在一句话或一瞬间。幸运的陈膏再次迎来高光时刻，那就是高宗皇帝为旌奖他恭谨宽厚的品格，在大书屏间夸他"陈膏长厚，有古人风"。大意是夸陈膏既有古人做人做事质朴淳古的习尚、气度和文风，也有良好的社会习惯和生活作风，颇有现代的按本色做人、按角色办事、按特色定位等让上司满意的表现。

陈膏的言行，深深地影响到了他的儿子陈居仁，而陈居仁则比父亲更为果敢和缜密。据《四明谈助》载：

太师陈文懿公居仁，字安行。其先兴化人，父大府少卿（陈）膏，娶庆元汪先生女，因家焉。大府为御史时，四明有僧（王）法恩谋不轨，得其籍，从附者万余人。朝议将屠城，大府力争，止歼其首，而在籍者俱免。公登绍兴二十一年（1151）进士，虞丞相（陈）允文见而奇之，欲与论兵，谢不能。退而始书，谓："有定力乃可以立事，若徒为大言，终必无成，幸成苏旋败。"（陈）允文为之色动。历礼部郎中，出知徽州（今划分属安徽、江西管辖），治行卓异，为孝宗所嘉。迁起居郎、中书舍人，上言庆赦之弊，帝嘉纳之。后以华文阁直学士终，谥"文懿"。著有奏议制稿、诗文杂著。公性孝友，其在官，奉其叔父及甥妹以行，为义庄以赡宗姻。舅汪大猷以学士致仕，公暨直学士楼钥皆汪出，时人荣之，称为甥舅三学士云。（《曹志》）其奏议政绩，详《宋史·本传》，略见闻、钱二志。

汪大猷乃宁波余姚人，南宋大臣，与丞相史浩同年进士，曾知泉州。陈氏家族与甬上望族通婚联姻，互为表里，使家族之间关系盘根错节，环环相扣，交织一体，影响颇深。

又据《宁波府志》等的记载，陈居仁（1129—1197），绍兴二十一年（1151）赵逵榜进士，丞相虞允文见而奇之，历礼部郎中，出知徽州，治行卓异，鄂州、福州、建宁、镇江诸郡皆有惠政。秦桧与陈居仁的父亲陈膏有故交，有人劝之一见，可得美差，但陈居仁却说"是有命焉"，终不自通。陈居仁生有六子，即陈巩、陈革、陈毕、陈苇、陈卓、陈阜。隆兴（1163—1164）初，修《高宗圣政》时,高宗妙选僚属,故与名臣、文学家范成大并兼检讨官。

时淮甸交兵,宁波人魏杞以宗正少卿出使金国时,召陈居仁到帐幕之下助阵,时和战未决,而金兵驻扎淮北,气氛相当紧张,此时却出现精彩一幕,魏杞与陈居仁等突骑大至,金兵弯弓夹道,磨刀霍霍,陈居仁镇定上马,犹从容举酒对魏杞说:"天寒,且酹此觞。"随即他把酒杯里的酒洒向地面,可能还做了共尽此觞的动作,表示祭奠与立誓,观者敬之,金国将帅只好让金兵开道而入,"卒成(终究)礼(以礼相待),减岁币而还。"文官武将喝酒,果然喝出趣味、勇气、胆色和理由来。

当然金人这也是以软促硬,软硬兼施。魏杞一行在金国期间,其实也是备受胁迫,九死一生,即使在递交国书这种事上,也因坚持不肯称臣而激怒金主,为此金人还断绝了使团的饮食。后来,金人又胁迫删去"大宋"字样,遭魏杞等人的严词拒绝。看破生死,识别荣辱,操持既坚,奈我何哉。最终,迫得金主做出一些让步,魏杞和陈居仁等人则出色完成了朝廷的既定使命。

魏杞立了大功,手握大权,上达天庭,陈居仁亦因出疆而赏,转承议郎,授诸王宫大小学教授。而其之所效,依然是父亲的行为理念,看似未尝求进,实则与时俱进。此后陈居仁无论是进秘书丞、权礼部郎官,还是请外知徽州等要地,都能够体现出他为人处事的不同凡响。如一外知(一到外地任职)莅位,即张贴告示安民,称"天子节经费以惠俭。不能推广圣德,吏则有罪"。针对奸猾官吏侵犯缴纳赋税的民众,他在三衙门庭特意竖立两柱华表,宣称凡是在缴纳赋税时遇到计量不公或遭抑退者,可抱所输之物立于表下,自己将亲自前往处置。果不其然,输纳税赋渠道因小改造而大畅通,吏胥们再也不敢从中渔利,官府信誉大增,公信力体现出影响力,以至邻近的州人县民凡有讼案,多赴台省乞请移交陈居仁裁决。

儿子的表现,是父亲的影子。陈居仁的调动,甚至比他的父亲更为频繁。据史料载:陈居仁,字安行,乾道七年(1171),迁军器监主簿,陈居仁质疑孝宗对金政策之举棋不定,说"立国须定规模,陛下锐意恢复,继乃通和,和、战、守三省迄今未定,孰为规模耶?"八年(1172),迁将作监丞,转国子丞,入对,论文武并用,长久之术,孝宗嘉纳。九年(1173),进秘书丞,权礼部郎官,举荐李焘、莫济等明习典故之人。淳熙元年（1174），出知徽州，推行仁政，惠俭治郡，断案公平，秩满，邦人挽留，由间道得去。以编纂《会要》旌赏，特转朝议大夫，兼权度支，兼权礼部。次年（1175），迁枢密院检详诸房文字。淳熙八年（1181），为右司郎中。九年（1182），进左司。十年（1183），检正中书门下省诸房公事，历兼左藏诸库，亲视案牍，平反冤假错案，命公卿宽大处理。假吏部尚书充金国贺生辰使。还，迁起居郎，寻兼同详定司敕令。十二年（1185），除中书舍人，权直学士院。

陈居仁还曾以焕章阁待制知建宁府（今福建建瓯），时正值饥荒之年，他果断放粮，平抑粮价，且缓征往年所欠税赋以巨万计，并代输畸零茧税，又严惩罪犯，即史书所载的"移建宁府、岁饥，出储粟平其价。驰逋负以巨万计，代输畸零茧税。有因告籴杀人者，会赦免。居仁曰：'此乱民也，释之将覆出为恶。'遂诛之。"并因此又赢得名声。

另据《建宁府志》载："观察推官柳某死，贫不克归，二子行乞于道，（居仁）闻而怜之，予之衣食，买田以养之，择师以教养之。"江防重地镇江（今属江苏）大旱，兵食危急，军心不稳，陈居仁奉召"移守镇江，通漕运"，请朝廷以十四万缗钱供给兵食，并派人向荆楚商人籴运粮食，商人闻知此乃陈待制（陈居仁曾任待制）所急需，"争以粟就籴"，为此活人数以万计。陈居仁在以集英殿修撰知鄂州（今湖北武昌）、赴任取道郡州时，士民仍然聚彩揭旌，热情不减，拥上道路为之迎送者来千去万。其在鄂州任上，还带头筑长堤捍江御洪，整修"安乐寮"收养贫病之民，并拨闲田归其用，故又甚得民心。

在读书著述方面，陈居仁尤熟读《汉书》《左传》，摘其精要为《班左撷芳》，所作之文温厚尔雅，有二书之风。以文受知于魏杞、汪应辰。韩元吉称其"文词温润，有制诰体"，程大昌谓其文章为当时巨擘。著有制稿奏议二十卷、诗文十卷，均佚。《全宋词》收其词一首。《全宋诗》卷2369录其诗七首。

由是看来，陈膏得皇上圣眷，陈居仁也成就人生之华，得皇帝高誉。宁波府学崇祀乡贤题名碑[②]，留有陈居仁的大名。父子同承皇恩，除了皇恩浩荡，更多的是主动的表现与正确的把握。

陈居仁卒后，谥"文懿"，赠金紫光禄大夫。明州鄞县县令楼钥状其行[③]，以宰相之尊主盟文坛的周必大撰其神道碑④。《宋史》评价称："居仁风度凝远，处己应物，壹以诚信，临事毅然有守，所至号称循吏，皆立祠祀之。"宋高宗则誉其"德行为天下第一，可因是并赏之"，终至破格提拔，重点任用。

陈膏曾孙、陈居仁孙、陈卓子陈允平，也是位杰出人物。陈卓是宋末元初著名词人，故陈允平自幼家教甚好，清代宁波诗人袁钧在《鄞北杂诗》中云："寒菊宜霜晚更新，掖垣再世掌丝纶。阿咸老去营西麓，不愧家声故国臣⑤。"从诗中可知陈允平家学渊源多源自祖父陈居仁和五伯父陈卓，而得益于陈卓尤多。除家学渊源外，陈允平又从杨简，入太学。杨简为当时宁波著名哲学家，人称"慈湖先生"。咸淳九年（1273）郡守刘黻创慈湖书院于杨简故居，以陈允平相其事。陈允平早年生活无忧，富贵且文雅，尤喜"萧散云根石上，瀹茗松泉，注书芸阁"……

此又何尝不是时人揭橥的恭谨宽厚与古人之风？

〔注 释〕

①梅福，字子真，九江寿春人。成帝时为南昌尉，传其忠诚贯天日，超然尘俗之外，亦善预言，或以为得仙。

②参见《天一阁明州碑林集录》。

③参见《攻媿集》卷八十三《陈公行状》。

④参见《周文忠公集》卷四《文华阁直学士赠金紫光禄大夫陈公居仁神道碑》。

⑤诗末有注："陈文懿居仁、清敏卓，父子西掖。"

宋代

方 轸

节而仗义,弹劾蔡京,迁鄞县县令

方轸何许人也?莆田人是也,即曾上疏乞诛巨奸蔡京被贬谪成为"罪官"的方轸,其获朝廷恩赦后,再次上书陈诉,天下人考之所为,传其守节而仗义,连钦宗皇帝也夸他忠直,补明州(今属宁波)刺史,后迁调鄞县县令,以贫不能归,家于慈溪。

据清乾隆六年(1741)补刊本《宁波府志》载:"梁开平一年(907)改䧹称鄞①,钦宗靖康(1126)方轸任鄞令"。《宁波市志外编》则在录《清雍正宁波府志》"府学"一节中,把方轸与李夷庚、钱公辅、吴潜、王安石等同列为"名宦祀"。综合《莆阳文献》《莆阳比事》《莆阳刺桐金紫方氏族谱》《莆阳名臣谱》等的记载:

方轸,生卒年不详(一说1058—1136),原名堂,字叔时,一字叔载,一作克载,号松年。莆田县城内方巷(今荔城区文献社区坊巷)人。方慎言曾孙,方通子。有文采,以父任太庙斋郎(官名)。大观元年(1107)正月甲午,中太一宫使(官名)、魏国公(封爵名)蔡京复为尚书左仆射兼门下侍郎,天下事滋(生)坏,轸列其过千二百余言,志怀霜雪,疾恶若仇。

被《宋史》列入《奸臣传》的蔡京,字元长,莆田仙游枫亭人,宋神宗熙宁三年(1070)进士,崇宁元年(1102)五月,宋徽宗诏以翰林学士丞旨蔡京为

尚书左丞。七月，诏为尚书右仆射兼中书侍郎，时年56岁。二年（1103）正月进尚书左仆射，继加太尉（最高军事长官），进太师（三公之首）。后屡罢屡起，通治中书、门下、尚书三省，四居相位久达十七八年。蔡京与方轸都是莆田人，但史论方轸为忠臣，蔡京为奸相，其异如是。史言蔡京掌握了行政、军事、财政大权后，对内横征暴敛、贪财纳贿，对外兴兵黩武，轻起边衅，在朝排除异己，最终导致北宋亡国。可谓彩云易散，圆月必亏，恶到极致，便是毁灭。

方轸在大观元年（1107）《上徽宗封事》中直抒胸臆，痛切陈词："伏唯司空尚书左仆射兼门下侍郎魏国公蔡京，列臣睥睨社稷，内怀不道；效王莽自立为司空，效曹操自立为魏国公，视祖宗神灵为无物，玩陛下不啻若婴孩；专以绍述之说，为自谋之计。上以不孝劫持人主，下以谤讪诋诬恐吓天下，威震主上，祸移生灵，大臣保家族不敢议，小臣护寸禄不敢言。颠倒纪纲，恣意妄作，自古奸臣，未有京之甚……"蔡京大怒，将方轸编管岭南（今广东、广西一带），此定是皇帝同意的事。传方轸任鄞县县令时已69岁，4年后卸任。

古代一些名臣，敢于披君主之逆鳞，不惜俸禄爵秩，甚至不顾身家性命，当面或上书论述时政的弊端，有的甚至指责皇帝失德，遇到明君，则成为历史上的圣君贤臣；而要是碰上昏君，不仅意见被驳回，还可能招来囚禁、诛戮之祸。

有毒蛇啮指，即有壮士断腕，为天下者，不顾身家。时弹劾蔡京所作所为的官员大有人在，原侍御史陈次升、原谏官任伯雨、原监察御史常安民、原殿中侍御史龚夬、原左司谏陈瓘等，皆因疏论蔡京之奸，被滥权报复，有的削籍，有的编管，有的流放。宋政和二年（1112）进士、莆田人陈宋辅，则因上书言权臣蔡京与蔡卞，而被贬为余姚县尉。一时间谤言忽生，众口赞毁，如雷鸣电击，似污水浊浪，满目疮痍，莫不令人叹息唏嘘。

"奸邪之人，其为心险，其用术巧"，蔡京是也；"食李去核，治国去贼"，方轸是也。然蔡京能欺一人一时，决不能欺天下后世，而方轸则让人信服，至今观之，仍令人肃然起敬。

宣和七年（1125），蔡京致仕（官吏退休），徽宗内禅（禅让），钦宗继位，太学生陈东等上疏乞诛蔡京等六贼，朝廷恩赦方轸，听自便。方轸谢表云："三十年窜逐流离，一万里波涛险阻，曰义曰命，成亦不知，败亦不知，唯忠唯孝，生乎由是，死乎由是。"方轸守节而仗义，天下人传而壮之。

靖康元年（1126）五月十六日，方轸又上书陈诉，钦宗嘉其忠直，补方轸为明州刺史，后又迁调鄞县县令，先补后迁，算是对他的嘉奖与鼓励。是年高丽遣使至明州，贺宋钦宗赵桓即位，龙颜悦，情绪涨，为臣的日子自然好过。

方轸传子方熙，奏补官淮南东路提举。方熙传孙思训，官武功大夫，浙西钤辖使。四子俱辟官，人称为"四宗"，建宗祠于慈溪鸣鹤山。四传至元楷，官沿海参议。元楷子烨，复自慈溪迁鄞县，传今鄞县派。及方轸卒，祀乡贤、世忠祠，有著作《方叔载奏议》十卷。

方轸一脉从流传千古的"六桂流芳"之父方廷范算起，到方仁载、方咨、方慎言、方藏、方通、方轸等，惟贤惟德，世代相传，皆封官受禄，声誉赫赫。

方廷范，唐昭宗大顺二年（891）进士，授温州安固县县尉。大顺年间（890—891），任长溪县（今属福建宁德）、古田县、长乐县知县，赠金紫光禄大夫，任职皆有政声，民称其为"长官"。以中原多政，后择居莆田城关刺桐巷（亦名方巷）。方廷范卒后葬在城厢区常太镇南芹山，为莆田六桂方氏始祖墓。其墓全部墓砖皆模印"方金紫长官墓砖"，且有北宋文学家苏轼题碣。

方廷范的六个儿子，皆有名有位：方仁逸官水部员外郎，方仁岳官秘书少监，方仁瑞官著作郎，方仁逊官大理司直，方仁载官礼部郎中，方仁远官秘书正字。因六子并贵，称"六桂方"，荣称"金紫六桂"。《重修柏墅方氏六桂堂宗祠记》载："方氏世称六桂堂……其后六传而至宋太庙斋郎、右正言讳轸，以鄞令家于慈溪鸣鹤山，复由凤浦岙迁柏墅村。源远流长，世系可考，因仍以六桂名其堂，所以述祖德示后人也。"

金紫，即金印紫绶的简称。方氏部分外迁后裔，亦以"六桂堂"为堂号。方氏常用姓联"六桂家声大，八忠世泽长"，有口皆碑。此处的"家声"，指声誉；"八忠"，指从众多族贤中遴选出的八位忠臣，即方适、方轸、方喜、方廷实、方信孺、方大琮、方献夫、方良永，他们居官为民，尽忠报国，余荫久远

绵长。

"八忠"之一的方大琮,字德润,开禧省试第三,官右正言,出知广州,在粤五年,百废俱举,卒谥"忠惠"。撰有《与曹侍郎豳》,他人欲言而未言,他尽言之。其曾在《第二札子》中冒死深言:"然而故王之冤不雪,则他日能保其如所属意者乎?权奸之罪不正,则他日能保其无有贪功者乎?"其亦曾在《述莆方三派聚族》中云:"莆衣冠大姓不一,然多与编户之姓同。而有非所能杂者独吾方姓,不甚见于农工商之版。其达且温者各以家世为念;而其寒者犹克保其为士人之家,以待其兴,此所以为入闽三百余年之贵姓,而尚有望于来者。"

不仅如此,《后村大全集》载"方氏三派"中,与被宋理宗誉为"文名久著,史学尤精"的刘克庄有直接交往者达四十多人,刘克庄则为方家撰墓志铭多达22篇,往来诗文更是数不胜数。

卸任后的方轸,苦于清贫和体力不支,以及宋金交战、政局混乱等原因,未能返乡,为之恻然。此非不愿为,而实不能为。志载其贫不能归,家于慈溪。时其父方通尚健在,亦叙其原官。除却了更多的世事扼腕,以下士之禄持窘绝之家,此情、此景、此境,如同中庭之月,一样清光两地愁。

好在宁波的方氏族人,除了传播前辈功业盛名,亦未曾停止编书修谱。元初《方家河头谱》序有载:"吾宗方氏派出莆中,由莆至明之慈,由慈迁鄞,由鄞迁定(镇海)②之凤浦,由凤浦迁之河头,派落分明。"又据《横塘方氏宗谱》所载"慈之鸣鹤山,甬上镇明岭",由此说来,方氏家族从福建莆田迁至宁波慈溪的鸣鹤山(今盐仓山),复又由慈溪迁居宁波,再迁到时属镇海今为慈溪的凤浦,后又从凤浦迁到慈溪龙山镇的方家河头,在宁波城内曾居住在今海曙区镇明路一带,应了"凡有成就者、一生多移居、鲜有终生居一地者"之说。

今方家河头村已是中国历史文化名村、国内方姓第一大村、慈溪唯一保存完整的千年古村。该村有一条主街从低向高依势而上,意在摆脱凡俗,去向高明者讨教。而主街中的一截,笔直无弯弯绕绕,直抒胸臆。主街的两旁,望衡对宇,连接巷陌。山聚谷合处,峰回水绕,山秀、果香、泉洁。看似华丽,实则雅洁;看似奔放,实则严谨。至此,谁也辨不清古村的过往云烟,摸不透古村的悠久历史。徙居于此的方轸一脉④,种学绩文,筑室立祠,是谓方者,深藏若虚。

人生须对自己负责,但建功立业还得前辈援引。方轸的曾祖父方慎言,字应之,莆田县人,咸平三年(1000)进士,初任信丰(今属江西省)、兰溪(今属浙江省)二县知县,号称"神明"。后历殿中丞,福州通判,泉州知府,两浙转运使,潭州(今长沙)知州、广州知州等职。其每到一处,即致力救荒减负,如督修钱塘江海堤,史载:"钱塘江决堤数十里,慎言亲庀工徒,授材画,叠石、列大木以杀潮势。仁宗嘉之,赐玺书褒美。"又如泉州郡民因其发廪赈济、奏免丁税,活人无数,有父子相泣曰:"微(无)方公,我辈无以为生,又何有子孙哉!"于是生儿多以"方儿"命名。再如方慎言知潭州时,使其由重灾之郡转而丰裕之乡,任期届满之时,士民感其恩德,相率画像奉祭。

方轸的父亲方通,内存爱犊之心,外作搏牛之势。志书载:(方通)字叔时,方慎言孙,宋熙宁六年(1073),以明经登第。历崇德(今属浙江省)主簿,建州(今福建省建瓯市)教授。得到名士许将、曾孝宽等举荐。任韦城(今属河南省)太宰,讼简刑清。签判荆门(今属湖北省),因无法制止太守任意不法,故将一亭命名为"独立"以自见。历任吴王宫宗子博士、亲贤宅博、睦州(今属浙江省)知州、王府翊善。因其子方轸上书论蔡京,谪官(因罪降职、流放),以朝请大夫致仕。方通很会撰写文章,著有《诗书义解》三十卷③、《方叔时诗文集》二十卷、《咏史》十卷、《杂志》十卷等。

方慎言的弟弟方慎从,视兄如形之于影,兄视弟则如声之于响。方慎从宋景德二年(1005)李迪榜一甲进士及第。授秘书郎,历知弋阳(今属江西)、怀宁(今安徽安庆潜山)、同安(今属福建厦门)、怀安(今属河北省)、导江(今属四川省)、兰溪(今属浙江省)六县,通判饶州(今江西上饶)、荆南府(今湖北荆州)。《宋史考论》载天圣元年至三年(1023—1025)知潮州(今属广东省)、漳州(今属福建省),《宋代郡守通考·宋川陕大郡守臣易替考》载庆历八年至皇祐二年(1048—1050)知嘉州(今属浙江省),所任之处皆有德政,政声好。导江时有楠木连理、嘉禾九穗之祥,玺书褒异。于嘉州任上,手植荔枝于郡圃,赋诗有"留取清荫待子孙"之句。至大观(1107—1110)中,禧持节按蜀郡学,父老称诗为贺。皇祐二年至四年(1050—1052)⑤以屯田郎中再知漳州,漳州人夹道欢呼,称"吾父复来"。其兄慎言,时守泉州,旌麾相望,二州人荣之……

往车虽折,来轸方遒,有识之君,当何择焉?

〔注　释〕

①《宁波市志》载:后梁开平三年(909),历任明州刺史18年的黄晟卒。五月,钱镠巡视明州,升明州为望海军,改鄮县为鄞县,县治迁到旧州城。

②据清代张寿荣编纂《镇海柏墅方氏族谱》记载:镇海柏墅方氏始祖方朁,原名堂,字叔时,一字克载,号松年,北宋靖康年间(1126—1127)自福建莆田县流寓浙江慈溪县邑北凰浦岙村(今属龙山镇),为镇海柏墅方氏始迁祖。

③《闽书》作"《书议解》三卷",《莆阳比事》作"《书议解》三十卷"。

④另说为方腊义军、方孝孺后裔等。

⑤《宋福建路郡守年表》作皇祐二年至四年(1050—1052)再知漳州,《宋代郡守通考》作庆历八年至皇祐二年(1048—1050)再知漳州,改都官郎中。

宋代

郑耕老

曾任明州教授，天下"道理最大"乃其名

四明自女真人焚荡之后，学陋教弛，耕老更营学区，为讲说科举之外者，侍从多以通经术荐。

据明周瑛《兴化府志·人物列传》介绍，郑耕老，字谷叔，登宋绍兴十五年（1145）进士第，授怀安县主簿。后调任温州法曹，改任明州教授。

明州，因境内有四明山而得名，亦称四明。靖康元年（1125）宋金战争爆发，江浙地区成重灾区，交战时间长，至绍兴十一年（1141）宋金签订和议。其时，作为宋代对外贸易的大港口，除了其他基础设施遭到破坏，明州学舍也被金人焚毁，一时学陋教弛。郑耕老到任后，不仅勤勉教学，还花大力气修复建造校舍，是一位学问渊博、淡泊名利的师儒，因对宁波兴学有功而赢得声誉。

志载郑耕老（1108—1172），号友堂，莆田人，宋代经学家、教育家。《重刊兴化府志》载："父安正，少负才学，笃志训诸子；尝筑书堂，率闾里子弟讲学，一时名士多从之游。"兄郑箕老，从弟郑端忠。郑耕老幼孤，母林氏训诸子曰："家事尽以累吾，汝等一意向学，以无负汝先君之志！无谓予妇人而欺，欺予易，欺场屋难。汝等学问吾无所取信，惟有司不汝遗，此吾所取信也。"郑耕老被召对时曾奏言："太祖尝问赵普曰：'天下何物最大？'曰：'道理最大。'知道理为大,则必不以私意而失公中。"孝宗悦,亲擢国子监主簿、添差福建安抚司机宜文字。年六十五卒。

郑耕老秩满后,淡泊名利,无意仕途。归居南陂木兰溪草堂,著书立说讲学其中,一时名士多与之交往游学,方志载其秩满后,径归南陂,读《诗经》《易经》《中庸》《洪范》《论语》《孟子》,味其深微,皆有训释。且荣利淡如,无意宦进。母墓有小精庐,南陂木兰溪有草堂,皆常所往。具备舟楫琴书,从容不迫地出游溪上,有《木兰溪书堂》诗:"郑子藏书处,柴门碧树湾。开怀溪一曲,养拙屋三间。月色斜侵竹,鸟声迥隔山。辋川多胜趣,何似此潺湲。"

郑耕老经术湛深,素厌声律浮靡,对读书、劝学有很深研究,曾在《读书说》中指出:"立身以力学为先,力学以读书为本。""苟能熟读而温习之,使入耳着心,久不忘失,全在日积之功耳。里谚曰:'积丝成寸,积寸成尺;寸尺不已,遂成为匹。'此语虽小,可以喻大。后生其勉之。"

郑耕老劝学以计字课功,云:"大小九经,统计四十九万余言,再加《公羊》《穀梁》《仪礼》《尔雅》《大戴》《国语》,亦只六十四五万言而已。中人之资,日课三百言,不过七年可毕。或遇人事蹉跎,资禀稍钝,再加倍差,亦不过十年可毕。况诸生所习本经及《论语》《孟子》已入四书,又省去数万言乎。今之学者,疲精劳神于浮薄诗文,计其用力,奚翅十年?毕竟游谈无根,精华易竭。若移无用之力,而为有本之学,则膏沃者光未有不明,本深者叶未有不茂,事半功倍,孰大于此?诸生于此,幸致思焉!"

郑耕老还详细统计过部分经书的字数,其中有《毛诗》39224 字、《尚书》25700 字、《周礼》45806 字、《礼记》99020 字、《周易》24207 字、《春秋左氏传》196845 字、《论语》12700 字、《孟子》34685 字、《孝经》1903 字,大小九经合计 479990 字,足见其钻研之全。

因郑耕老在宋孝宗在位时(1163—1189),曾经在皇帝身边工作,而时莆田人、绍兴八年(1138)进士、官至宰相的龚茂良,也在宋孝宗身边工作,故两人情谊颇深。郑耕老有《游国清塘①》诗:"涌金门外尽菰蒲,四月行人客上都。六月国清塘上望,依稀身更在西湖。"龚茂良家居待罪时,常与老朋友郑耕老交流，每每走上木兰陂，常触景生情，某日兴来，诗曰："木兰春涨与江通，日日江潮送晓风。此水还应接鄞水，为谁流下海门东？"龚茂良在歌颂木兰陂无私无畏的同时，也联想到了郑耕老曾经任职过的明州鄞县。

有关龚茂良"此水还应接鄞水"句，主要有两种解释，一是因王安石早年任鄞县县令时治水有功，为民所德，故把创建木兰陂同王安石治鄞水关联；二是因郑耕老调任明州教授，执教有声，而作为东海之滨的宁波，虽未直名鄞水为明州，但有鄞江又有甬江之称，如同莆田谓木兰溪为兰水一样，属于文人雅称，且宁波确因甬江贯穿其境而简称"甬"，鄞江又于明州东境注入东海，故有"流下海门东"之后句，其实质是以鄞水暗示郑耕老就职地明州，暗喻郑耕老弘扬源于莆田母亲河木兰溪所哺育的莆田文教精神，为振兴宁波学事而兢兢业业。

与郑耕老相知的还有淳熙五年（1178年）榜眼，南宋思想家、文学家、政论家、官员叶适。叶适生于浙江瑞安，后居永嘉水心村，世称水心先生，历仕孝宗、光宗、宁宗三朝，历官平江府观察推官、太学博士、尚书左选郎、国子司业、知泉州、兵部侍郎等，其力主抗金，反对和议，曾被弹劾夺职奉祠长达十三年，享年74岁，赠光禄大夫，获谥号"文定"（一作"忠定"），故又称"叶文定""叶忠定"。作为永嘉学派集大成者，以其为中心的永嘉学派与当时朱熹的理学、陆九渊的心学并列为"南宋三大学派"，影响深远。著有《水心先生文集》《水心别集》《习学记言》等。

叶适的文章在当时贵为一流。其又擅撰墓志铭，不仅文笔极佳，而且情感动人，南宋宁波人楼钥在为皇帝代拟的《吏部郎官叶适国子司业》诰文中曾称："朕御图之初，思欲作新学者耳目，求当今第一流素为天下士所推服者，以正师席，宜莫如汝。"诏书将叶适推许为第一等学问、第一流学者。《钦定四库全书》载宋代叶适撰《奉议郎郑公墓志铭》：

莆人郑洙言曰：先人殁于乾道壬辰（1172），葬用淳熙甲午，惟先友莆一二贤大夫也。不敢铭，诲（郑）洙曰必别求贤有文者洙也。不肖不足以得怀疑重请延伫（久立）于今二十六年矣。惧老且死不能振幽芳昭遣绪岂惟不肖又抱不孝之罪以殒吾子，纵不胜任勉矣，笔之也。

按(郑)洙状,郑氏自太府卿露徙莆南湖,露之孙曰太中大夫敔,生五子。各以其居,自别为祖繇敔之子司门郎准②三世,而为君之曾祖曰(郑)亚卿,祖曰(郑)资深,父曰(郑)安正。君讳耕老,字谷叔,幼孤。母林氏,有专行(独特德行)切切(深切)课(教导)君从三兄学曰:余妇人,汝欺余易耳,欺场屋(小屋)难也。君兄弟益自力,乡论(乡人评论)多甲乙(赞誉)送之,至再举三子云,中进士第,主福州怀安县簿,而林氏卒。丧除(由着丧服换吉服)欢曰:禄不逮亲(双亲在世得以孝养),矣,求仕何为。复居庐二年,亲戚故人强起之,调温州法曹,(太)守故用常平钱物,君不听忭,(太)守意又欲舍去,其友知旁郡,固止之,教授明州学。四明自女真楚荡士之学,学之地陋弗理,君为讲说科举之外者,更营学区,取田以供乡饮费③。侍从荐君通经术甚,众召见奏事明辨,孝宗悦,亲笔用为国子监主簿,于是执政患,执事官多待阙失职,以君添差福建安抚司机宜文字。满秩,不朝集,遂归南陂,移梅种竹终焉。始君虽捷应举(接受选用或举荐),已厌声律浮靡,读诗周易、洪范、中庸及论语、孟子,味其深微,皆有训释,著仁、义、礼、乐扶中截流等,论推明圣人之道,归于中正不偏常,行不厌而佛者,以寂默无为乱之,此性命道德之蠹也。常抚书语其子曰:时不我知,我死若藏此书南陂上而已,荣利澹无与既,丧母,宜进尤薄,每日吾心方神迟,习险履巇余所畏也。林氏墓有小精庐,南陂木兰溪有草堂,堂南有沂春亭、舞雩台,君所常往来也。具舟楫琴书,晴光月夕,不从宾御(宾客和驭手),夷犹溪上,忘其近远,溪北野农常吹箫击鼓送迎之。莆多大儒名士,皆君辈行上下,相善甚其间,相踵为辅相,然不以身之进退望焉。盖六经、孔子之学,通于天下。而人之心知耳目有浅深之殊。百有余年以来,士虽以其深者自命,而世之好恶趣舍犹不能尽合也。故妙已而粗物,哗伪而毁真,方并逐于末流,以斲败本学矣。惟不必于用者知自重,不急于教者知自乐,自重则严己,自乐则恕人。余以(郑)洙所次君事及其书考之,君学为用而不求用,可以教而不教,退静多而进动少,未尝违世而世莫之同也。昔孔子谓颜渊舍之则藏,曾皙曰异,三子者之撰圣贤之遗意,庶几乎,君之卒年六十五矣。其葬在文赋里东山,娶林氏(国钧女),二子,(郑)炳,(郑)洙。女嫁朱審度。铭曰:南陂之书,今故存兮。溪北鼓箫,后可闻兮。

郑耕老夫人林氏，乃林国钧之女。志载林国钧（？—1175），一作林国均，字公秉，自号回年，莆田定庄人，早年科举不第。自三舍法罢，遂不复有仕进意。高宗朝，以其子尝由里选，版授迪功郎，加承议郎，赐绯衣银鱼，致仕。林国钧为人好施与，务以积阴德为心。闻乡邻有贫乏者，取赀财，遣人暗中以助之，不使其知也。尝建红泉义学，拜请林光朝为师，以淑俊秀。绍兴（1131—1162）初，置义田，以赡四方从学之士。白湖去城三二里，旧有浮桥，更造石桥，一时有力者又欲移建于木兰陂下，谓是处江流且缩，而两堤突起；林国钧以为此说正相反，唯江阔岸平则无喧嚣撞击之患，遂倾赀倡众以相其成。又伐石，砌黄石抵城之路，凡二十余里。年九十，齿发落而复生。作亭名曰"回年"，陈俊卿为书其匾，因以自号。淳熙二年（1175）八月卒，林光朝铭其墓。

碑铭之文，按理说是对某个人的"盖棺论定"，然追根究底，实则"辅史而行"。正所谓：天下何物最大？天下道理最大；知天下道理最大，则必不以私意而失公中。亦所谓：人人知足，天下有余；人人讲理，天下无事。

〔注　释〕

①"国清塘"乃定庄村最早的村名，位于莆田黄石镇东南侧，传郑耕老曾筑书堂，率子弟讲学其中。

②《兰陔诗话》据《南𡹕湖家谱》载："太原卿露，生观察使珙、吏部侍郎瑜。瑜生屯卫将军、太子中允敖。敖生吏部尚书巩、大理平事臬、兵曹郎阜、司门郎准。准乾宁四年（897）登杨赞图榜进士第。则准为露曾孙。然诸书皆列露于陈、隋。《莆风清籁集》亦列露于唐初。准仅为其曾孙，必有一误。"

③乡饮酒礼是古代比较盛行的一种以地方儒学为中心的社会文化活动。建炎末年，金军攻江南，所到之处烧杀抢掠，焚毁明州儒学。不久，郑耕老教授明州学，培养学生，更营学区，取田以供乡饮费。绍兴八年（1138），明州府新儒学建成，太守仇悆"复举故事，益以酒三行之礼"以示庆贺。两年后，仇悆以官田一百零六亩，作为此后举行乡饮酒礼的费用开支。

宋代

林 正

不伐己功、不矜己能的定海知县

据《莆阳文献》《重刊兴化府志》《仙溪志》《莆田市名人志》等记载：

林正，生卒年不详，字明辅。林藻七世孙。莆田县澄渚村（今荔城区西天尾镇澄渚村）人。父茂宗，都官叶宾招致师席（意为教师之座），遂举家迁往仙游石碑。林正大观四年（1110）上舍释褐及第。历严州（今属浙江）、福州、济南府教官，知定海（今浙江宁波）、邵武二县。不久任广南西路提举峒丁事（巡训、点校、调遣峒丁等事），改通判婺州（今属浙江），入为秘书丞、尚书屯田员外郎、司封员外郎，除广南西路提点刑狱（官名）。陈感扰沿海诸郡，林正亲自到海上招谕，陈感出迎，并解散数千人随众。论功行赏时，林正手下官吏使臣迅得提拔，唯独林正不肯受赏。绍兴八年（1138）十月任广东转运副使，后移两浙运判，累迁左司郎中。子林一飞、林一鸣，侄林一枝皆以其荫补官。卒后墓在仙游县永兴里罗峰。

由是言之，林正是林藻的七世孙。林藻，著名书法家、文学家，历校书郎、判官、监察御史、殿中侍御史、岭南节度副使、江陵刺史等。在"九牧林"兄弟中，林披次子林藻和第六子林蕴业绩最为显著，早在唐代就列入正史及地方史志。作为福建历史上第一位书法家、莆阳进士第一人[①]的林藻，格调高绝，辞采过人，乃功成行满之士。然意想不到的是，他在40岁的时候便解印归里,不再出仕,端寻常家饭,素其位而行。

据《中华林氏》等所载,林藻(765—840),字纬乾,林披次子,莆田县尊贤里乌石(今莆田西天尾镇龙山村)人,出生于仕宦世家,官至刺史,以书法名世,是福建历史上有资料记载的第一位书法家,宋徽宗赵佶亲自编录钦定的《宣和书谱》以及明代陶宗仪书法典籍《书史会要》等都给予林藻《深慰帖》极高的评价。林藻与其胞弟林蕴皆以工文善书闻名,且与欧阳詹俱为闽中名士,文坛上有"欧阳独步,藻蕴横行"之语。

林藻的父亲林披,少时聪明好学,读书过目必记于心,15 岁时,已手抄六经、子、史达千卷。唐天宝十一载(752)以明经及第,授临汀郡(今属福建龙岩)曹掾(分曹治事的属吏、胥吏),因政绩累迁临汀郡别驾(官名),知州事。林披生有九子,皆有官职,史称"九牧林"。曾获宋、元、明、清四个朝代 14 位皇帝先后三十六次敕封的林默,即林披的第六个儿子、唐代邵州刺史林蕴后裔。

林蕴在唐德宗贞元四年(788)以明经及第,长期在节度使幕府任职,赋性耿直,嗜酒自适,与时任翰林学士的白居易相交甚笃。其先后四次向手握国柄的当朝宰相上书献议,论学又不媚悦上意,故未为所重,志不得伸,仕途亦不顺意。然其忠烈之节,则实至名归,唐懿宗咸通十年(869),朝廷追赠林蕴洪州(今江西南昌)刺史,谥"忠烈"。今莆田忠门镇有"忠烈"牌坊,忠门之地名亦源于此。

有关林正的父亲林茂宗,史书所记甚少,或谓失于详究。但字少事大,领会甚多,时能被都官员外郎叶宾招致师席,若非博学远览与落想不凡,抑或文辞卓越与提笔立就。叶宾乃莆田仙游万善里古濑村(今莆田市仙游县大济镇古濑村)人,宋景德二年(1005)李迪榜进士,宋初仙游首位登进士者。史载其知南安县时,已治事精敏,人称"神明"。后官至都官员外郎、南剑州通判,年七十致仕,家居九年,庆历五年(1045)正月初九终。其子叶任,以恩补官江州德化(今属江西)县尉,又任泉州司户参军等,后辞去官职,优游山水,诗酒自娱以终。叶任生性耿直,莅众必先绳其尤强猾者,治民必先怜其尤贫弱者,上官以势夺弗为动,卒以见忤投牒归去,而民思之。其曾致

书蔡襄,请为其父撰墓志铭。蔡襄撰有《言灾异疏》《言用韩琦范仲淹书》《答赵内翰书》《工部尚书知广州余襄公墓志》《许迥传》《季秋牡丹赋·有序》《韩绛除右正言制》《兵部员外郎何某知秦州制》等,都非常著名。叶宾后人多有中第,且不乏杰出者,姓联"冠棠绵累叶,科甲满榴花"即其辉煌历史的写照。

"致仕"一词,在古代皇帝眼里有很大的随意性,他可以此为由冠冕堂皇地打发任何官员,但如果因为本人年纪大、资格老,坚决要求致仕,皇帝挽留不住同意了,则是荣耀之事,尤其是年龄70岁以上,官阶在五品以上,致仕后,俸禄等基本上可以享受在职官员待遇的一半。

林正在历任严州、福州、济南府教官后,知定海、邵武二县。主持定海工作期间,史料欠缺,好在宁波地方志书有载,虽只有区区十来个字。据《镇海县志》载:"林正,(宋)宣和四年(1122)七月任。"《宁波府志》亦载:"宣和四年(1122)七月,林正任定海令。"

林正任职定海前两年,发生过方腊起义军攻打余姚事件,时与越州刘述古军战于南门桥(今宁波市余姚最良桥),不胜退去。次年则有朝廷徐兢乘明州所造神舟出使高丽,抵达时现"倾国耸观""欢呼嘉叹"一幕。

而《镇海县志》记载镇海原有望海镇、静海镇等名称,五代后梁开平三年(909)置望海县,旋改定海县。到了清康熙二十六年(1687),改名镇海县,次年以原昌国地建定海县。历史上定海(今舟山,曾隶属宁波)区域的变迁较为复杂,皆因古代的开发中心,基本上以大陆为主,有资料显示,东汉时全国人口只有5600多万,经汉末三国大乱之后,西晋时人口只有1600多万。隋代人口虽增至4600万左右,但经过南北朝长期战争之后,始终未恢复到东汉水平。隋末农民起义后,唐贞观时期(627—649)的人口虽然比武德年间(618—626)有所增长,但也只有1200多万,不及隋朝的四分之一,可以想见当时舟山群岛的人口更为稀少,因此在相当长的一个时期内,定海归属大陆县份管辖。

舟山亦然,早在春秋时期,今舟山定海一带属越国之"甬东"[②]。战国时期,楚国消灭越国,将今定海一带纳入楚国疆域。秦汉至南北朝,甬东为会

唐　宋

稽郡鄞县（今属宁波）东境地。隋开皇九年（589）废会稽郡，甬东归属句章县（今属宁波）。唐武德四年（621）归鄞州（今宁波），八年复归鄞县（今属宁波）。唐开元二十六年（738），甬东始建县，名翁山（今舟山市），此为舟山群岛建制之始，即将鄞县划分为慈溪、奉化、翁山、鄞县四县，并于鄞县别置明州以统之。但到了大历六年（771），才过了三十来年，则废翁山复归鄞县，重新隶属宁波大陆县份管辖。宋熙宁六年（1073），在旧翁山地置昌国县，元代更昌国县为州，明初复为县。洪武二十年（1387），废昌国县，置昌国卫。清康熙二十七年（1688），建定海县。后屡有调整。1967年，定海县属舟山地区。1987年撤销舟山地区，成立舟山市，定海县改称定海区。

　　触类旁通，撰为论说，林正主持定海工作后，当一日勤如一日，有民望，有政声，故经过一系列的"任、改、入、除、移"，累迁至左司郎中。

　　任期内，大胆务实的林正，又以"海上招逾"最为绝唱。宋代之时，设置广南东路和广南西路，其中的广南西路，包括今广西全境以及雷州半岛和海南岛的部分地区，故广西之名盖出于此。林正曾授任广南西路提点刑狱，相当于掌管所辖地区司法、刑狱、审讯、核查等事务，其间发生了一起行将干戈戚扬之事，即朝廷将出兵剿匪歼盗，但在林正等人的运筹决策下，化干戈为玉帛，不发一兵一卒即收服了匪首陈感。

　　盗匪头目陈感先时经常搅扰沿海各地，亦常出没于高州、雷州等海域，抢劫商船，袭击城镇，掠夺烧杀。因海盗日益猖獗，百姓闻风丧胆，谈盗色变。林正到此地后，身处冗沓，好在其心忠胆正，深识安危，临大事有静气，为拔去眼钉，扫除恶习，亦为庶免滋事和避免重大伤亡，领命对陈感进行招抚。而陈感也由感而觉，遇良机而握，为趋吉避祸，通而应之，解散了数千人的队伍。时林正在海上亲押首领数十人归于桂林，陈感亦高接远迎，从此改弦易辙，不敢坠失。

　　不仅如此，在收服陈感后，朝廷对相关人员进行论功行赏，林正手下的官员都得到了提拔，唯独林正虽有建功之绪，亦有让贤之高，但始终不伐己功，不矜其能，不为所动，不肯受赏。不同时代亦有不同规格的价值标准，换一个角度，予己一资半级，不如奖励精神财富。

然而，愿望终归是愿望，有的在他身上可以实现，有时却事与愿违，这从林正后代的身体力行中，似乎得到了印证。

史书记载，林正的次子林一鸣，字闻卿，以父荫补官，累迁户部左曹郎官、枢密院检详诸房文字。时乡衮（乡绅）叶颙、陈俊卿、龚茂良皆其姻舅，林一鸣奉母家居，读书自娱，与林萍斋（乡贤）为忘年交，谈论唱酬，略无干进意。后梁克家（名臣、学者）当国，起用林一鸣知南雄州，林一鸣以母老乞祠。未几丁母忧，服阕（守丧期满除服），知惠州，立陈文惠、陈史君、苏东坡、唐子西四君子祠；岁饥，请发常平仓，广行赈粜（售米或以工代赈），民赖以活。古代赈灾措施，以平粜、贷粮为常法；奏罢卖口食盐、淹造盐、钞纸官酤等，为民病者十数事。不仅如此，其又为文谕力学、垦荒田、修陂塘、种麦、去丧乐、禁杀牛等事，上能及乌鸟之报复，下能减平民之饥寒，志向日起，不能悉数。此间又发生一起蹊跷之事，有杀牛者欲举刀，牛突然拽断绳索跑至厅中，像是有话申诉，见者无不惊异，以为是林一鸣"禁杀牛"仁爱教化的结果。林一鸣官满之日，禄俸余资甚少，唯有书籍数担。

叶颙、陈俊卿、龚茂良都是莆田人，皆宰辅。叶颙登绍兴三年（1133）进士第，出仕三十多年，从县之主簿到国之鼎席，始终以公忠为先，端方有守，清廉守正，一世质直，遂成莆田名臣精英；陈俊卿在宋绍兴八年（1138）荣登状元榜，其文武双全，历官兵、礼、吏部等要职，任上秉义尽忠，举进贤良，近善远恶，竭力辅政，史誉"南渡名相"；龚茂良以年十八荣登进士第，誉称"榜幼"，为官公忠直亮，尽言不讳，反腐肃贪，以身任怨，后因权奸构陷，被罢职贬逐，蒙冤屈死。三位名臣，叶颙以吏部侍郎权尚书拜相，官至左相；陈俊卿由吏部尚书拜相，官至左相；龚茂良以礼部侍郎破格擢参知政事，又以首参行相事近三年，足见朝廷器重。然而天无时不风，地无处不尘，各官到任，岂能周悉，最终结局，谁或使之。

受林正所惠的还有他的侄子林一枝。初，林正既官其二子，及致仕恩，则以叔氏三子皆白衣，遂奏补林一枝，人高其义。林一枝官至朝奉郎，潭州（今大部分湖南地区以及部分湖北地区）佥判。

而林正的长子林一飞，就没有那么幸运了，其朝荣夕悴，变在反掌，所谓有志无时,命也奈何。史载林一飞,字升卿,林正子,以父荫补官。绍兴年间(1131—1162),时秦桧当国,引为心腹,骤擢枢密院编修。历屯田员外郎,守右司员外郎,权给事中。秦桧死,遂罢。以遣族人进士论进退大臣当以礼待,为侍史汤鹏举奏劾,诏责监高州盐税官,编管(对罪官强令外州居住)东英州,死于贬所。悲夫!反其父之道行,怅人生之不及,乘利风不得泊,骑虎背不得下,为家基业毁于一人,败于一事,此非投胎之误,实乃指路之过,谓之一步失足,徒尔劳心,终至洞老山空,民怨官困,遂成争议人物。

夫父母之恩,与天地等,天下父母谁都不愿拿自己的苦心去换取惨败的结局。然而世事难料,人情反复,只有相对耳,非绝对永恒。亦如蚕儿,一旦吐丝,即无退路,若蜕变不成,必自缚茧中,后果惨重。

写往事,乱如麻。有人言多慷慨,有人剪草留芽,有人沽名钓誉,有人遭此颠沛。谁无恩怨,谁乏牢骚,何禁骤雨,岂奈狂飙。

〔注 释〕

①另说金鲤。
②宁波甬江之东。

宋代

沈法询

在宁波城内首建妈祖庙的莆田人

宁波向海而生、依港而兴,古往今来,无数的商船沿着海上丝绸之路往来穿梭,千帆万橹,逐梦远航。作为航海保护神的妈祖,在宁波大市范围内广为崇祀,有资料可循、有史料可稽、有遗存可访、有遗迹可寻的妈祖宫庙就多达两百多座。

分布广泛的妈祖宫庙,不仅是古代海上丝绸之路繁盛的见证,而曲折、动人的妈祖故事,更能勾勒出一部宁波海洋文化对外传播史,令人赞叹。

作为妈祖信仰文化的重要传播地之一,昔日宁波城内三江口一带东西两侧,有多座规模宏大的妈祖庙。最早的是位于江厦街与东渡路交叉口,建于宋代的灵慈庙(妈祖庙),后称天妃庙、天妃宫等。

宁波城内首座主祀妈祖的"灵慈庙",始建于宋绍熙二年(1191)[1],由莆田人沈法询舍宅创建而成,并经过各个朝代的不断重建与修缮,规模逐步扩大,建筑也更为雄伟,遂成城中巨观,惜1949年天妃宫毁于战火[2]。其另有一座别庙,重建于清乾隆七年(1742),位于县东四十千米的鄞县大嵩,毁于20世纪60年代初。

以下是自宋代莆田人沈法询在宁波东渡路与江厦街地域舍宅建庙后关于重建、重修、修建等的史料记载。

唐　宋

元代马泽修,袁桷纂的《延祐四明志》卷十五《祠祀考·神庙》载:"鄞县天妃庙在县甬东隅。皇庆二年(1313)重建"。

明代张瓒、杨寔纂修的成化《宁波郡志》卷六《祠祀考·郡(鄞县附)》载:"天妃庙,名灵慈庙,县东三里东渡门外。建于宋绍熙二年(1191),元皇庆二年(1313)重建。延祐元年(1314)封'护国庇民广济明著天妃'。至正(1341—1370)末烧毁。大明洪武三年(1370)中山侯汤和命工仍旧址重建,指挥张理继成之。天顺五年(1451)知府陆阜命主奉沈祐重修殿宇及鼎建寝殿。按程端学所撰庙记则沈自绍兴(以)来世奉祠云。"

清代曹秉仁等修,万经等纂的雍正《宁波府志》卷十《坛庙》载:"鄞县天后宫,府东二里东渡门外。宋绍熙二年(1191)建。元延祐元年(1314)封'护国庇民广济明著天妃'。至正(1341—1370)末烧毁,明洪武三年(1370)中山侯汤和重建。天顺五年(1461)知府陆阜修葺及创寝宇,明季颓废。国朝康熙二十三年(1684)后海禁既驰,闽粤商贾辐辏其地,海中屡著灵異,捐资修建,金碧辉煌,为城东巨观。雍正五年(1727)敕封天后。"

此外,明嘉靖《宁波府志》、清《康熙鄞县志》《乾隆鄞县志》《咸丰鄞县志》《同治鄞县志》、民国《鄞县通志》等,亦皆有相关记载。而元代宁波人程端学的《灵慈庙事迹记》和其兄程端礼的《重修灵慈庙记》为最详,二文可参见《积斋集》与《畏斋集》。

宋、元时期朝廷重视海外贸易,一些莆田人通过海上航行到达宁波、杭州、广州、海南、台湾以及东南亚等地经商,他们大多信仰妈祖,于是在事业顺遂、生意兴隆时,便会出资在这些地方建造妈祖宫庙,以答神庥。

沈法询,生卒年不详,名询,字法询、发旬,大船船长,闽商领军人物。有一次,他率众在南方海域航行时突遇狂风巨浪,情况万分危急,生死攸关之际,其与众人赶紧祈求妈祖保佑,妈祖果然有求必应,红衣挂桅,海曙祥云,在危难之时显现,在狂风巨浪上施展神法,给予危难之中的人们驾驭和战胜海洋的精神力量,救助他们化险为夷。为此,沈法询来到寓居地宁波之后,将其位于今海曙区东渡路与江厦街交叉处一带的居所贡献出来,同时又增加了部分官地,捐资募众,建造妈祖庙,初名"灵慈庙"。他还从湄洲妈祖祖

庙分来炉香，自此在宁波播下了妈祖文化的种子。此后，沈氏后代还在一定时期内参与宫庙的管理事务。

宁波江厦街一带，从古到今，一直是临江望海的重要地带，是宁波城最繁华、最富庶之地，清代时短短的一条江厦街，竟聚集着160多家店铺，在此可购买到各种物品，故宁波有"走遍天下，不如宁波江厦"的老话，此既是谑谈，亦为标榜。

元朝的漕粮海运在我国海运史上前所未有，彼时庆元（今宁波）是重要的海运口岸，据元《昭毅大将军平江路总管府达鲁花赤兼管内劝农事黄头公③墓碑》所载："粮之登舟，自温、台上至福建，凡二十余处，皆取客舟载之至浙西，复还浙东入海。（黄头）公请移粟庆元，海舟受之，自烈港（今舟山定海）入海，无反复之苦。"元人张翥在《送黄中玉之庆元市舶》中也指出："是邦控岛夷，走集聚商舸，珠香杂犀象，税入何其多。"因此元人对天妃宫较重视，多次重修重建并官祭。《元天历二年九月壬申④祭庆元天妃庙文》云："浙水东郡，襟江带海。漕运远涉，万里波涛。神妃降鉴，丕著宏功。息偃狂飑，迅扫妖氛。转运咸利，国储充盈。永颂明德，百世扬休。加庙号曰'灵慈'。"因此，以"灵慈"为庙额是元代妈祖庙的重要标志。至正十八年五月二十二日（1358年6月28日）朝廷出诏书布告天下，"诣四明奉御香于天妃祠"。所谓"奉御香"，即代表皇帝进香，足见庆元天妃宫在元代之见重，此其渊源于中央政府对漕运之依赖及庆元港口之重要。

元代程积斋（端学）为曾经的"灵慈庙"（后改名天妃庙）写过庙记，名《重建天妃庙记》。庙记载称：

神姓林氏，兴化莆田都巡君之季女，生而神异，能力拯人患难。室居未三十而卒。宋元间，邑人祠之，水旱疠疫，舟航危急，有祷辄应。宣和五年（1123），给事中路允迪以八舟使高丽，风溺其七，独（路）允迪舟见神女降于樯而免。……三十年海寇啸聚江口，居民祷之，神见空中，起风涛烟雾，寇溃就获。……乾道三年（1167）兴化大疫。神降曰："去庙丈许，有泉可愈病。"民掘斥卤，甘泉涌出，饮者立愈。

神之庙，始莆，遍闽、浙。鄞之有庙，自宋绍熙二年（1191）。来远亭北，舶舟长沈法询,往南海遇风,神降于舟,以济。遂诣兴化,分炉香以归,见红光、异香满室,乃舍宅为庙址,益以官地,捐资募众,创殿庭、像设。有司因俾沈氏世掌之。皇庆元年(1312),海运千户范忠暨漕运倪天泽等复建后殿、廊庑、斋宿所,造祭器。

舶舟长即"舶主",宋代从事海上贸易的商人称"舶商",在朝廷户籍中特列一类。皆因海上交通工具投资巨大,进出口商品所需资金甚多,一般情况下只有豪绅大姓、巨商富贾和官僚贵族才有此能力,故《宋史》卷八《食货志》称"海舶之利,颛于富家大姓""贩海之商,无非豪富之民"。《四明谈助》则载宁波天后宫:"旧名'天妃庙',宋绍熙二年(1191)建。国朝康熙间(1662—1722),海禁既弛,闽、粤商贾辐辏,海中屡著灵异,捐资修建,为城东巨观。雍正五年(1727),敕号'天后'。"民国《鄞县通志·舆地志》载:"天后宫,深仁镇东渡路,祀护国庇民广济明著天妃,宋绍熙二年(1191)建,元皇庆二年(1313)重建。"

2009年,妈祖信俗列入世界非物质文化遗产,极大地促进了妈祖文化在宁波的传播。2012年5月,宁波市莆田商会创会会长林奇松与现任会长黄清杰等,从莆田湄洲妈祖祖庙恭请妈祖分灵圣像来到宁波,并在妈祖诞辰1056周年之际,与庆安会馆联合举办妈祖分灵圣像移驾甬东天后宫安座仪式。2017年11月,晚学主编的《大爱妈祖:妈祖信仰在宁波》一书在宁波出版发行,其新书首发式亦由中华妈祖文化交流协会、中华妈祖文化研究院、湄洲妈祖祖庙董事会联合主办,并在湄洲妈祖祖庙莆田会馆隆重举行"大爱妈祖——鲁樵中国画妈祖故乡邀请展"暨"《大爱妈祖:妈祖信仰在宁波》妈祖故乡首发式"等系列活动。2018年6月15日,经晚学多年来持之以恒的奔走与努力,宁波市人大常委会采纳了由徐卫民代表递交的2017年宁波市十五届人大第645号议案,决定在沈法询舍宅建庙旧址设立"宋·天妃宫遗址碑",并在"文化和自然遗产日"来临之际,举行隆重的揭碑仪式,延续曾经的辉煌。碑文内容如下:

宋·天妃宫遗址,位于东渡路与江厦街交叉口一带。南宋绍熙二年(1191)寓甬闽人沈法询舍宅并募众捐资,在东渡门外建立"灵慈庙"(天妃宫),是当时船员祭祀航海保护神妈祖及乡人聚会的场所,亦是宁波古代海外交通贸易的历史见证。元皇庆二年（1313）重建。清康熙年间再建，雍正五年（1727）敕号天后宫。天后宫画栋雕梁，规模宏大。1949年毁于战火。1982年8月，文物部门对天妃宫遗址进行了考古发掘，清理出宫门、水池、石桥、正殿、厢房等元明清时期建筑遗迹。

20世纪50年代中期，天妃宫遗址成为宁波标准件厂仓库。1978年，江厦街北部街面拓宽，兼并了原来的东渡路南段、天后宫后街、方井头、滨江路等。1982年下半年，因宋天妃宫遗址所在位置要建造宁波地方产品展销大楼，遂对其进行了三个月的抢救性考古发掘，发掘面积1340平方米，出土小件文物617件，包括瓷器368件，陶器36件，铜币39件，石质建筑构件35件，砖质建筑构件139件，另出土有大量陶瓷残片。

同时，还清理了不同时期的建筑基址，其中第五次建筑包括水池、前殿、戏台、甬道、月台与大殿等，该建筑一直沿用至新中国成立初。从清理残迹获得的雕龙柱、青花器与碑记中可以证实，这座建筑扩建于清咸丰年间（1851—1861）；第四次建筑包括放生池、前殿、戏台、甬道、月台与大殿等，因在大殿中出土了一批清康熙时期的青花器与清康熙三十四年（1695）的"重建敕赐宁波府灵慈宫记碑"，证实该建筑群重建于康熙年间（1662—1722）；第三次建筑由前殿和大殿两部分组成，在台基中出土了大量景德镇等民窑青瓷器，有嘉靖（1522—1566）、隆庆（1567—1572）、万历（1573—1619）、天启（1621—1627）等各时期器物，出土的龙泉窑青瓷盘、碗、炉均为明代常见之物，因而断定为明代无疑；第二次建筑仅有殿宇建筑一幢，年代最晚也在元至正五年（1345）左右，相距第一次建筑约半个多世纪；第一次建筑保存有主体建筑一座，体量与第二次建筑同，在基址中尚保留了元代的素覆盆式柱础石等残构件。

考古发掘表明，元代重建的天后宫位于罗城东面掌管海外贸易的市舶司附近，商贸物资集散码头之西，舶商入关签证的来远亭北首，如此重要位置与布局，彰显了元代天后宫位于当时宁波城东门国际海运码头与舶商活动的中心地带的特殊地位。

据当时主持考古发掘的专家回忆，重见天日的"重建敕赐宁波府灵慈宫记碑",记录了妈祖信俗在宁波的发展历史,系清同治七年(1868)十月重立,原碑为清康熙三十四年(1695)十一月撰勒,碑高130厘米,宽112厘米,厚15厘米,圭首,碑文收录在《甬城现存历代碑碣志》中,碑刻存放于宁波庆安会馆内。

2022年12月8日,由晚学召集相关专家组织史料,由宁波市政协委员李佳成文提交的"关于设立(原江东)'天后宫遗址碑'助力宁波海丝之路建设的建议"业已立案,有关方面已经着手定址建造。2023年4月9日(农历闰二月十九),喜逢观世音菩萨圣诞,由晚学牵头联系,由宁波市台胞同胞投资企业协会会长蔡明东、常务副会长纪明东、秘书长李佳,宁波慈溪伏龙寺住持释传道等近百人参加的伏龙寺"妈祖殿"奠基仪式顺利举行,此举也标志着妈祖文化交流基地的诞生。

宁波拥有历史悠久的妈祖文化,拥有内容丰富的妈祖文化资源,充分发挥妈祖文化在海洋生态文明建设中的积极作用,是向海依港的宁波的一张闪亮名片,也是宁波对外文化交流的重要载体。

是树有根,福至有因,地因人旺,庙以人兴,当你把功德布散于世间时,等于种花于自己心地;当你把美意洒向人间时,总会有几滴回到原点。可知福地之竣成,既兴于兴之日,盖必有所由起,倘若面目都是精神,德而处之,力而行之,人心归处,是谓善矣。凡圣同见,诚者自诚,在甬莆田人功力尤为精勤!

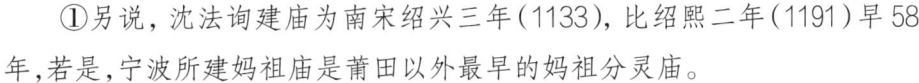

〔注 释〕

①另说,沈法询建庙为南宋绍兴三年(1133),比绍熙二年(1191)早58年,若是,宁波所建妈祖庙是莆田以外最早的妈祖分灵庙。

②清同治七年(1868),赐进士出身,奉直大夫,右春坊右谕德兼翰林院修撰,钦差提督浙江等处学政,前左、右春坊,左、右中允兼翰林院编修,己酉云南典试正主考,前庶吉士侯官郑开极(侯官县、今福州人),撰有《重建敕赐宁波府灵慈宫(天妃宫)碑记》,内容还包括所处的具体位置,详细的建筑规模和面积等等。

③唐古氏,别名世雄。

④即1329年10月11日。

> 宋代

方崧卿

学识淹贯,持身廉洁,历任明州、象山,甚得民心

莆田人方崧卿,曾在明州(今宁波)和象山县(今属宁波)任过职。

宁波在唐开元二十六年(738),析鄮县置明州。长庆元年(821),刺史韩察向浙江东道观察使薛戎提议移明州治,鄮县遂成州治附郭,时明州政治中心在老城区,莆田人方崧卿任明州通判时,其办公之地就在宁波老城核心区域,即今公园路一带,这里曾是宁波最早的衙署所在地。方崧卿任职过的象山县治,则在象山南麓,建于神龙二年(706)。

据《重刊兴化府志》《中国文学家大辞典》《莆田市名人志》载:

方崧卿(1135—1194),字季申,莆田县城内后塘(今荔城区镇海街道梅峰社区后塘巷)人,宋代文学家。方仪六世孙,方廷实从子,丞相叶颙女婿,隆兴元年(1163)木待问榜进士。调绍兴府教授,以忧不赴。乾道二年(1166),授湖广总领所干办公事,后移两浙漕司属官,改奉议郎,知信州上饶县(今属江西省),有政声。淳熙九年(1182),以潘峙举荐得旨都堂审察,通判明州(今浙江宁波)。

又据民国《象山县志》卷二十一《名宦传》载:

方崧卿,莆田人,通判明州。淳熙九年(1182)壬寅秋,分行六邑荒政①。(方)崧卿主象山,独无饥民。后知台州军事。撰《韩集举正》十一卷。

唐 宋

追溯到始迁祖方廷范,其乃唐昭宗大顺二年(891)进士,为莆田六桂方氏始祖。与方慎言、方慎从、方轸等后人,皆声誉赫赫。

方崧卿乃方仪六世孙,《重刊兴化府志》《莆阳文献》《莆阳比事》《宋代地域文化》《莆田市名人志》等所载:

方仪,生卒年不详,其祖籍为歙县(今属安徽),至其祖方廷范始徙居莆田城内刺桐巷(今荔城区文献社区坊巷)②,因名方巷。方仁岳季子。宋咸平三年(1000)与从子(方)慎言同登陈尧咨榜进士。太平兴国(976—983)中,上奏朝廷,请求建兴化军学,立夫子庙。得旨赐地,人资助之,学校始成。复与弟方能及慎言奏请修三礼堂步廊、崇阁及学制之未备者。方仪官历大理寺丞,迁著作佐郎。卒,郡学绘其像祀之。自方仪请建郡学之后,莆人讲肆有所,教养有法,人才日盛,科举繁荣,称"海滨邹鲁"③。

作为方廷实从子,方崧卿除了八斗才学,为人还十分坦荡,此无不与方廷实相关。史载方廷实(?—1150),一作方庭实,字公美,自号寿山居士,莆田县城关后垄人,宋代文学家,方廷范后裔,方监子,黄公度表兄。其幼承父教,博学善文辞,为宋政和五年(1115)进士,累迁干办行在诸军审计院,就差御史台检法官。时丞相秦桧力主和议,方廷实极论和戎不便,谓"天下者,中国之天下,祖宗之天下,群臣、万姓、三军之天下,非陛下之天下"。力谏宋高宗应集长江天险、甲兵之众保守江左,而不应屈膝于金人。迁监察御史。向高宗上书直言循州韩京更宜留饷广东,秉公将邑人林师说移师广西,不久以宗正少卿被旨宣谕三京、淮北。

方廷实至京西先朝陵寝,看见诸陵多处被金人发掘,泰陵暴露在外,解衣覆盖后痛哭流涕,回朝不顾秦桧威胁,如实向宋高宗禀报京西皇陵被损实情。秦桧大怒,弹劾其奉使无状,贬为福建提刑。到任后,首次上疏求解赎胡铨④之罪,秦桧更加嫉恨。时福建海盗频发,方廷实引用郑广、郑发等人以盗御盗,相继将海盗制服,并奏请削免工商行业者的免行钱。

另则,泉州干旱歉收,方廷实便发常平米赈贷,民赖以济。寻改知泉州,未上,丁内艰,服除后,任广南东路提刑,黄公度以诗送行⑤。有利用秦桧势力为非作歹者,方廷实将其立案审查,更加得罪秦桧党人。上章请求辞官,

未报,卒。志书评方廷实"负才识,善鉴裁,历官所荐多知名士,如林安宅、龚茂良、何大奎、傅自得、林孝泽、吴逵、宋藻、黄睿等,皆一时选也。尤工诗律,有集行于世。"

方廷实尤工诗律,著有《蓄德斋文集》《寿山居士集》。《全宋诗》卷1760录其诗二首。卒后入祀莆田乡贤祠。

话说淳熙十二年(1185),方崧卿明州任满,改知南安军。其持身廉洁,办事勤谨,施政平和简易,甚得民心。绍熙元年(1190),知吉州(今属江西)。奏"罢米运力胜钱岁万余缗,减放诸邑月斛钱岁六万八千缗",于郡治东北隅建"六一堂",祭祀欧阳修,并搜集其遗墨八卷,刻石其中。次年,擢广东路提点刑狱,大力清除两广"权摄冒滥"等现象,郡内一路肃然。三年(1192),徙广西转运判官。改定盐法,奏罢"岁解鄂靖钱十一万缗"。又"采访盐课利害,编为书十二条",上奏朝廷,事未施行。迁京西转运判官。

方崧卿自治亦严,亦平易近人,常以"宁人负我,无我负人"之语告诫弟子。绍熙五年(1194)卒,周必大铭其墓⑥,叶适书其神道碑⑦。

方崧卿才思敏捷,学识淹贯,能"问一事常类举十余,旁征博引,融会贯通,有书以来无不通习",尤汲汲于兴学与表彰文献。居官三十年,所得禄俸入,半为抄书之费。家藏书四万卷,都亲自校勘。尝刻欧阳修《集古录》,辑《续横浦集》,校理韩愈诗文。更有学问述著,著有《韩集举正》⑧《韩诗编年》《韩文公年表》《老人丛书集》《续横浦集》《南安军志》《拾遗》《南安府志》《补襄阳志》《诗文家集》,《全宋文》录其文。

方氏藏书在福建是一个闪亮的名字,在莆田更是名列之最,其代有藏书好学之风。方崧卿的族祖方子容官惠州太守时,逢苏东坡也被贬至惠州,时苏东坡对方家所藏评价甚高。横向比较,方氏藏书可与宁波北宋的楼郁、南宋的王正己(字正之)藏书时间与数量相媲美;纵向对照,比约创建于明嘉靖四十至四十五年(1561—1566)之间的宁波天一阁,则早了好几百年。

有关方氏藏书,当以方子容与方略所传为详,《中国文学家大辞典》《莆阳文献》《莆风清籁集》《莆阳比事》等载称:

方子容,生卒年不详,字南圭。莆田县白杜村(今莆田市荔城区西天尾镇溪白)人。方衡孙,方峻四子,子方绚、方结、方康、方度,孙方略。宋代文学家。其生有异质,为人慷慨识大体。少游京师⑨,皇祐五年(1053)郑獬榜进士,嘉祐六年(1061)任威武军节度推官。元丰间(1078—1085)知东莞县(今属广东)。绍圣间通判循州(今属广东),绍圣三年(1096)二月以朝请郎知惠州(今属广东),官终朝散大夫。时苏轼被贬于此,两人来往甚为欢洽,苏轼为其作《野吏亭记》。苏轼为方子容之父方峻书神道碑额,亦留下诸多唱和之作。苏轼再贬儋州时,与方子容书问无虚日⑩,课书论古,花工夫读书。方子容酷爱藏书,以书籍当友朋,家藏文集古画,多经东坡校正题跋,至明代尚存有苏轼手迹四百余纸。其先祖留下的"白杜万卷楼"经过方子容的不懈搜集和整理,已经有了相当大的规模,并以藏书之多和精品之富,名列莆田藏书家之最。其著有《南圭诗集》一卷,《全宋诗》卷617收其诗三首,其中两首皆和苏轼韵,即《偕循守周彦,质过苏东坡白鹤新居,和东坡韵》《再访东坡用前韵》。《闽诗录·丙集》《莆风清籁集》则录其诗二首。

方子容之子方绚,字君素,号濯锦先生,笃行力学,好为古文,尤工辞赋,著有《濯锦诗赋》十卷,《濯锦集》三十卷。

方子容之孙方略,字作谋,宋藏书家。据《福建藏书家传略》《重刊兴化府志》《莆田市名人志》等载,其乃崇宁五年(1106)蔡嶷榜进士。大观(1107—1110)中,由崇德尉召除删定官,累迁修书局。请外任,提举广东常平。宣和(1119—1125)初在京东,因不附燕云之议忤丞相王黼,贬知琼州(今海南省)。琼州原累政不治,方略下车之始,恩威并行,清洁戒谨,官吏肃然。又为文劝谕黎蛮,使不为民扰,民甚德之。改知潮州,苏轼先于潮州任上撰《韩愈庙碑》,因党事被毁,至是略重刻之。建炎(1127—1130)中,秩满而归,年方四十八,上章丐祠,授左朝请大夫,主管太平观,复主管台州崇道观。手书复丞相赵鼎,无意再入仕途。平生居官廉贫,唯好书从独,在其宦达后每至一地,专访书籍。民间有异本,便以金帛相求,致仕后,在其祖"万卷楼"藏书的基础上,藏品达1200笥,藏有程氏翰墨、东坡遗墨多至四百余幅。方略将家藏图书进行编目,撰成《万卷楼书目》十卷。万卷楼藏书至方略孙辈后渐衰,所藏书册及字画,多散族人及民间。方略还尤精鉴别,绍兴

（1131—1162）中，乡人黄公度、陈俊卿得魁，过门谒方略，方略退谓所亲曰："陈他日胜于黄。"后果如其言，陈俊卿入丞相，而黄公度仅止于郎。当时出知兴化军的廖刚曾向方略借书，留有诗作云："平生何啻两瓻酒，归计元无担石储。"绍兴八年（1138）作《祥应庙记》。《祥应庙记碑》⑪由方略撰写，左朝散大夫、行尚书驾部员外郎方昭书并额，福唐（古县城，今属福建泉州）人蔡清刻。

而从被神奇卓异的丞相叶颙看中，并被招为女婿，则又显现出方崧卿这位旷代奇才的侧面特点。叶颙，宋绍兴二年（1132）张九成榜进士，初授广东南海县主簿兼代理县尉，为人朴实，清廉公正，自入仕至为相，服用、饮食、田宅不改其旧，宋史称"一时之选"。叶丞相祠堂在旧郡治之西。据《仙游县志》载，叶颙宅后有"知国树"，婆娑如榕，国有大事，树必先枯。宋乾道（1165—1173）中，郡守张允蹈以本郡犹剩米之害言于朝，叶颙请悉蠲免，郡人德之。淳祐（1241—1252）中，郡守林希逸为立祠，叶颙于此有专祠矣。淳熙十八年（1191），郡守张渊复建祠于郡治儒雅堂之东荣（正房东边的廊檐），与陈俊卿并祀，匾曰"台两齐色之祠"⑫，《宋史·叶颙列传》《艾轩集》有载。

据《莆阳进士录》载：叶颙（1100—1167），字子昂，叶宝臣之孙，莆田仙游县人。进士及第后，授南海县主簿、摄尉。"盗发，州檄巡、尉同捕。巡检获盗十余人，归其劳于（叶）颙。（叶）颙曰：'掠美、欺君、倖赏，三者皆罪，不忍为也。'帅曾开大喜之。"知信州贵溪县。"时诏行经界，郡议以上中下三等定田税。（叶）颙请分为九等，守从之，令信之六邑以贵溪为式。"

叶颙知上虞县时，"凡繇（徭）役，令民自推货力甲乙，不以付吏，民欣然皆以实应。催租各书其数与民，约使自持户租至庭，亲视其入，咸便之。帅曹泳令今岁夏租先期送什之八，（叶）颙请少纾其期，（曹）泳怒。及麦大熟，民输租反为诸邑最。（曹）泳大喜，许荐于朝，（叶）颙固辞"。

贺允中荐叶颙端方静退，遂召见。叶颙论"国仇未复，中原之民日企銮舆之返"，其语剀切，高宗嘉纳，除将作监簿、知处州（今浙江丽水）。"青田令陈光献羡余百万，（叶）颙以所献充所赋。汤思退（南宋宰相）之兄居处州，家奴屠酤犯禁，一绳以法。（汤）思退不悦。属常州逋缗钱四十万，守坐免"，移知常州。

乾道（1165—1173）初，召对便殿（正殿以外的别殿），除端明殿学士，拜参知政事，兼同知枢密院事。除知枢密院事，未拜。进尚书左仆射，兼枢密使。"三年，日南至，上有事于南郊，雷雨偶作，（叶）颙引汉故事上印绶"；乃除左正奉大夫，提举江州太平兴国宫。以观文殿学士致仕。"（叶）颙即日出关。抵莆，一夕就寝，忽觉，整衣端坐而薨"，去世之形象甚是奇异独特。且"遗表闻，上追悼久之，赠特进"，而累赠少师，谥"正简"。志书评"崧卿自治严，接人一团和气。所得禄赐，半为抄书之费，家藏书四万卷，皆手自校雠。尝校正《韩昌黎文集》，又谱其经行次第为《韩诗编年》凡十五卷，刻南安郡斋。"

天造之才，皆有其用。而用人务取所长，方久其职。

〔注　释〕

①荒政：中国历史上救济灾民，有利于稳定社会秩序和维持再生产的政治措施。

②《城厢区志》中作"城内后塘人"。

③据《铁庵集》卷三十二《方氏仕谱志》等载，宋初兴化军没有官学，莆田人方仪以布衣身份不远万里来到京师，伏阙上书，请求建学。宋真宗咸平元年（998），有诏准许立学，方仪倾家产相资助，族人亦纷纷解囊，由此启动了当地的官学教育。至宋仁宗明道（1032—1033）、景祐（1034—1037）年间，所培养之人才"遂与中州名臣抗衡"。刘克庄云："今天下诸方，无有如兴化方姓氏之盛者。"

④胡铨（1102—1180），字邦衡，号澹庵，南宋吉州庐陵芗城（今江西省吉安市青原区值夏镇）人，是坚定的主战派，反对议和，写下著名的《戊午上高宗封事》，声明"义不与桧等共戴天"，要求砍下秦桧、王伦、孙近三贼的头颅。如若不然，他宁愿赴东海而死，也决不处小朝廷求活。

⑤黄公度撰《送外兄方卿公美廷实赴广东宪十绝》赞颂其仕宦政绩，让人感动。

⑥参见《周文忠公集》卷七十一《京西转运判官方君崧卿墓志铭》。

⑦参见《叶适集》卷十九神道碑。

⑧方崧卿的《韩集举正》在一定程度上代表了宋代校勘学的最高成就。《韩集举正》原是方氏编辑校刊《昌黎先生集》时附于卷末的校勘之作,时在孝宗淳熙十六年(1189)前后。后别出单行而题以今名,包括《韩集举正》十卷、《外集举正》一卷。其书命名之意,盖仿唐人郭京《周易举正》。莆田市图书馆有藏。

⑨《莆阳比事》卷四"丐者留诗异人与语"载:方子容,字南圭,少游京师,遇丐者拱立道侧,子容异而礼之,其人留诗一联云:"君家桂树成翠荫,子子孙孙迈古今。"后方子容果然与其孙方略、方简奥、方霖继登第,所居翠荫堂、桂荫堂,皆以诗名之。

⑩《释氏稽古略》卷四:绍圣四年(1097),苏轼谪儋州。惠州太守方子容奉敕书谓子瞻曰:"室人奉淮泗大圣僧伽甚谨,前夕来别于梦中,曰:'送苏子瞻过海南。'今果此行,数分已定,夫复何忧?"

⑪《祥应庙记碑》原在莆田市荔城区西天尾镇白杜村(今溪白村)祥应庙内,1943年邑人宋湖民在进行全县碑刻拓片普查中,发现该庙已荒废,而此碑载有"泉州纲首朱纺舟往三佛齐国"的海外交通贸易重要史料,遂将之征集移嵌于莆田城关元妙观旁原莆田民众艺术社墙壁上。1961年被福建省人民政府公布为首批省级文物保护单位。该碑高1.5米,宽0.9米,楷书全文1857字,除磨损11字外,其余清晰可见。

⑫据《莆阳此事》作"两台霁色之祠",台指台臣,即宰辅重臣。

> 宋代

释戒香　释守惠　释觉空

佛性本具足,佛缘处处在

　　《闽书·方域志》论兴化府形胜:"环城千里,并海一隅,仙境峭壶公之碧,清流奔玉涧之泉。海道舟车,介于泉福;山川人物,甲于闽中。其形胜也。"形象地概括出了莆田的山河象征、地理形胜与历史人文特色及其优势。

　　亦因多名山大川,莆田已然成为著名的佛教圣地,高僧辈出。早在唐代,就有金仙寺(广化寺前身)住持志彦禅师奉诏入宫讲解《四分律》,睿宗赐号"聪明禅师",其曾居玉涧之北岩,后传法于莆田、泉州一带;莆田华严寺"开山始祖"行标禅师亦然。复兴灵岩寺(今广化寺)亦有世称"龟洋和尚"、谥"真寂大师"的无了禅师;被懿宗赐为"正觉禅师"的九座禅师(法名智广),被称为"龟洋二菩萨僧(另一为无了禅师)"、赐谥"广济禅师"的慧忠禅师,通九流之门、精研医术、善相地脉、著《博山篇》、由闽王奏请朝廷赐谥的"妙应禅师",与其兄妙应禅师舍黄巷旧宅建国欢寺、创建九峰院和上生院、世人称"曹山本寂"、又称其开创之禅派为曹洞宗的本寂禅师等皆然。尤其是妙应禅师和本寂禅师,在发展莆田和福建寺庙文化,并在海上丝绸之路沿线国家和地区广泛传播中发挥了重要的作用,成为中外文化交流史上鲜活的一章。

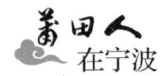

一、高僧释戒香

据《莆仙历代高僧大德知见录》载：释戒香，生卒年不详。兴化人，住台州真如寺，宋代高僧。

台州在禹贡九州为扬州之域，秦属闽中郡。宁波与台州早在西晋太康元年（280）就已经叨缘幸会，时已分出鄞县（属宁波）约800户设立宁海县，归属临海郡（台州建郡之始）。唐武德五年（622）置台州（因境内天台山得名），宁海县等并入。明成化十二年（1476），宁海又归台州府所辖。1952年10月，宁海县属宁波专区。1954年5月，撤销台州专区，临海、天台、三门三县划属宁波专区，可谓屡有变更。

天台山地处宁波、绍兴、金华、温州四地交界地带，为曹娥江与甬江的分水岭，多悬岩、峭壁、瀑布，因山形如八叶覆莲，故称。天台山是我国佛教天台宗的发源地，山中名寺有国清寺、真如寺、高明寺、真觉寺、善兴寺等。历代以来，天台山名寺名刹出了不少高僧贤士，寺以僧传，寺以僧名，名寺名僧佛法弘扬。《五灯会元》卷第十八《真如戒香禅师》载：

台州真如戒香禅师，兴化林氏子。上堂①："孟冬改旦晓天寒，叶落归根露远山。不是见闻生灭法②，当头莫作见闻③看。"

其偈意为：隆冬快要破晓的时候，天气是特别寒冷，山上的树叶已经落尽，露出了远处的山体。这肃杀的严冬景象，并非常人眼看耳闻的生灭寂没之道，不要执着于耳听眼见的生灭寂没这些有为法，而是要超越"六识"所见的因缘聚会，看到不生不灭的无为法，这样才能在修行的道路上做到无碍、不执、任运自如。

释戒香亦然。

二、高僧释守惠

释守惠，生卒年不详。俗姓陈，兴化人，宋代高僧。潭州大沩山（在今湖南长沙市）僧，三次奉旨入内说法。赐号"冲真密应通慧禅师"，住江州圆通院。

大沩山是湘江支流沩水的发源地,崇山峻岭,大气磅礴,唐代名相裴休④认定此地山灵地旺,晚年移居于此,并在此助佛教、办学堂,带动了大沩山佛教和教育等事业的发展。

江州,则是今江西省九江市,乃晋至元的行政区划之一,诗人白居易《琵琶行》名句"江州司马青衫湿"中的江州,指的就是这里;《水浒传》中之"江州",即宋江在江西九江"浔阳楼"题反诗之地。江州在西晋元康元年(291)分荆、扬二州地,因江水之名而置江州,治所初在豫章,后移浔阳,宋以后皆以浔阳为江州。元至元(1335—1340)中改为路,明改为九江府,为历代兵家必争之地。

《兴化府莆田县志》卷三十三人物载:"守惠陈姓,兴化县人。政和(1111—1117)中,三次入内说法,赐号'冲真密应通慧禅师',住江州圆通院。陈瓘作《旻禅师语录序》云:'(守)惠禅师能世其学,盖谓通慧也。'继住潭州大沩山,有布衲者通慧禅师弟也,住台州天宁。时通慧为之引坐,云'至人应世,妙契圆常,广真照而不与,物物发灵机,而顿超事外,高低普应,动静自全'对之。不知其所以来,随之罔识其所以往,观通慧所云,则布衲之为人概可见矣。中秋夜示众曰:'山僧生来百拙,开口都无一说。今夜指空画空,笑倒清风明月。'行门谨密,归寂数日,神色不变,凛然如生。"

福建人陈瓘乃宋元丰二年(1079)探花,历任礼部贡院检点官,越州、温州通判,左司谏等职,因草疏论蔡京奸邪,于崇宁(1102—1106)中除名,窜袁州(今江西宜春)、廉州(今广西合浦),移郴州(今属湖南),稍后复官宣德郎。时其子陈正汇在杭州,向官府告发蔡京有动摇东宫之企图,不料杭守蔡薿乃蔡京死党,遂将陈正汇下狱,流放海岛,并以同谋罪逮捕陈瓘,贬至通州(今属北京市),宣和六年(1124)陈瓘卒,终年65岁。蔡京一党被清算后,朝廷追封陈瓘为谏议大夫,谥"忠肃",赐葬扬州禅智寺。陈瓘曾为宁波撰《延庆寺净土院记》。

上智不教而成,登程不问归期。

三、高僧释觉空

释觉空,生卒年不详。俗姓王,孩提时出家华严寺,宋代高僧。华严寺在莆田县西三里右厢界内。后为鸡足峰，前山环绕如阖，左右扉然，亦附郭幽胜之处。时华严寺，为莆田科举年代三学子放榜处之一⑤。

鸡足峰则自大象峰发脉而来⑥，歧而为三，如鸡足，以形似名，又名"北岩"。鸡足峰前，唐时有"玉涧北岩"，唐代莆田先贤陈峤、许龟图、黄彦修曾同读于此，黄滔等名士骚客亦于此唱咏不绝。《闽书·方域志》"鸡足峰"条云："自大象峰发脉而来，三歧如鸡跖。唐为玉涧寺，华严院师行标者居之。"（武宗废除佛寺），及宣宗复寺，即玉涧之北岩居焉。……刺史河东薛戎，延之入郡，同扣华严大义，几忘寝食。泊解印，与偕至北岩，题为'华严院'，以彻（通达）祠部。"

早在唐代，士林就极力推崇非儒即僧，故在相当长的一段时间里，华严寺成为士庶景仰之圣地，所谓"南广化，北华严"。在莆田禅宗历史上，广化寺、华严寺，一南一北，并驾齐驱，占有一定地位。

《莆田县志》云："当时莆地文化方开，而名僧辈出，为清源佛国，诚不虚矣。"时莆田有二十四丛林，玉涧北岩鸡足峰的华严寺，盛极一时。

到了唐宣宗大中六年（852），刺史薛凝匾曰"华严院"。大中十一年（857）升为寺。宋元丰元年（1078）并为禅寺，赐今额。觉空受具后长住闽侯雪峰崇圣禅寺。雪峰山去侯官一百八十里，高四十里，盘踞侯官，旧名象骨峰，唐乾符（874—879）中，禅师义存居之，唐僖宗赐"真觉大师"之号，授以紫袈裟。

居雪峰的释义存（822—908），号真觉，乃唐代高僧，12岁从父游莆田玉涧寺，见庆玄律师。遂拜曰："我师也。"遂留侍焉。17岁，祝发，改名义存。会昌五年（845）有旨，沙汰僧徒。乃以儒服谒福州芙蓉寺。弘照见而器之，留之左右。大中元年（847），奉诏还佛，再拜芙蓉弘照为师。义存禅师之禅学，带有南方玄学色彩，有《雪峰义存禅师语录》二卷传世。闽中文章初祖黄滔为之撰《福州雪峰山故真觉大师碑铭》。

释觉空旋东游于丹丘、四明，自吴还闽，王审知迎馆于府之东西甲第，年八十七卒。厥徒百千，高者五人：其一，号师备，拥徒于贤沙；其二，号可休，拥徒于越州洞岩；其三，号智孚，拥徒于信州鹅湖；其四，号慧棱，拥徒于泉州招庆；其五，号神晏，府之鼓山也。当义存居雪峰时，徒侣众盛，长者蓝文卿施田七十余亩，建应天雪峰禅院以居之，宋太平兴国间（976—983），赐额曰"雪峰崇圣禅寺"。

宋嘉定《赤城志》载，宁海县丹丘"在县南九十里。葛玄炼丹处。孙绰赋所谓'仍羽人于丹丘，寻不死之福庭'是也"。丹丘，传说中神仙所居之地，此指今宁波之宁海县南。

释觉空既谒崇圣受具，自是布衲芒屦，终日宴坐，食才接气，与诸僧众、本法门昆仲，亲近若兄弟。中年遍历天下名山古刹，寻师求法证悟。其年四十二，返莆，驻锡莆阳诸寺，时人曰"行脚僧"。翌年到龟山谒无了禅师道场，发愿终生卓锡龟洋，不再离山。释觉空擅长书法，戒行洁清，尤邃于理，材有众望，德行之劭，为邑中四众同仰。且因杖策有方，名著丛林，深受龟洋僧众拥戴，推定为寺院主。

时有紫云山下狐狸宫前林氏善人，尝为河南某县小吏，犯事削职返籍，倾慕觉空禅师大名，上山参谒求谶，言谈之间，感知此人似有学佛逃禅之思，觉空禅师书录白香山居士《读禅经》以赠。此人从师教示，日诵《金刚经》与《六祖坛经》，顿悟白香山"此日尽知前境妄，多生曾被外尘侵"所寓禅宗哲理，自是皈依佛门，极力奔走四方，为觉空禅师募化修建殿宇，尽心尽力。今龟山寺内存一小石槽，刻有"院主觉空弟子优婆塞林姓善人捐造"等字样。

悟者，佛也；佛乃"佛陀"简称，意为"觉悟了的圣人"。觉者，菩萨也；菩萨乃"菩提萨埵"之略称，指修行到较高程度、地位仅次于佛的人。参禅有成者，则称为禅师也。

〔注 释〕

①指禅宗丛林中住持上堂的说法。

②生灭法，指世上的一切事物，都是运动变化新旧代谢的，没有永恒不变的东西存在，凡有生必有灭。《大般涅槃经》云："诸行无常，是生灭法，生灭灭已，寂灭为乐。"

③见闻，即目见佛，耳闻法也。《法华经》序品曰："见闻若斯。"

④裴休(791—846),字公美,进士出身,官至吏部尚书,赠太尉。善文章,工书,寺刹多请其题额,与禅宗有深厚因缘。

⑤另外两处分别是南山广化寺和龙门下。

⑥大象峰发脉于龟山。

> 宋代

方秉文

詹骙榜进士,官至明州象山县令

象山,唐神龙二年(706)立县,治在彭姥村,因村北有山,"形似伏象",故名。其位于宁波市南端,北倚象山港,南控三门湾,东临大目洋,南濒猫头洋,西界宁海县,"三面环海,一路穿陆",为海防要地,物产丰饶。

然象故无城,宋治平间(1064—1067),自庆历新政后的第九任县令林旦,始版筑积土为之。至明嘉靖壬子(1552),倭寇侵治,县令毛德京集绅士蒋宇等十人创石城之举,始有城。《八闽通志》载:

方秉文,生卒年不详,莆田人。方伯逢曾孙。宋淳熙二年(1175)詹骙榜进士。官至明州象山(今属宁波)县令。

《莆阳进士录》亦载:方秉文,淳熙二年(1175)詹骙榜进士,莆田县人,官至象山知县。

秦、汉定制以县为地方行政基层单位,与上级之郡等组织相配合,且以县令为主官,以县丞为佐官,以县尉主兵事。《汉书·百官公卿表》曰:"县令、长,皆秦官,掌治其县,万户以上为令,秩千石至六百石,减万户为长,秩五百石至三百石。"唐代县令必待吏部注授,故多缺人,即往往由节度使在幕僚中差往暂代,此即宋制渐废县令而代以知县之由,故全国各县有仍以县令治县者,有径称知县者。《通考》亦云:

宋朝建隆元年(960),应(所有)天下诸县,除赤畿^①外,有望紧上中下,掌总治民政,劝课农桑,凡户口赋役钱穀振济给纳之事皆掌之,有孝弟行谊闻于乡闾者,申州激劝以厉风俗。有戎兵则兼兵马都监或监押。三年(962),始以朝臣为知县,期间复参用京官或幕职为之。

而在民国《象山县志》宋代职官表里"县令"一栏,未能搜索到方秉文的任职信息,但从当代教授钱汝平所撰的《流寓越中的南宋无为王氏——新发现宋沂国太夫人方清觉墓志考释》一文中,则发现其可印证方秉文进士出身与任象山县令之职,只是所载籍贯不同而已。

方清觉乃宋代政治家、文学家相山居士王之道的儿媳,墓志拓片显示莆田方氏、无为王氏与桐乡朱氏"三家情义""如亲手足",即三个家族不仅是世交,而且还是姻亲。莆田方氏从南往北迁徙,定居蕲州黄梅,而河东王氏则从北往南迁徙,定居无为。无为王氏家族自王之道兄弟发家,涌现了许多优秀人物,并对南宋政治和文化产生了重要影响。

由宝庆《会稽续志》,方秉文为宋孝宗淳熙二年(1175)詹骙榜进士。其弟方秉成乃宋宁宗庆元二年(1196)邹应龙榜进士,与山阴状元莫子纯同榜。方秉文之弟、方秉成之兄方秉哲,则是嘉泰二年(1202)傅行简榜进士。不过,记载的籍贯却是浙江萧山。

又据弘治《八闽通志》,说方氏兄弟俱为莆田人,并云方秉文是方伯逢曾孙,知象山县。而墓志称三家"同为淮人",得为姻亲,因而认为莆田方氏确实有过北徙之事,只不过不知方秉文兄弟与方清觉家族到底是什么关系,或许桐乡朱氏与王、方两族的关系,是因仕宦之间的交集所形成。

还有来自浙江兰溪的有关资料,称距全国最大的诸葛亮后裔居住地"诸葛八卦村"约一公里、位于兰溪西郊的菰塘畈村,与方氏关联密切。历史悠久的菰塘畈村,门第高,烟火浓,文化底蕴极其深厚,村中方氏尊宋治平四年(1067)中丁未科进士、授监察御史、累升龙图阁大学士的达源公为始祖,乃瀫西名门望族,且仅南宋一朝,便有方元若、方庭言、方廷实、方秉文、方秉哲、方秉成、方宗元、方文焕、方原道、方永仁、方安分、方安性、方安国、方安邦、方麒、方启源等16位进士,其中方麒还于淳祐十二年(1252)被荐选为驸马,配淑英公主,已然成为其所在地域的文化符号。

无论是莆田还是桐乡、萧山,或是兰溪,进士始终像一条条无形的纽带,连接着上下古今。与之相媲美的宁波鄞州区姜山镇走马塘"中国进士第一村",其村口三卷圣旨形状的巨型书卷雕塑以及硕大照壁,题刻着"走马塘历代进士总目",列出了历代进士76人,其中北宋6人、南宋54人、元朝10人、明代6人,彰显出陈氏祖先的功名成就。

接前文所述,方秉文之父方廷实,字国信,号柳亭,又号巽斋。夫人顾氏,生三子方秉文、方秉哲、方秉成。宋绍兴二年(1132),壬子科张九成榜进士,授监察御史,曾上疏极谏和议。绍兴九年(1139),诏加三京宣谕使,累升敷文阁学士。每以和议为不然,复抗疏言秦桧误国之罪,秦桧大怒,出福建提刑。至官,首上言胡铨之罪,桧益衔之,遂请老侨寓蒲田(莆田)有年。故万姓统谱以为福建蒲田(莆田)人云。及归故乡,建"爱日楼"丁进士第右,以孝友闻。绍兴二十三年(1153),旌表其子孙相继科第,皆因其教育。绍兴二十七年(1157),辑著宗谱,曾开尝铭其墓。

此处的蒲田,为何又称莆田?原来莆田原名蒲田,盖因旧时莆田之地荒凉,民间流传"蒲田蒲田,只见蒲草不见田",为此当地人硬是把长满蒲草的荒地,开辟出片片良田,但因经常发生水灾,人们以为是带三点水的"蒲"字所致,于是就把三点水给去掉了,成了现在的莆田。

绍兴二十七年(1157)陈诚之所撰谱序称:"(方廷实)生三子曰秉文、秉哲、秉成,皆举进士。"文称方秉文,字圣卿,幼名炳,号方原,官仕延平尹曹,生一子叔恭,迁余杭;方秉成,字宪卿,号方泉,任文林郎、国子正升中顺大夫、行大理卿,夫人洪氏,生五子宗学、宗书、宗祥、宗荣、宗道,皆以文学知名,时号五高,迁嘉禾;方秉哲,字仕明,号方石,又号柏山,晚号真乐翁,行端十一。夫人娄氏,生四子:宗元、宗魁、宗奕、宗世,登宋乾道五年(1169)己丑科郑侨榜进士,诰授行人司副司,官至谏议大夫,庆元二年(1196)乞归,讲学授徒。

《莆阳名臣谱》载:宋代兴化县人郑侨,少时为兴化县尉所赏识,且受许配其女。后郑侨赴京应试,高中状元。返乡途中,巧遇县尉妻女护送县尉之魂归葬。郑侨感念县尉生前垂爱之恩，即于旅次奠祭，并遣店主为媒礼聘。县尉之妻因念家庭变故，无意高攀状元府第，恳辞谢却，郑侨坚守县尉生前许婚之约，不弃寡女，不厌贫贱，毅然完娶。

方秉哲所建的昭穆堂书院，在诸葛镇菰塘畈村。然其登进士时间，则与《重刊兴化府志》有不同记载。

莆田方面有关方氏人物的记载，文字虽少，简洁明了，可与之呼应。据《重刊兴化府志》《八闽通志》《武进县志》《汀州府志》《张国淦文集》等所载：

方秉成，生卒年不详，莆田人。方秉文弟。宋庆元二年（1196）邹应龙榜进士；方秉哲，生卒年不详，莆田人。方秉文弟，方秉成兄。宋嘉泰二年（1202）傅行简榜进士；方伯逢，生卒年不详，莆田人。方孝锡、方孝述从子。宋元符三年（1100）特奏名进士；方孝锡，生卒年不详，莆田人。宋皇祐五年（1053）郑獬榜进士。治平二年（1065）十月以大理评事任晋陵（今江苏常州）县令。终官给事中，守殿中丞；方伯通，生卒年不详，莆田人。方孝锡从子，方安正父。宋元丰二年（1079）诸科及第；方伯镇，方孝锡另一从子，宋元丰五年（1082）黄裳榜进士，官至朝奉郎、宗学博士；方伯逢，生卒年不详，莆田人。方孝锡、方孝述从子。宋元符三年（1100）特奏名进士；方安正，生卒年不详，莆田人。方伯通子。宋绍兴二年（1132）特奏名进士；方逢吉，生卒年不详，莆田人。方慎从六世孙。宋嘉定十六年（1223）蒋重珍榜进士。绍定元年（1228）至四年任汀州府司户参军，历官承议郎、梅州（今属广东）知州。

而有关方渐的记载，则较为详尽。据《澹生堂藏书约》《藏书纪事诗》《重刊兴化府志》《历代藏书家辞典》载：

方渐，生卒年不详，其五世祖由游洋迁莆田县城内后塘（今莆田荔城区镇海街道梅峰社区后塘巷）人。方伯通、方伯镇、方伯逢从子。宋重和元年（1118）王昂榜进士。绍兴中通判韶州（今属广东），知梅（今属广东）、潮（今属广东）、南恩（今属广东）三州。历朝散郎，累官至朝散大夫。著有《方渐诗》一卷。方渐平生为官清白，无十金之储。以书自随。积书至数千卷，皆自校定。自称兴化军草莱臣昧死百拜献书于皇帝陛下②的郑樵，曾到其藏书阁读书。郑樵《通志·校雠略》记其"所至以书自随，积至数千卷，皆手自纂定。就寝不解衣裳。林光朝③质之，答曰：'解衣拥衾，会有所检讨，则怀安就寝矣。'增四壁为阁以藏其书，榜曰：'富文'"。因以为号，子孙相传，人称"富文方氏"。《广州府志》录其《六侯之记》，清叶昌炽《藏书纪事诗》录其诗一首。

历史不仅是一段逝去的回忆，一块嘈杂的布景，有时甚至如同孤桐、劲竹一样无枝直上，向上看时似乎十分遥远，向下看时则又相当接近，无不耐人寻味，诱人问津。

〔注　释〕

①即畿县，也称次赤县，北京都所治赤县低一等。

②此指《上皇帝书》。其另有《上宰相书》《邑令尹邱君铎生祠记》等存世。

③林光朝乃莆田人，南宋隆兴元年（1163）进士，著名的理学家、教育家和政治家，世称"南夫子"，《莆阳比事》称林光朝的学生刘夙、刘朔，于绍兴年间（1131—1162）相继登进士第后，在浙江衢州和温州一带任职和教学，还有不少弟子在各地创办书院，传播理学，如弟子洪赐、刘克刚等，他们在授学宗旨上亦继承了林光朝的思想，在学术论坛上大显身手，有的导其源，有的扬起波，各有千秋。

> 宋代

林 雱

以父荫补官,历明州荆曹属吏及管检法

靖康之变后,宋室南迁,以临安(今浙江杭州)为都城,因疆域相对于北宋而言位置靠南,故史称南宋(1127—1279),历九帝,享国 152 年。

南宋大体上继承了北宋的中央官制,但在局部稍有调整,主要原因是地方官距京都较远,地方官吏在长期的基层工作实践中积累了一定的执政经验,尤其表现在亲民智慧等方面。那么古代又是如何处理对地方的强化管控与放权相结合的关系呢?欧阳修在《归田录》中载称,宋朝初期朝廷在知州、知府等地方官之外,往往会增派监督地方政务官员的"通判",通判的地位略次于地方长官,但因为他可以将相关信息直报中央,看似是州郡官的副职,实质上却担有监督州县官员和直接向上通报的双重职能,因而实权更大。

表现在刑事执法等方面,地方官员在侦查审判中,除了诸如检验、讯问等正常形式,也有通过耳目打听、秘密调查、明察暗访等灵活的变通方法,目的都是查明案件事实,服务庶民,其方式更贴近实际,实践证明朝廷上下对此都比较认同。

南宋官员林雱,就是在这样的环境条件下,于宋绍兴初(约 1131),因父辈之官爵而得官职,依例任命补缺,一出道就被安排到宁波,担任分管刑事

和检察执法之类的属官,即"历明州荆曹属吏及管检法"。据《莆田市名人志》引《重刊兴化府志》载:

> 林雩①,生卒年不详,字德博。莆田城关人。林深之子。以父荫补官,历明州荆曹属吏及管检法。州守治尚严峻,决狱(判决诉讼)一无所徇(无营私舞弊),而得举荐。历知钱塘(今属浙江杭州)、安吉(今属浙江湖州)二县,迁宗正寺(古代官署),累迁通判福州。时朝廷计僧口给食,籍(按登记隶属关系的簿册)余财(余积财货)输户部。林雩以闽地瘠民贫,多取办于寺观,若余财尽籍户郁,则州之岁计必敛于民,即告以帅臣(长官)张(张澄),乞以利害奏于朝廷,朝廷止之不籍(犹不须),闽民免受横敛。官终朝奉郎。

林雩所任职的宁波,是历史上重要的海防要塞,如政和四年(1114)三月,因金兵南犯,朝廷规定明州为日本、高丽等国商船的主要停泊港,三年后置高丽司,于今宁波镇明路宝奎巷口建高丽使馆,并设波斯馆于车轿街南端;再如建炎三年(1129)十一月二十六日,完颜宗弼(金兀术)率领金兵南犯,高宗赵构自临安府出逃,是日至余姚,又于十二月初五至明州,二十九日高桥之战,宋将大破金兵,取得小胜,是谓高桥之捷。

林雩的父亲林深之,是位重量级人物。其乃宋熙宁九年(1076)进士,官朝奉郎知开封府都厢,年六十致仕,赠通议大夫(对官员先世或已死官员授职封衔),为金紫林(莆阳林氏共分为九牧林、金紫林、阙下林、游洋林四大支系),其故居在莆田城关刺桐巷。据《泉州市志》《八闽通志》《泉州海关志》等载:

> 林深之,生卒年不详,字原叔,莆田人,林谠五世孙,林悦(英)②长子。宋熙宁九年(1076)徐铎榜进士。熙宁间(1068—1077)为建州松溪县(今属福建南平)尉,历南剑州(今属福建南平)录事参军。时侍御(侍奉君王)张汝贤察访闽部,见建、剑讼牒(诉状)堆积,欲择吏阅定,或谓(林)深之有吏能,(张)汝贤急委之。(林)深之为一一条具白,某事可行,某人当治,与其忍怨,不如得罪。时他郡连起大狱,追逮相属于道,二州独赖(林)深之以免。及为福建观察推官,其使事无巨细,一听(林)深之处裁,恃(凭仗)之若左右手。崇宁三年(1104)知下邳县(今属江苏)。新任伊始,与友游泉州九日山,并留

下石刻："知州事方谷正叔,提举市舶章炳文叔虎,新下邳令林深之原叔,同游。崇宁三年(1104)八月初澣。"

即北宋徽宗崇宁三年(1104)八月上旬,知泉州州事方谷(字正叔)、市舶司提举章炳文(字叔虎)和新任下邳县令林深之(字原叔)同游九日山,寄兴寓情,留下题刻,传此乃现存最早的与市舶海交有关的石刻,亦是提举市舶这一官名最早出现的石刻,同时还是北宋在泉州设置市舶司的确切证据。林深之秩满,年六十,以朝奉郎知开封府都厢,致仕,赠通议大夫。

而林霁的祖父林悦(英),所记更为详尽,据《重刊兴化府志》《晋安林莆田长城金紫族谱》等综合记载:

林悦(1025—1106),一作林英,字希宾,一字希贤,莆田人,金紫林氏后裔。天圣三年(1025)正月十五日生。林悦才六岁,就魁梧俊秀,性敏好学,能通《孝经》《论语》。长大后,忠厚庄重,"与人交,上无谄(巴结奉承),下无狎③,嗜学如饥,赴义若渴"。读《吕氏春秋》,过目成诵,城中有名的儒生皆奇之,喜欢与之交往,自此识趣端高,学务求实,尤擅经史,人称行为高尚。登宋庆历六年(1046)贾黯榜一甲第十七名进士。殿唱为避仁宗赵祯御讳,遂改名英为悦。初授泉州观察推官,与属吏协谋其力,广结良缘,人心远近相安。其尝谓属吏云:"狱之不允(不被敬信),有司罗织(官吏构陷)之也,系民之命,国脉修短(与国家命脉之长短),尔等慎之,毋蹈故辙。"泉郡无滥狱(冤案)。寻迁漳州军判官,期满赴京,老百姓夹道相送。

庆历年间(1041—1048),北宋与西夏开战,宋军三战皆败,民间又出现诸多起义与叛乱。危难之时,又逢夏天地震,秋天淫雨,江堤溃防,黄河横溢,物价上涨,林悦对仁宗历历指陈,务要爱养民力,不费民财,停止对西夏用兵等,得到皇上嘉谕,后因故外放,因乞归莆阳祭扫先代墓茔,仁宗曰:"卿殷少师苗裔(后代子孙),家乘(家谱)可得见乎?"林悦取《林氏族谱》以进,仁宗御览《林氏族谱》,叹比干忠谏而遇害,堪称忠烈,欣然御书"忠孝"二字于谱额,钤以御宝。又赐御诗二章,敕曰:"珍重到家,可即回京。"

治平元年(1064),英宗即位,诏林悦赴经筵讲《易经》,赐衣带鞍马,旋升鸿胪寺卿。林悦献《备边三策》荐浙东宪名堪补右谏议大夫。宰执韩琦恶其专,坚不许。林悦为此自请退职,皇上留之甚力,授太常寺少卿,林悦坚辞不就,仍知河东县事,赐给绯色官服。擢太常寺卿,授忠正军节度使。神宗即位,任用王安石变法。林悦以谏阻《青苗法》为王安石所忌,谢病归莆阳,不问政事。

哲宗即位,尽废王安石新法,宰执司马光、吕公著交互向皇帝荐林悦。林悦入朝陛见皇帝,时安徽宣城闹灾荒,饿殍遍地,哀鸿遍野,朝廷选派林悦前往抚绥,林悦至宣城,开仓赈济灾民,省无用之费,缓刑薄征,宽力弛禁,贷民以谷麦种,谕使返回,就其本业,免除租税。至元祐三年(1088),宣城民食以足,反为富饶上郡,邦人德之,建生祠奉祀。林悦以异绩征回,复守尚书都官员外,兼提举两浙常平,广惠农田水利。

绍圣元年(1094),章惇为相,重新启用新法,凡诋斥熙宁以来政事,乞重行罢黜,任用改革派大臣。林悦复上疏力求外调,章惇固留之,林悦婉辞拒之,遂以朝列大夫尚书都官郎中、提点两浙路刑狱公事兼管内劝农田水利,赐紫金鱼袋,可谓"聪之知远,明以察微"。

建中靖国元年(1101),蔡京举荐林悦任右司谏,林悦察其奸,俯首退避。后徽宗授林悦金紫光禄大夫、端明殿学士兼翰林承旨、礼部尚书、赐紫金鱼袋。崇宁元年(1102),林悦为元祐党人论谏,徽宗不纳,遂以老疾固乞致仕,上从其请,即日登道,有赠诗云:"恩沐五朝今古少,气吞九鼎海山摇。召公既去无鸣凤,魏老先亡有死鹞。"林悦归田后杜门不出,督修宗祠,捐赠用于祭祀的土地,撰修族谱。崇宁五年(1106)十月十五日,卒于正寝,赠太子少保,谥"文忠",葬城南锦亭(古称水亭)山前,今存神道碑题"宋故金紫林公神道",后迁城厢区霞林九龙山。其临终时还遗表劝徽宗清心寡欲,察贤远佞,重建强盛国家,再造汉唐盛世等。

林悦性峭直有气节,不为利诱,不为权屈,居官五十六载,历事十一任,侍奉仁宗、英宗、神宗、哲宗、徽宗五朝,著有《遗庵集》六卷,《终鱼集》十卷。可见,林雾祖上近善远恶,行善惩恶,德性甚好。然则林雾的叔叔、林深之的弟弟林冲之,纵是巨杰也晚景凄凉。据《宋史》《重刊兴化府志》《临江府志》《江西通志》《莆风清籁集》载:

林冲之(1070—1141)，字和叔，一字中枢。莆田人，林姓开闽始祖林禄后裔，唐侍御史林说五世孙，林悦（英）次子，林深之弟。林冲之少而忠信好义，尊宗孝祖，有才名。宋元符三年(1100)登李釜榜进士。调邵武军司户参军。崇宁三年(1104)朝廷诏群臣通举中外学官，诸名卿举荐，任杭州教授。秩满，诸生复请留任，在杭州凡六年。后历御史台检法官、大宗正丞、教官金部郎，因为不附权贵，滞省寺者十年。宣和(1119—1125)中，出守临江（今属吉林）、南康（今属江西）。靖康(1126)初年，召为主客郎中，金人入侵，汴京被围，受命与副中书侍郎陈过庭使金求和，同被拘执。拒金人诱降，遂被押至奉圣州（今属河北）。金人不久将正使陈过庭迫害致死，继而逼迫林冲之入仕刘豫伪政权，林冲之坚拒不从，遂被流放至上京（今属内蒙古），再移至北国的极寒地带显州（今属辽宁），囚禁佛寺内长达十六年之久。林冲之安之若素，起居饮食逐渐习惯，久之发须竟由白变黑。然不幸的是到72岁时仍未能叶落归根，且病根终在，病危时与同被拘禁者道："冲之年七十二，持忠入地无恨；所恨者国仇未复耳！"某日林冲之又念深思切，竟面南而跪，悲痛欲绝，气绝身亡。僧人悯之，将其埋葬在佛寺的角落。绍兴十二年(1142)，被金拘禁的宋使洪皓得以生还，奏明林冲之不屈之事，朝廷追赠中奉大夫，下诏给两儿封官。史志称林冲之家族多义志，素有"忠义林家"之誉。林冲之与其子林郁，从子林震、林霆皆有忠名，称"一门四忠义"。宝庆三年(1227)，诏以所居立祠，曰"林氏忠义祠"。宝祐(1253—1258)中，又给田百亩，供祭祀。卒后入祀莆田乡贤祠。邑人史家郑樵有诗哭冲之曰："官似冯唐能老去，节如苏武不生还。"

综观林氏家族，似乎只有林雩不是进士出身，但从某种意义上说，经历才是人生的成长、收获与财富，学历只不过是学习与能力的证明，阅历才是经历与学历的总和。约言之，是与非，危情与真情，金石与瓦缶，德才兼备与德才不兼，皆有高低之判，见微可知清浊。林家一门，与那些趋爵禄之府，侯权势之门、摇尾乞怜、胁肩取媚之人相比，其异如是，略可指数，次第等差，判若云泥。

〔注　释〕

①《莆田市名人志》引《莆阳比事》载林雱为"林雯",疑为同一人,本文取林雱名。

②避宋仁宗讳改名"悦"。

③狎,意为亲昵而不庄重。

> 宋代

林栟

倡廉亲民尽忠实，曾知庆元府

历史上，宁波有一个时期的名称叫庆元府。时为南宋绍熙五年（1194），宋光宗赵惇退位、宁宗赵扩继位后之次年，因赵扩幼年在潜邸时，曾遥领（只担职名而不亲职）明州观察使，故改年号为"庆元"，升州为府，称庆元府，即今宁波，府治在鄞县（今宁波市区），隶属于两浙东路，辖鄞县、慈溪、奉化、象山、定海、昌国六县，以示向往庆历、元祐之政。赵扩在位十余年，乃宋朝第十三位、南宋第四位皇帝。

南宋官员林栟，即在这一时期内知庆元府。其实林栟在宋光宗即位时，就已经诏拜（皇帝特召）为吏部郎中，不久即除（授）直焕章阁、江东转运副使，后改知庆元府。

据《重刊兴化府志》《中国古典诗词分类鉴赏辞典》《杨万里年谱》《莆田市名人志》等的记载：

林栟（1131—1192），字子方，莆田乌石山下义门（今莆田县东岩山拱辰仪门）人。林孝泽之子。宋绍兴二十一年（1151）赵逵榜进士。授福州闽县主簿，后转福清县丞。因奏陈朝政切中时弊，宋孝宗嘉勉其"尽忠实"，除秘书省正字，参与编修《中兴会要》，迁校书郎。补外任信州（今江西上饶）知州，辞别时奏陈皇上不可憎恶清议忠臣之人，不可重用武人，以免重蹈唐末覆辙等。

光宗即位后,召拜吏部郎中。不久,除直焕章阁、江东转运副使"奏镌广德、建平和买多取之额",改知庆元府。

林枅的父亲林孝泽是宋宣和六年(1124)进士,曾任广东市舶司提举,负责对外贸易事务,传时有外国商妇蒲氏之子所贩货物因违法被扣,其以奇异珍宝贿赂宫官,林孝泽则坚守底线并向朝廷上书力争不予放行。后历任广东转运司判官、漳州知州。其居官所到之处,以治吏严正和清廉公平著称。在广东转运判官任上,协助转运使处理一路(省)财赋,以及督察地方官吏事务,郡县官员因贪赎失职而被解除职务者达数十人。在漳州知州任上,曾因属吏挪用官府火烛至私室而斥令其归回。

林枅的伯父,即林孝泽之兄林孝渊,为崇宁五年(1106)进士,历任泰州(今属江苏)、南剑州(今福建南平)教授。王黼出任宰相时,因与林孝渊为同榜进士,屡次派遣中书省官吏前往邀他来京一见欲授予要职,林孝渊则不以为意,最后仍按正常渠道升任建州(今福建建瓯)通判,后改任泉州通判。时泉州乃对外开放港口,外国商船云集,贸易繁荣,有负责查验货物的官吏依例拿回一盒龙脑(香料),林孝渊并不依例空谈,而是斥之:"公则官物,私则商货,何例之有!"并令其收归官库,世称其兄弟俩为"双廉"。

父廉则子正。林枅在信州任上,所持一心,直道而行,依法裁减骄纵不受控制的士兵,力主罢征各种苛捐杂税,并以公帑代输物力钱,民德之,在其秩满离任就道时,有数千邦民高举"恋德"旗送其出境。又如转任广东转运判官及之后移使江西时,则大力推行救荒惠政,救贫恤患,并不遗余力地为瘟疫死亡者、士大夫贫困无力治丧者营冢埋葬,时"发漕司缗钱三万六千助诸县岁计,瘗豫章疫死者浮柩三千,为冢六百九,骨函五百余,窆其士大夫贫不能自窆者三百柩"。一念之情已被万民,可见其在保持风骨、气节、操守和关心民众疾苦等方面,有大善力。

宋淳熙十二年(1185),朝廷以"风力之士"继授林枅为泉州太守,时"泉为会府,讼牒盈庭,剖决无留。举行荒政,条其病民者划之"。立三贤堂,祀姜臣相、秦隐君、欧阳四门。林枅上任后从容立计,先是断案如神,后则无论是举行荒政,还是立三贤堂,皆亲力亲为。后召除直秘阁、福建路转运判官,其又申请豁免漳州额外税赋，减放宁化、泰宁二县苗米等等。林枅在改知庆元府之后，又以直徽猷阁知福州，其一如既往地勤于公事，筑"瓮城四千丈"。后卒于福州任上，归葬莆田华严寺后，入祀莆田乡贤祠。

因林枅为人刚方廉介，居官惜民财，宽民力，真廉，亲民，父子与伯父皆廉吏，以至亲故不敢请托谋私，故史称其"持节分阃（任京外要职），所至有声"，"吏畏民怀，为当世所称道"。

林枅善诗文，著有《林枅诗文集》二十卷。林枅与杨万里交往甚深，杨万里乃南宋官员、文学家，与陆游、尤袤、范成大并称为"中兴四大诗人"（南宋四家）。杨万里名诗《晓出净慈寺送林子方》，即为其送别林枅到福州任知州时所写。

毕竟西湖六月中，风光不与四时同。
接天莲叶无穷碧，映日荷花别样红。

从字面上看，这虽是一首描写杭州西湖农历六月美景的诗，其实质却是写诗人送别友人林子方（林枅）到福州去任职，因见西湖无尽荷花而触景生情，通过对美景的赞美，婉转表达对友人深情的眷恋。

有关林枅的史料记载，还可以从《莆阳进士录》得到一些补充：

林枅，字子方，林孝泽之子，莆田县人。进士及第后，授福州闽县簿，分教常德府，转福清县丞。志书曰："丁外艰，服阕，再召对，首言'持禄固宠之臣似无过，而缓急无所用；骨鲠戆直之臣似无用，而大节不能及'。又言'兵强财丰未足恃，所恃者得人心。得人心者修德而已'。翼日，孝宗语宰执曰：'林枅尽忠实。'除秘书省正字，与修《中兴会要》，迁校书郎。"

林枅以校书郎知信州（今江西上饶）时，曾上殿辞别皇帝说："清议者，忠臣节士之所慕，而权幸谗陷之所惮也，奈何恶之？"足见其尽忠竭诚之心意。

有道是身正影子直，真廉有真名。南宋丞相陈俊卿第四子、莆田人、官员陈宓撰有《直徽猷阁知福州林公墓志铭》：

我宋有天下，遴选藩侯，谟训（谋略与训诲）具在。孝宗皇帝（赵昚）尤所加意，乾道、淳熙间，循吏（良吏之意）辈出，莆郡亦有人焉，如龚公茂良①之治洪，王公悦②、刘公夙③之治衢，皆为世所称道。厥后卓然有守，刚方而吏畏,仁慈而民爱,廉介而士服,所居而化去、而人思之,没而愈久不忘,则故闽帅林公其人也。

公讳枅,字子方,兴化军莆田人。九世祖攒④以孝行闻,唐贞元间(785—805),旌表门闾,世称阙下林家。曾祖傅,不仕。祖选,故承议郎,赠中大夫。父孝泽⑤,故朝请郎、直秘阁,赠正议大夫。公(赵逵榜进士)中绍兴二十一年(1151)进士第,主福州闽县簿,丁内艰。分教常德府,转福清县丞,改宣教郎。以父年老丐祠归养(宋制,大臣罢职借名食俸)。乾道五年(1169),用宰相荐召赴行在(天子所在地),不忍离膝下,父勉,使行在道,丁外艰,哀毁骨立,终丧不御酒肉,不居内。服阕,再召对,上谕宰执曰:"林某尽忠实。"除秘书省正字,迁检书郎(疑为校书郎之误),出知信州,提举广东常平茶盐,就为转运判官,移漕江西,知泉州。召未至,得旨:林某屡更事任,具著勤劳,除直秘阁、福建路转运判官。光宗即位,召拜吏部郎中,除直焕章阁、江东转运副使、知明州,进直徽猷阁、知福州。卒于官,享年六十有三……

公孝廉刚直出于天性,恭俭好礼,正身率下,无慢色戏言,官僚畏惮,不敢为非。然平生劾吏,自张宗颖外,他未尝轻有按举。少时植立,为丞时以执事白府,袖书辨是非,帅以威折之,莫能夺,至裂其书于地,公徐取之以进,如是再三,帅卒悔悟。未尝假人颜色为谄语以媚上。晚在四明,太师史公浩⑥年八十余,被召将行,谒公,冀公有祷,入为天子言也,公寒暄外无他语。太师曰:"某荷上恩,老不能行,奈何?"公曰:"此在太师耳。"客有窃听于屏后者,愕然其质直如此。凡所历官,世莫不以为楷式,廷臣常奉诏举谏官,御史皆以公为称首。虽未及用,而功德所被,几半天下,使得行其言于朝,汲直何以加诸?

林枅夫人黄氏,乃宋绍兴八年(1138)状元、莆田人黄公度之女,育有五男四女(有说七子一女等),待考。

林枅之子林及之,字时可,以荫补官,为增城县尉,约束豪吏及诸贵。改永福县丞,尤清苦,吏卒不堪饥,皆弃去,至自行文书。知龙溪县,讼事主恕,督赋主宽,自言宁得罪上官,不愿得罪细民,任满而归。莆田名人刘克庄作《林龙溪墓志铭》。

呜呼!林深树密,坡平草剃,修剪了多余的枝叶,以遍体鳞伤换取希望,

应验了古人"非威德无以致远,非慈厚无以怀人"的老话。

〔注 释〕

①龚茂良(1121—1178),字实之,莆田人,宋代文学家,绍兴八年(1138)登黄公度榜进士,时年18岁,称"幼榜"。曾以首参代行宰相职,"莆田四贤"之一。

②王悦(?—1168),字习之,莆田人,宋绍兴十二年(1142)陈诚之榜进士。探究诸经疑义,为时名儒,为人性直。其知衢州府(今属浙江)时,恺悌慈祥,视民如子。乾道四年(1168),衢州饥旱,王悦发廪分以给食,竭诚祷雨,绝不茹荤,早晚一粥,凡月余日,有"乞为三日之霖,愿减十年之寿"句,竟以是卒。众为之立祠于徐偃王庙。其丧出城,号恸之声震于原野,阖郡送至江山县境(今属浙江)。事闻,赠直龙图阁,仍宣付史馆。著有《五经质疑》《春秋解》。

③刘夙(1124—1171),字宾之,莆田人,弱冠有文声,持己端慎。宋绍兴二十一年(1151)与林枅同榜进士。初授吉州司户参军,添差建州教授,改临安府教授。隆兴元年(1163)以秘书省正字迁枢密院编修官。乾道五年(1169)徙知温州、衢州,百姓德之。著《春秋讲义》《史记正误》《汉书注》《续博古编》等。

④林攒,林披从孙,孝子。唐贞观(627—649)初,仕为福唐尉。母年老弱,未及迎而病,闻后,弃官返家。母已卒,每一痛哭,至水浆不入口。五日,举葬事,自埏甓作冢,庐其右。唐德宗为敦劝孝道诏立二阙,又旌表其间,蠲徭役,时号"阙下林家"。其卒后,名士欧阳詹曾赴莆田吊孝子林攒,作《甘露述》,备详其事,后入祀莆田乡贤祠。

⑤孝泽,即林孝泽,林攒八世孙,宣和六年(1124)进士。杨万里作《林运使(官名)墓志铭》。

⑥史浩,字直翁,号真隐。明州鄞县人,南宋政治家、词人。南宋绍兴十五年(1145)进士,由温州教授除太学正,升为国子博士。其因向高宗建议立太子,以此受知于朝廷,绍兴三十二年(1162)孝宗赵昚即位,史浩任参知政事。隆兴元年(1163),拜尚书右仆射。

宋代

蔡 戡

蔡襄四世孙，侃直忠亮，曾任职明州

《福建名人词典》载：蔡戡（1141—?），南宋词人，字定夫，莆田仙游人，孝宗乾道二年（1166）进士，以荫补溧阳尉，授秘书省正字，知江阴军。淳熙十年（1183）后历任京西、广东运判，淮东总领、湖北总领、广西经略，知明州。曾权户部侍郎。宁宗庆元元年（1195），帅豫章。官至宝谟阁直学士，有《定斋集》。

蔡戡是蔡襄的第四世孙。人们熟知蔡襄（1012—1067），除了是北宋宰相、著名书法家、奸臣蔡京的从弟，还有就是他的为人和为官风格与蔡京截然不同。历朝历代对蔡京的评价有褒有贬，且以贬为主，反差甚大，但对蔡襄的评价则高度一致。他曾极力支持范仲淹改革主张。他的书法造诣与苏轼、黄庭坚、米芾齐名，合称"宋四家"[1]，颇受世人推崇，甚至连尤爱其书的宋仁宗亦有不得之时。蔡襄在泉州主持建造的洛阳桥，乃跨海梁式大石桥，素有"海内第一桥"之誉，是中国古代"四大名桥"之一，今已列入"世界文化遗产名录"。他的诗书及《茶录》《荔枝谱》等流芳千古，其中《荔枝谱》被称为"世界上第一部果树分类学著作"。

蔡襄在《荔枝谱》中云："（荔枝）闽中唯四郡有之，福州最多，而兴化军最为奇特，泉、漳时亦知名。"与荔枝相媲美的龙眼，则成熟于每年秋天的八

月,民间有"荔枝摘过,龙眼始熟"之说。因八月称"桂",故龙眼又称桂圆,北魏贾思勰在《齐民要术》中有记。历史上,亦有"南桂圆、北人参"之称。

《莆阳进士录》载蔡襄,字君谟,自号莆阳居士,仙游县人。进士及第后,授漳州军事判官,转西京留守推官,改著作佐郎,馆阁校勘。庆历间(1041—1048),"(蔡)襄作《四贤一不肖》诗,都人士争相传写,鬻书者市之,得厚利。契丹使适至,买以归,张于幽州馆"。升直史馆,兼修起居注。以母老求知福州,改福建路转运使,"开古五塘溉民田,奏减五代时丁口税之半"。复修起居注,判三司盐铁勾院,"奏减漳州、泉州、兴化军丁米岁赋"。皇祐时(1049—1053)又迁起居舍人,知制诰兼判吏部流内铨。摹写《真宗奉神述圣》,制毕,御笔赐字君谟。迁龙图阁直学士、知开封府,"(蔡)襄精吏事,谈笑剖决,破奸发隐,吏不能欺"。以枢密直学士知泉州,旋再知福州,"郡士周希孟、陈烈、陈襄、郑穆以行义著,(蔡)襄备礼招延,诲诸生以经学"。徙知泉州。召为翰林学士,三司使。拜端明殿学士,出知杭州,徙南京留守。治平四年(1067)卒,年五十六。《仙溪志》载:"(蔡)公为文清遒粹美,有《莆阳居士集》三十卷,尤工于书画……高宗尝评公书法为本朝诸臣之冠,欧阳修以为当世独步,行书第一,楷书第二,草书第三……特赠吏部侍郎。淳熙三年(1176),谥'忠惠'。欧阳修铭其墓。"

蔡襄当过地方官,也当过京官,一生历尽坎坷,有过"三上三下"的仕途经历。因其为人侃直忠亮,虽只是一位三品官员,却享有副相的特权待遇。他不仅以刚正品德与显赫政声名重朝野,如薄税赋、放盐业、减徭役、兴水利、建大桥、植道树、著农书、正学风、易陋俗等,亦以为人正直忠厚以及学识渊博、书艺高雅、妙笔能书等艺术造诣闻名遐迩。其曾于庆历(1041—1048)、嘉祐(1056—1063)间两度出知福州府,在勤力务时、为民做事的同时,也善于倾听民声和接纳民意。有年元宵节将至,为营造节庆氛围,他要求每户居民燃灯七盏,成为百姓的包袱和负担。出于无奈与苦衷,或碍于蔡襄的面子,大多数人保持了沉默,但侯官(今福建福州)人、文士陈烈则不然,他虽为蔡襄少年时期的同学,却恣肆,特意制作了丈余大灯,上书讽诗曰:"富家一盏灯,太仓一粒粟;贫家一盏灯,父子相对哭。风流太守知不知?犹恨笙歌无妙曲。"讥蔡襄凭权位之便,为粉饰门面变相强迫平民买单,任性弄权云云。蔡襄见灯诗后幡然醒悟,立即下令罢灯,并命每年二月开放原属州府官员们专用的州园春台馆,任民众赏景游玩,还为此作《开州园》诗。言过而能改,因而好评如潮。

对蔡襄的书法作品,文人名家更是极力推崇。挚友、著名文学家、唐宋八大家之一的欧阳修论其书曰:"蔡君谟独步当世";大文豪苏轼亦谓"至论",并多次力排异议,坚持"君谟(书法)为当世第一"之说。欧阳修在撰写的《端明殿学士蔡公墓志铭》中说:"(蔡襄)工于书画,颇自惜,不妄为人书,故其残章断稿,人悉珍藏。而(宋)仁宗尤爱称之,御制元舅陇西王碑文,诏(蔡)公书之。其后,命学士撰温成皇后碑文,又敕(蔡)公书,则辞不肯书,曰:此待诏[②]'职也'。"可知时人对蔡襄书法作品的珍爱和追捧,以至得到仁宗皇帝的喜爱,经常命其书碑等等。上有好者,下必甚焉。不过蔡襄并不妄为人书,有时对皇帝之命也打点折扣,甚至托词不从,此中既包含其谦虚好学及不欲与待诏争润笔之利等心迹,同时也显现其持正自重等品格教养。

话题回到蔡戡的近亲。蔡戡的祖父蔡伸(1088—1156),字伸道,蔡襄孙,蔡旻子。宋政和五年(1115)登何栗榜进士,南宋著名词人,与从兄蔡佃、兄蔡仳蜚声太学,时号"三蔡"。负文武器略,善骑射,喜为歌诗字画,性通音律,每与宾客饮,酒酣慷慨,浩歌长啸。周必大撰其神道碑[③],蔡戡状其行[④]。

看过清朝宫斗剧《甄嬛传》的观众大都知道,当雍正皇帝一听"甄嬛"名字时,即吟出莆田人蔡伸《一剪梅》词中的"嬛嬛一袅楚宫腰"之句,意指女子婀娜多姿的体态。蔡伸的《一剪梅》写得咏声动容:

堆枕乌云堕翠翘。午梦惊回,满眼春娇。嬛嬛一袅楚宫腰。那更春来,玉减香消。

柳下朱门傍小桥。几度红窗,误认鸣镳。断肠风月可怜宵。忍使恹恹,两处无聊。

据《莆阳进士录》载:蔡伸,字申道,一作伸道,自号友古居士,蔡佃之弟,莆田仙游县人。进士及第后,授太学博士,累迁通判徐(今徐州)、楚(楚州,今属江苏)、饶(饶州,今属江西)、真(真州,今属江苏)四州。在徐州时,禁卒谋乱,约夜半举火。(蔡)伸闻之,部分他营密为之备,仍戒故缓更筹,夜方击三鼓,叛卒火举,则黎明矣。众无应者,遂逃去。(蔡)伸追捕,尽擒之。方志载:"在真州日,火延烧千余家,民露处雪中,老幼号呼盈道。(蔡)伸辟寺宇、官廨分处之,且发常平廪以赈给。守者不可,(蔡)伸曰:'此国家所以备非常也。如得咎(责备),请独当之。'事闻,朝廷释不问。"不久,移滁州(今属安徽),改知徐(徐州)、德(德州,今属山东)、安(安州,今属河北)、和(和州,今属安徽)四州。"初,(蔡)伸与秦桧同舍又同年,后(蔡)伸以赵鼎党丐祠者累年。(秦)桧一日访(蔡)伸,有念旧语,(蔡)伸不肯干之,(秦)桧不乐",除浙东帅司参谋官。建炎(1127—1130)、绍兴(1131—1162)间,盗贼纷起,蔡伸尝曰:"国步多艰,中原未复,岂能以书生余技取爵禄耶!"时戚方既降而复叛,蔡伸单骑至其麾下,说以祸福。"方素闻(蔡)伸威望,即出就招,一州赖以全活。"官终左中大夫,赠特进。其著有《友古词》等。

蔡戡的父亲可能因为名气不大,记载很少。而在明州任职的蔡戡,则有一定的知名度,其所行之道,亦若祖辈焉。据《宋史翼》《中国历代人物年谱考录》《重刊兴化府志》《四库提要订误(增订本)》《中国词学大辞典》《中国文学家大辞典》和咸淳《毗陵志》等所载:

蔡戡(1141—?),字定夫。仙游县连江里赤湖蕉溪村(今莆田仙游县枫亭镇赤湖蕉溪东宅村)人,后徙居武进(今属江苏)。宋代文学家。以荫补溧阳(今属江苏省)县尉。乾道二年(1166)萧国梁榜进士,为江州观察推官。乾道七年除秘书省正字。次年,出知江阴军。淳熙间(1174—1189),知隋州(今属湖北),转京西转运判官,乾道五年(1169),改广东转运判官。十年(1174),充淮西总领,措置屯田,孝宗御笔褒奖之⑤。十一年(1175),除湖北总领,召为司农卿⑥。光宗初政,进奏谨始八事。绍熙元年(1190),蔡戡知明州(今浙江宁波),以言者论罢(因谏官弹劾被免职)。五年(1194),知临安府。宁宗即位,迁户部侍郎。庆元二年(1196),除右文殿修撰知隆兴府。嘉泰三年(1203),为广西经略安抚使。开禧(1205—1207)初,请老(请求退休养老),以宝谟阁直学士致仕。

蔡戡为人耿直忠亮,所奏多经世有用之言。其论边事,则以严守自备为主。著有《静江府图志》十卷，已佚。《定斋集》四十卷，初刻于绍定三年（1230），李植为之序，称其文谨严得体，丰约中度，诗圆美清遒，浑然不见刻雕之迹。其集《直斋书录解题》卷十八、《文渊阁书目》卷九均有著录。原本已失传，今存《四库全书》本，辑自《永乐大典》，为二十卷。还著有《易注解说》《白乐天年谱》一卷、《贞观谏录》《名臣懿范》《典故类说》等。《全宋词》《全宋诗》《全宋文》皆收录其作品。《莆风清籁集》《闽诗录·丙集》《题盱眙》亦有收录。《福建名人词典》载其"有惠政"，《莆阳名臣谱》称其"有政声"。

又据史料记载，蔡戡知明州的第二年，福建船帮首领、著名莆田海商沈法询于州城中心区域的江厦街与东渡路交叉处舍宅立庙，创建宁波第一座妈祖庙，今在原址立有宋·天妃宫遗址碑。两者为同乡，同在一个时间段处于同一个地区，两人交往与否以及深浅，在找到确证史料之前言之尚早，也许他确实没有来宁波赴任，故钟振振在《南宋文学家蔡戡小传订补》一文中称：（蔡戡）绍熙元年七月，除中书门下省检正诸房公事。累书辞免。八九月间，改知明州。未及赴，九月，为台谏论罢，与祠禄。以朝散大夫、直宝文阁主管建宁府武夷山冲佑观。二年（1191）五月，犹主此观。又据《宋会要辑稿·职官》曰："绍熙元年（1190）九月二十五日，诏新知明州蔡戡……与祠禄，并以左谏议大夫何澹论其事君而不知尊重，见得而不知廉耻故也。"而宋罗濬等宝庆《四明志》卷一《郡守·宋》载称："林栗……绍熙元年（1190）八月二十五日差提举江州太平兴国宫。"据此考之，蔡戡以累书辞免检正除命，乃于是年八九月间改知明州以接替林栗。尚未及赴，即于九月为台谏论罢，与祠禄云。此即其"命知明州"既"被论罢"而未赴的原因。

诚然，缺乏更为详尽记载的历史，有时确实显得扑朔迷离，不过这也为后人留下了回眸的空间。

姑且勿论蔡戡"知明州"时是抱着空卷速写快照，还是临山照水任满还家，其实许多古人既因责任而来，亦为名利而往，即使是偶尔闪耀，也会有星光存在。

〔注　释〕

①另有蔡京书法高于蔡襄一说。

②即翰林待诏,宫中奉侍帝王、草拟诏命及备作顾问的文学词臣。

③见《周文忠公集》卷六十三《中大夫赠特进蔡公神道碑》。

④参见蔡戡《定斋集》卷十四《大父行状》。

⑤蔡戡作有《论水利与农田疏》奏议。

⑥参见《全宋文》卷5908有引《攻媿集》卷三十七《蔡戡司农少卿制》一文。

宋代

丁伯桂

作《顺济圣妃庙记》，知定海，敢言善谏

任过宁波镇海知县和杭州太守的莆田人丁伯桂（1171—1237），是撰写《顺济圣妃庙记》的作者，该作品记述"神莆阳湄洲林氏女，少能言人祸福，殁，庙祀之，号通贤神女。或曰：龙女也。莆宁海有堆（墩），元祐丙寅（1086），夜现光气，环堆之人，一夕同梦曰：'我湄洲神女也，宜馆我。'于是有祠曰圣堆。"又有"莆人户祠之，若乡若里悉有祠，所谓湄洲、圣堆、白湖、江口特其大者尔。神之祠不独盛于莆，闽、广、江、浙、淮甸皆有祠也。"专家称所记对历次妈祖褒封因由考校特详，可正以后有关文本之误。

丁伯桂撰写的《顺济圣妃庙记》全文约880字，是一篇极为重要的妈祖文献史料，其也是继宋绍兴十二年（1143）特奏名进士、莆田仙游人廖鹏飞所撰，是被许多学者认为继年代最早的妈祖文献资料《圣墩祖庙重建顺济庙记》之后的又一杰作。

丁伯桂在《顺济圣妃庙记》开篇就描述"神莆阳湄洲林氏女，少能言人祸福，殁，庙祀之，号通贤神女。或曰：龙女也。莆宁海有堆，元祐丙寅，夜现光气，环堆之人，一夕同梦曰：'我湄洲神女也，宜馆我。'于是有祠曰圣堆。宣和壬寅，给事路公允迪，载书使高丽，中流震风，八舟沉溺，独公所乘，神降于樯，获安济。明年奏于朝，赐庙额曰'顺济'。"

北宋宣和五年（1123），给事中路允迪等人奉命从定海（今宁波镇海）出使高丽，途中因突遇狂风巨浪而祷求妈祖得以安全渡过，宋徽宗闻此大悦，钦赐"顺济"庙额，妈祖信仰从此得到朝廷认可，历经宋、元、明、清四个朝代三十六次褒封，封号也不断升至天妃、天后。

丁伯桂在庙记中还写道："岁在丁亥，某调郡，陛辞，偶叨留行，因白夕郎陈公卓，割餐钱为倡；贻书乡之持麾节者咸遣助。乡之士友与都人知敬神者竭力效奔走，不避寒暑，随丰俭捐金钱。"此处提及的陈卓（1166—1252），许是在宁波梅墟建"菊坡书院"的陈卓。皆因丁伯桂与陈卓为同时代人物，试想在路途遥远、信息闭塞、交通极为不便的时代，能在异地遇同乡，自然情满意溢，记此散怀则唯恬安无事是望，人同此心，心同此理。

丁伯桂出生于仕宦之家，一门诗书继世。其祖父丁彦先（一作丁亥先），是北宋仁宗宝元初年（1038）进士，亦是莆田丁氏家族的第一位进士。其从初任知县起，直到官终秘书郎（一说校书郎），始终廉仁刚正、清言洁行，对丁伯桂产生了深刻的影响，致使丁氏家族事业随心，登进士，任主簿、县丞、州学教授者不在少数。

丁伯桂兄弟众多，在科场颇有名声。宋宁宗嘉泰二年（1202），丁伯桂登傅行简榜进士，如晓星初上，开始步入仕途。其居官三十多年，历地方与朝廷多个职务。其子丁南叟，曾任泉州市舶（港）务监。侄子丁南一，为潮州府学教授。据《丁给事神道碑》《后村先生大全集》《南宋馆阁录续录》《莆阳文献》《莆风清籁集》《莆田市名人志》等综合记载：

丁伯桂，字元晖，一作元辉，南宋诗人。先是官永春县尉，届满转为宁德县丞，监定海县（曾属宁波管辖）三石桥酒库，教授梅州（今属广东），知定海县，通判肇庆府（今属广东），任间修《肇庆府志》。在他任职期间，善置诸法神方，且自身廉介严明，致使奸豪凛畏，民心信服，阖境肃然。其曾对人曰："居家如此，居官如此，若为富贵谋非所学矣。"宝庆间（1225—1227），其又知循州（今属广东）。绍定元年（1228），史弥远（宁波人）擅国，丁伯桂留提辖杂卖场（官名）[①]，积六岁，迁宗学博士，论事戆直，无所附丽。绍定间，迁官告院[②]、太常寺簿。应诏言时政，直言无隐。绍定五年（1232），擢宗学博士，兼枢密院编修官。绍定六年（1233）十月，左丞相史弥远卒。端平改元（1234），理宗正当英年，虚怀求治，收揽贤才，丁伯桂与李宗勉（字强父）同拜监察御史，论事耿直，端肃板正。其在言路二年，指陈愈峻，谏疏盈篋，力扶世道，帝严惮（畏惧）之。端平二年（1235），除秘书少监。端平三年（1236），迁秘书监，除起居舍人，兼中书舍人。嘉熙元年（1237），除权吏部侍郎、迁给事中，皆兼史职。卒于嘉熙元年（1237）七月十一日，卒赠"通议大夫"，朝廷遣官护送其棺椁归莆阳安葬，筑墓在城西石室岩下，邑人工部尚书刘克庄为之铭，其《题丁给事祠堂》诗云："辽鹤何年返故乡，天风剑珮已骞翔。郡人议叶来胥宇，兄子才高肯弗堂。里选诸儒俱饮惠，谏书百世尚流芳。试歌此曲陈蕉荔，万一乘云下帝旁。"《兰陔诗话》则云："元晖在言路二年，谏疏盈篋，皆力扶世道，切中时弊。诗不多作，亦颇清迥。"史家称其"侃侃正色，有古争臣之风"。

据收录于《四库全书》史部正史类的《宋史》称：理宗之世，误于二史，前有史弥远弄权，后有史嵩之误国。丁伯桂生逢其时，时有交集。《莆阳进士录》载丁伯桂"在言路二年，谏疏盈篋，皆力扶世道，切中时弊。后虽出台，然转对奏事，指陈愈峻。"鞑靼入寇，伯桂言："不宜徬徨动色，宜凝定以应事变。"又言："陛下本好贤受谏，近者言官忤旨，至形词色，疏多留中；易置谏官、御史如弈棋，此致异之大者。又言阎美人进封，奈何加恩至百余人？"咸人之所难言。

有关丁伯桂的一些如烟往事，稍加润湿，即凝成珠，且以阮其山先生《南宋真御史丁伯桂》一文雾释：

丁伯桂在朝廷为官时，历任提辖杂买务杂卖场、官告院、太常寺主簿③、宗学博士兼枢密院编修官④等多部门的职务，始终滞职不前，如从九品的永春县尉至正八品的宗学博士，竟然用了整三十年，正如其挚友、邑人刘克庄所云："同辈多已超擢，公独久次也。"足见朝廷人事之腐败，同时亦折射丁伯桂端方正直的品格与作风。当时的政治背景是，宰相史弥远贪功擅权，用人唯亲，极力排斥闽人，尤恶莆士。原宰相陈俊卿之子陈宓⑤、郑侨侄子郑寅等端直之士，皆扫影灭迹，于是朝无莆人。丁柏桂本拟出任广东循州（今广东

惠阳）知州，朝辞时却被留在朝廷任提辖杂买务之职，但丁伯桂并未太在意，仍然以忠君报国的情怀，密切关注时局的演变，一有机会就会公开指陈朝政阙失，且直言无隐。他认为当今贪酷之吏满天下，皆因权势庇护他们，或通过贿赂起用他们。作为朝官的丁伯桂，在应命轮流上殿指陈时政得失时，还当面同宋理宗对策说，开创朝政以来，通常的办法是进贤退不肖，而现今的进退赏罚，一切反常，应当尽拔台莱之士（喻美德的君子贤人），布满朝官的行列，而不要培植萧艾，要尽力派遣有才学德行的人，掺杂融合州郡的官员，不用虎狼般的贪吏在身边，从而兴起忠诚耿直的风气，摒弃烦琐严苛的恶俗。

当时同辈的朝官多已提拔，唯独丁伯桂滞留了六年才升为正八品的宗学博士。直至绍定六年（1233）十月，史弥远病死，宋理宗在被架空冷置十年后始得亲政，遂改元端平，实行新政，实施了一系列革除弊政的措施，史称"端平更化"，丁伯桂的仕途始逢生机。时任宗学博士兼枢密院编修官的丁伯桂，再次上殿轮对，当面策对时政利弊。他未改锋芒毕露、一针见血的风格，直言政弊，曰："居忧者汲汲起复，举世无孝子；注阙者汲汲奏辟，举世皆夺士；嗜进者往往因舆台以通权要，举世无知廉耻之人。"⑥他劝皇上应当扭转这种风气，皇上既有威权，应亲自提拔使用不依附宰相的人作为耳目，首先任用洪咨夔和王遂。洪咨夔和王遂二人都是正直敢言之臣，一个月后，二人果然都诏任监察御史。洪咨夔后官至刑部尚书，王遂后官至权工部尚书。理宗实行新政，延揽贤才，斥逐奸党，亲擢台谏，先后任命台谏四十余人，这正是丁伯桂上殿对策所论的中心话题。

其实早在汉代，贿赂收买的现象已经相当严重，到了东汉晚期，即便是功绩声誉都十分隆盛的人，若不拿钱来，也休想做官。卖官鬻爵方面，起自汉安帝和汉桓帝，至汉灵帝时，已不可遏止。《东汉会要》载："光和元年（178）初开西邸卖官，自关内侯虎贲羽林入钱各有差。"其卖官价码为"又私令左右卖公卿，公千万、卿五百万"。《艺文类聚》则引《七家后汉书》记曰："灵帝欲以羊续（清官）为太尉，时拜三公者，输东园礼钱千万，令中使督之，（羊）续乃坐使者于单席，举缊袍以示之，臣之所资，唯斯而已，故不登公位。"《后汉书·崔寔列传》记有:"中平四年(187),卖关内侯,假金印紫绶,传世,人钱五百万……其富者则先入钱,贫者到官而后倍输。"另有,汉代士人崔烈出钱五百万买了司徒一职,皇帝召见时看他有钱悔当初少要了几百万,铜臭之名即出此典故。此人后来竟然做了太尉,主管国防军备大事。

庆元府昌国(今浙江舟山)人余天锡,嘉熙(1237—1240)初进华文阁学士,知福州。嘉熙二年(1238),又将大用。原来此人早年是史相的家庭塾师,深受器重。史弥远拥立理宗有功,故理宗即位后对余天锡优待有加。其历官户部侍郎、权户部尚书兼知临安府、浙西安抚使等要职。丁伯桂上疏驳论曰:"闽为国家的乐土,用来安置余天锡已足够,今又召用,只能使陛下有偏私故人之恶名,谏官必起而攻之,护犊之心应有度。"疏章送上去后,丞相乔行简写信开导丁伯桂要理解皇上的意旨,并催促他草拟诏书。此时丁伯桂已经有病在身,依然坚持如初,几天后不幸病故,享年六十七。刘克庄不禁为之叹曰:"方际于风云兮,疾忽罹于霜露。"丁伯桂的遗表报闻朝廷后,理宗"动容而震悼"。由朝议大夫赠通议大夫(正四品),并遣官护送棺椁归莆(田)安葬,墓在城西石室岩下。故友刘克庄撰写祭文,叹:"宝鉴之云亡,惧金瓯之遂(坠)缺。入里门而长恸,怆泉台(指墓穴)之永诀。"并为其祠堂题诗,称赞丁伯桂"谏书百世尚流芳"。几年后,刘克庄应丁伯桂之子丁南叟的邀请,又撰写丁伯桂的神道碑,详尽记述丁伯桂生平事迹,尤其是其就任御史、谏官和词臣(中书舍人)期间的直言诤谏事例和精神,追忆生前交往的情谊,高度评价丁伯桂的为人和节操乃"珪璧元身""端乎全人",即人品纯粹、正派完美的人。

盖因丁伯桂端直方正,故对其家族产生巨大影响,侄孙晚辈多效仿之。岂料命运多舛,丁氏家族竟发生了一件考卷被调包案,原来作弊的套路古已有之。

据《莆阳文献》《重刊兴化府志》《潮州书院》等载:丁南一(1197—1266),字宋杰,自号斗轩,宋宝祐元年(1253)姚勉榜进士。丁伯桂之侄。其早在宝庆元年(1225)就通过漕试,端平元年(1234)被推荐进国子学,次年

即省试及第,然因人事变动,卷子被调换而榜上无名。直至十八年后方参加别头院试(为避嫌所设)考中进士功名,调福州怀安县(今福州市仓山区建新镇)尉。后监南岳庙,再改广东东莞监税。其能洞察情弊,具有非凡的断案才能,但因不善于逢迎上级而常遭弹劾,屡失升官机会。且因官卑俸低,纵然饱学也清贫,不能越岭归家。世道不怜才,岭南士人却愿领其子弟奉上束脩(拜师费),拜其为师。后广东转运使郑协亲自写信请其担任濂泉书院山长。泉州人洪天锡继任转运使,又征召其代理潮州海阳县丞、州学教授兼韩山、元公两所书院的山长[7]。其卒于咸淳二年(1266)十一月初六,有居室名"斗轩",曾汇《伯桂谏草》若干卷。

是耶非耶,非黑即白;来矣去矣,莫衷一是。

〔注　释〕

①提辖杂卖场,掌管采办宫廷与官府所需各物并出售多余物资,处理剩余物资。

②官告院,掌管文武官将校告身及妃嫔、王公、内外命妇封赠事务。

③主簿,掌礼乐、封赠、郊庙、社稷、坛壝、陵寝事务,从八品。

④编修官,掌编修《经武要略》,删定诸房例册,正八品。

⑤陈宓(1171—1230),字师复,号复斋,莆田人,乃福建第一官办书院延平书院创建者,朱熹南下泉州北归途中,曾到莆田拜见赋闲在家的丞相、陈宓之父陈俊卿,并于白湖书堂讲学月余,以授陈氏子弟,时陈宓13岁,更得朱熹器重,培养出理学坯子,遂成朱子后学中之佼佼者。陈宓的《承同安宰惠朱文公祠堂记辄以小诗为谢》《直徽猷阁知福州林公墓志铭》等,皆情文兼至,文以情生。

⑥意思说,因父母丧丁忧在家守制的人,尚未满期就急不可待地应召任职,世间就没有孝子了;在官册登记候补的人,迫不及待地受荐举征召为官,世间就会丧失士人的品格;热衷于做官的人,往往依靠官府的奴仆去串通权要,举世就没有知道廉耻的人。

⑦丁南一在宋景定四年(1263)兼任潮州书院山长。

> 宋代

顾汝美

知鄞县,修县衙,为官之道,勤公实廉

"科名之盛,甲于闽中。"士人每谈及莆田文化,必言:"莆之衣冠文物,实自郑氏兄弟开先之也。"正是南朝梁陈时期(502—589),郑露、郑庄、郑淑三兄弟从永泰(今属福建福州)迁徙而来,在凤凰山麓、南湖之畔建起莆田历史上第一家书堂——湖山书堂,读书授徒,首开莆阳文风,从而奠定了莆田文化繁荣发展的原始基础。

据唐、宋、元、明、清各朝代相关数据显示,中国有"十大进士之乡",其中兴化名列第八,其历代进士高达2482人。此外,按县域进士总数计,全国各地进士达千名以上的"进士县"只有18个,兴化府所辖的莆田县考取的进士则多达1800多人,居全国之最,是名副其实的"中国进士第一县"。

宋代更是莆田重教兴学蔚然成风的时期,在宋代所取进士中,每42人中就有一位是莆田人。顾汝美,即宋重和元年(1118)王昂榜进士。据《八闽通志》《鄞州行政简史》等载:

顾汝美,生卒年不详,莆田人。宋重和元年(1118)王昂榜进士。初任同安(今属福建厦门)知县。绍兴六年到九年(1136—1139)以左承议郎知鄞县(今属浙江宁波)。为人谨慎干练,求实而不求名。亲朋好友慕其权托办私事,一概拒绝,甚至有求托者终日在其家坐着而未敢开口。治理鄞县日

久,县内诉讼之事大幅度减少。在任时重建县署公堂,但并不加重百姓人力、物力负担。迁朝散大夫、徽州(今划分属安徽、江西管辖)通判。

莆田顾氏一般被认为是越王勾践七代孙顾摇后裔。经秦至汉,顾摇曾经担任过现位于福建省北部和浙江南部一带的闽越首领,因助汉灭项羽有功,封为越王;汉惠帝三年(前192)受封为东海王。后来,顾摇封自己的儿子为顾余侯,子孙留居会稽(今浙江绍兴),其支庶子孙以封爵为氏,称顾姓,尊顾摇为顾姓的得姓始祖。历史上,会稽被当作顾姓的著名郡望之一。唐朝以后,由于官职调迁、避兵火之乱等原因,顾姓不断地向南北各地播迁,其中颇有人气的一支在莆田落地生根。

史书上关于顾汝美的记载并不多,目前连生卒年月也尚未得到考证,《宁波府志》也只记载"顾汝美绍兴六年(1136)十二月(任)"寥寥几个字,不过这并不能掩其光彩。顾汝美既然考取了功名,也就意味着可以进入官场,终于,上任同安(今属福建厦门)知县后,他兢兢业业,因地制宜,注重民生,务实发展,如督令百姓广植棉花一例。棉花是制作衣服的好材料,种植棉花能让百姓增加收入。可是在当时,棉花刚从边疆传入不久,百姓还没有养成种植的习惯。顾汝美除了广泛动员百姓种植棉花,一有机会就跑到田间地头,传授有关知识,又雇请有一定经验的民妇手把手教乡民们学习织布技能,如此多管齐下,很快提高了棉花的经济价值,百姓得享其利,当地棉纺业也渐渐兴盛起来。顾汝美持务实之心,对没有条件推广棉花种植地区的农户,指导他们种植越南稻,以增加主粮生产,改善百姓生活。在同安任上那几年,他虽没有干出多大的丰功伟绩,却能润物细无声地使一方长治久安,因而深得民众的敬重和朝廷的赏识。

绍兴六年(1136),顾汝美以"左承议郎知鄞县",职位发生变动,即以左承议郎的身份任鄞县知县。知县俗称"七品芝麻官",承议郎为唐、宋文阶官之制,是正六品下,实属擢升。

顾汝美在宁波主政三年,至绍兴九年(1139),便升作朝散大夫,去担任徽州通判。朝散大夫亦乃唐、宋文阶官之制,从五品下,元升从四品,明废。人们熟知的大诗人白居易就当过朝散大夫,其有诗《闻行简恩赐章服喜成长句寄之》云:"吾年五十加朝散,尔亦今年赐服章。"可以想见,顾汝美当时在宁波的政绩应亦可圈可点,综观其为官之道,乃知实奉公、勤廉为本。

"一勤天下无难事",顾汝美的勤政,从他在同安(今属福建厦门)的经历可见一斑。他生性谨慎,办事周密,深知施政重在"对症下药",无论职务高低,皆不满足于坐堂问政理事,而是深入调查研究,举凡当地的农耕、兵戎、神事、风土、民情,都做实地调查。在这个过程中,他不仅听到了百姓的实话,还吸纳了不少民间智慧,地方士绅见状则不敢有丝毫轻慢,这样也就逐渐整理出了一套治理地方的方案举措,消化了许多矛盾和问题,深受各方赞誉,赞其务实干练。

"圣人无常心,以百姓心为心",顾汝美为官,始终保持了体恤百姓、不畏权势的本色。上任之初,鄞县一带面临着严峻的治安问题,凌弱蔑寡者有之,欺行霸市者有之,恶习败俗者有之 …… 不但堆积了一大堆难案旧案,违法者逍遥法外,且新案也时有发生。为此,顾汝美一方面加大对案件的查处力度,有案必查、犯法必惩、不留悬案;另一方面则崇尚仁政,外宽内明,教化为先,把重点放在防患于未然上。因故,"治理鄞县日久,县内诉讼之事大幅度减少",不但清理了前任的积案,对于新案也绝不拖延滞审,且没有一人上诉申冤,尽力做到"百姓拥护,上官信任,属下悦服"。

"余生平做事求实而不求名",顾汝美名副其实。但凡做事,其始终坚持据实情、出实招、求实效,为地方办了不少的实事和好事,如修建鄞县县衙。明州建城后,鄞县县署几易其址,待顾汝美上任之际,鄞县县衙已迁至开明坊附近,地处今开明街与中山路交界处,乃一处建于端拱元年(988)的院落。然而建炎三年(1129)时,金兵南下,发动第三次大规模的进攻,意在灭亡南宋,抓获赵构。在金国几路大军的猛烈攻击之下,南宋朝廷仓皇逃窜,从扬州到镇江,再到杭州、越州、明州。是年除夕之夜,金兵前锋部队四千人抵达明州城下,双方在高桥(在今宁波市海曙区)拉开阵仗,展开了一场决战。张俊率部殊死抗击,毙敌数千人,金兵锐气被挫,史载"金军战败,死伤以千计",女真前锋部队只能撤离。三天后的大年初二,不甘失败的女真人卷土重来,只是这次又复制了前次的失败,史载"(张俊)与刘洪道坐城楼上,遣兵掩击,杀伤大当"。借这当口,赵构得以完成东海大逃亡,一路从明州奔向温州,并准备向福州进发。这就是著名的"明州之战",史书载"自金兵入中原,将帅皆望风奔溃,未尝有敢抗之者……中兴战功自明州一捷始……至此而(宋)军势稍张矣"。但在这次明州之战中,鄞县县衙未能幸免,毁于兵燹,只剩下些残垣断壁。待顾汝美赴任时,县衙依旧残破不堪。他深知责任重大,必须尽快修复县衙,于是找来主簿商议,他说:"县衙修建之时至今不足百年,只因明州一役损坏如此,数年都未加以修缮。如果让这种情况再继续下去,不但会令众多贤士心寒,更是让百姓对县衙失去敬畏之心。久之,衙役必会消极偷懒,民风亦会堕落。必须立即修复县衙,但县里没有经费,你作为主簿,是不是立即草拟一份公文,向上级详细呈报,请求下拨公帑修复呢?"按照顾汝美的要求,主簿草拟了公文,以鄞县知县的名义成文,上呈知府和巡抚。经过几番周旋,终于取得了知府的支持,一起说服巡抚,认为此事不能再拖延了,于是大笔一挥,给鄞县拨款若干,用于修复县衙。顾汝美自然十分感激,亲自督办,要求节约开支,更不可增加百姓的人力、物力负担。绍兴八年(1138),残败的县衙得以修复,而且规模也扩大了,拥有173间房屋。

《礼记》有云"公事不私议",意思就是公事需要按照一定的规则和程序到公开场所办理,而不能在私下里处理。顾汝美深知其中道理,他认为私门洞开,私谒者必趋之若鹜,长此以往,私谒成风,必将危及一方之公平正义。果不其然,他刚到鄞县任职,就有许多达官贵人、社会名流备足厚礼登门拜访,他一律以淡茶相待,所赠礼物均退回,至于宴请更是一概婉拒。亲朋好友中有敢碰钉子的携礼品到他府上,请托办私事,无一不被当面拒绝,只得悻悻离去。后来,顾汝美索性效仿司马光,在自家门上贴了一张显眼的字条,上书"只理公事,私谒请回",意在行光明磊落之举,避请托害政之嫌。久而久之,他因为敬廉崇洁而得了个"古板"的名声,令人望而生畏。

"人过留其名,雁过留其声"。贤哲留传于明州史籍中的笔墨可谓少矣,然其事迹名声之美好,一如"顾"字,回头照看,堪足道矣。

宋代

陈 卓

知余姚，在梅墟建"菊坡书院"，俱清白名

综合《后村词笺注》《八闽通志》《重刊兴化府志》《二十六史大辞典（人物卷）》《宋两江郡守易替考》等的记载，记录如下：

陈卓（1166—1252），字立道，陈居仁第五子，古代折桂里后坑人（今莆田仙游县榜头镇后坡村）。宋绍熙元年（1190）登余复榜进士。官至同签书枢密院事，以资政殿学士致仕，赠金紫光禄大夫，太师开国伯。

陈卓的祖父乃宋代曾得皇上赐句、迁居宁波的陈膏，其因孙陈卓贵而赠少傅。陈膏是家族中最早从福建莆田徙居明州的，且公孙三代世以清白相承，亦曾因宋高宗夸"陈膏长厚，有古人风"而威仪天下。

陈卓的父亲陈居仁，亦是位志坚不可摧、其表令人生畏的官员。《甬上族望表》载陈氏家族："（梅墟）菊坡陈氏自闽中来居梅江（今宁波鄞州有梅江路），文懿公（陈居仁）第一、清敏公（陈卓）第二，共二望。今其后微。《四明谈助》又载陈氏世纶堂：梅墟陈文懿公居仁、子清敏公（陈）卓所居。父子掌纶诰（皇帝的诏令文告），（陈）卓以赐金创堂，因以'世纶'名。"

有关陈氏世纶堂，黄南山撰有《重建堂记（节）》："世纶堂者，梅墟陈氏承先世之基构，重光遗业也。按《宋史·传》：太史文懿公为中书舍人时，直学士洪迈典贡举，廷命公摄其事。孝宗曰：'内外制一向委数人，今陈居仁独

能办，官欲择人，信非虚语。'此文懿公掌纶诰之实录也。后清敏公官翰苑，淮安李全叛。公草诏，有曰：'此更生之恩也，何负汝而反耶？'又曰：'狐假威以为畏己，犬吠主旁若无人'。三军万姓，闻之泣下。此清敏公掌纶诰之实录也。端平（1234—1236）初，清敏公与真先生德秀（学者、名臣）同登省府，十阅月而公归田。庚寅（1230）之灾，公罄翰苑赐金创堂，名曰'世纶'，以著父子世掌丝纶之美……"宋代职官由翰林学士掌起草内廷制诏，称为"内制"；由中书舍人掌起草中书门下省制诰、诏敕，则称为"外制"，两者统称"两制"。宋孝宗所说"内外制一向委任数人"说的就是陈居仁娴熟的文墨之才以一当十。

关于陈居仁之子陈卓，在《四明谈助》中有载：

枢密陈清敏公卓，字立道，太师居仁子。壮岁登进士第，官意泊如也。守江州（今属江西九江）、宁国（今属安徽宣城），有清白名。其守宁国也，以中书舍人补外，道由临安，史丞相欲见之，公谢不往。丞相益器之，由是为翰苑官。李全叛，褫其爵，诏书至淮，人益自励。太庙灾，下罪己诏，京师感动，皆公所草也。端平二年（1235），为签书枢密院事。未几，丐祠还里。平生不营产业，以赞书所酬金筑世纶堂。退居十有六年卒，年八十有六，谥"清敏"。著有《玉堂制诰》《菊坡集》。将葬，事不能具，丞相吴潜闻之，贻书制置使以助。子定孙侍祖父，力学孝谨，出处进退，每怡色以告。方其父之没也，一时朝士皆后进，为之力请于朝，乃得谥。亦以耆年终。（《延祐志》）

陈西麓有《贺伯父大资致仕》诗，见南湖参议第下。梅墟陈氏，至今科名不断：乾隆丙辰（1736）科岁贡浚，嘉庆癸酉（1813）科举人士林，世纶堂后裔也。

陈卓一生治诗赋，淡泊宦意，超然物外。庆元二年（1196），陈卓以宣教郎知绍兴府余姚县。此年余姚县令施宿发民修筑古塘4200丈，其中石塘570丈，设海堤仓，置田1000亩，作为修堤资产。

东南最名邑余姚，古时为双城隔江合璧状，北城始筑于东汉建安五年（200），吴将朱然为余姚长。后因人口增多，北城不能容纳，遂筑南城。其位于宁波市西北部，东邻海曙、江北，南接奉化和绍兴嵊州，西连绍兴上虞，东北毗邻慈溪,西北濒杭州湾,八千年井头山遗址与七千年河姆渡文化在此地延展交织。

余姚的历史沿革较为复杂,隋开皇九年(589)撤余姚县并入句章县。唐武德四年(621)析句章县复余姚,置姚州。武德七年(624)州废,复县仍属越州。宋属绍兴府,元属绍兴路。元元贞元年(1295),撤县升余姚州。明洪武二年(1369),撤州复县,属绍兴府,至清末。1914年属会稽道。1927年道废,直属浙江省。新中国成立后,属宁波专区。1983年实行市管县体制,改属宁波市。1985年撤县设市(县级),仍属宁波市。

陈卓知余姚时间虽不长,但贵在能勤,勤而积之,补之不足,正当其欲善其事时,却在次年六月因父亲陈居仁去世而丁父忧。之后,知江州(今属江西九江)。嘉定十五年至十七年(1222—1224)移宁国府(今属安徽宣城),俱清白名。

志载"绍定年间(1228—1233),陈卓守官吏部尚书,端平二年(1235)三月十二日,曾从龙(政治家、文学家)兼同知枢密院事,真德秀(理学家、大臣)为参知政事,兼给事中、兼侍读陈卓同签书枢密院事,因鸣济王不灭之冤,与史弥远政见不合,时意见与史弥远相悖者,亦纷纷被攻击去职。陈卓遂乞致仕,以资政殿学士还里,赠金紫光禄大夫、太师开国伯"。陈卓与丞相史弥远早年有故旧,史弥远曾经写信给陈卓意欲一见,但陈卓谢而不往,史弥远并未因陈卓的"不识抬举"发怒,反而更加器重他。陈卓后来是因为济王鸣不白之冤,才与史弥远意见相左,终至丢官致仕,退辞故里。陈卓在翰林院等为官时起草诏书,剥夺了叛臣李全的爵位,诏书至淮,人益自励。后又起草太庙灾罪诏书,词极警切,京师为之震动。

陈卓无论是司职地方官还是入朝任要职,都秉承一心为公、一生为主的旨意,且无论是为人还是做官,皆低调行事,不趋炎附势,不攀强附会。除此之外,只治诗赋,不置任何家业,因而史书、外传、民间都较难找到这方面的记载。也正是他为人简约化和为官平民化,平生不营产业,才能"唯以赞书所酬金"筑"世纶堂",才能建"菊坡书院",才能在十六年的闲居生活里坚持闭门谢客和努力著书立说,至年八十有六而不辍。

官居高位①的陈卓,曾在宁波建"菊坡书院"。其一生质清不夺,正心洁行,以清白遗子孙,以高位之禄持窘绝之家,故也荣亲耀祖,世人称贤。

陈卓建"菊坡书院"之地为梅墟,古称梅墟堰,史载该千年古镇始建于东汉初,南昌尉梅福曾弃官隐居于此,因率民众筑塘、保禾灭蝗等功绩显著,后人敬仰,故立庙祀之,且以梅姓及当地的集墟命地名,遂有"鄞东第一商埠"梅墟之称。

元代学者、国史院编修、宁波人袁桷有《过菊坡书院》诗:

　　清敏公家有讲堂,堂前遗菊满坡黄。
　　一庭晚节风霜古,三径秋芳雨露香②。
　　诗礼相传追阙里,壶觞独酌仰柴桑③。
　　我来不是谈经客,笑挹清芬坐夕阳④。

莆田同乡、南宋著名诗人、词人刘克庄亦有贺陈尚书(陈卓)生日的《汉宫春》:

公似寒梅,向层冰积雪,越样清奇。仙溪前辈相望,可比方谁。百篇剀切,似君谟、又似当时。正当简,相君颙面,崇清老子庞眉。

未可卷怀袖手,续平泉庄记,绿野堂诗。苦言譬如食榄,回味方思。嗣皇访落,怪鹤书,直恁来迟。烦借问,二童一马,几时入尉瞻仪。

寿词上片赞颂其品格高尚,富有才华,福寿双全,为之祝寿;词之下片愿致仕闲居之老尚书早日返朝为国操劳,重展才干,表达其对陈卓之敬重。

陈卓配夫人林氏,育有二子:长子陈允修、次子陈允坚。允修,字谨仲,以父荫福州通判,淳祐九年至十一年(1249—1251)以奉直大夫知江阴军。淳祐十一年(1251)授朝请郎,官至朝议大夫。

陈卓虽官居高位,但因一生不营产业而家贫,连去世时将葬之事都不能具。其时,吴潜为右丞相兼枢密使,闻之,贻书制置使以助。

陈卓孙陈定力侍祖父,力学孝谨,出处进退,每怡色以告。其奉讳日哭泣荐祀如平生,亦以耆年终。陈定孙还力请谥于朝,乃谥"清敏",《宁波府志》称"远近感动"。著有《玉棠制造》《菊坡集》。

陈西麓(陈允平)有《贺伯父大资休致》诗:

不恋清时白玉珰,便将身世寄沧浪。

三朝元老黄枢阁,四海闲人绿野堂。

楚楚菁兰秋带雨,萧萧寒菊晚宜霜。

拟成东甬耆英社,剩乐壶天日月长。

陈西麓的父亲陈卓,是宋末元初著名词人,陈居仁子⑤。陈西麓自幼家教良好,对五伯父陈卓最是关情,为益最多。更有意思的是,据《宁波府志》载,陈西麓也曾于理宗淳祐三年(1243)任余姚令,后在严州(又称睦州,今属浙江杭州)任职,算是陈家与宁波余姚有缘有份。传陈西麓罢去后放浪山水间,足迹遍及今苏浙皖一带。且曾过淮泗(今安徽、江西、河南、山东四省交界之地),又历游伯父陈卓为官之地宛陵(今安徽宣城),写下《疏影》《暗香》等著名词作,但以盘桓临安时日最多,并参与临安吟社,前后二十多年。

生活本身就是一团麻,最后还是发生了一件大事,据袁桷《先大夫行述》载:宋末帝赵昺祥兴元年(1278),陈西麓被仇家告发"约苏刘义谋复宋",遭围捕入狱,幸得旧时同僚袁洪照扶。陈西麓卒后,南宋著名词人张炎作《解连环·拜陈西麓墓》以悼之:

句章城郭。问千年往事,几回归鹤。叹贞元、朝士无多,又日冷湖阴,柳边门钥。向北来时,无处认、江南花落。纵荷衣未改,病损茂陵,总是离索。

山中故人去却。但碑寒岘首,旧景如昨。怅二乔、空老春深,正歌断帘空,草暗铜雀。楚魄难招,被万叠、闲云迷著。料犹是、听风听雨,郎吟夜壑。

苍天不许寿无疆,纵是巨杰也凄凉。

陈西麓著述之中,以词为多。由于陈西麓经历了宋朝之亡,故其词"有易代之悲"。《宁波历代文选·诗词曲卷》载其著有《西麓诗稿》《西麓继周集》《日湖渔唱》等。陈西麓的诗集《西麓诗稿》,现存诗139首。前人评陈西麓词作基本风格为"婉雅平正",张寿镛亦在《西麓诗稿》卷首序中对其评价甚高。

著《攻媿集》的南宋大臣、文学家、宁波人士楼钥,称:"(陈)居仁精力德量举不可及,若(陈)卓则再世见之矣!""与其为儿孙积钱财,不如给后代留功德。"欲知孕育一位能让世人称贤的后代,得经历多少个年代的造化。

〔注　释〕

①有学者认为陈卓任同签书枢密院事,同属宰辅成员。

②三径,西汉末,蒋诩辞官隐居乡里,于院中辟三径(小路)。后常用以指归隐后所居的田园。

③阙里,地名,在山东曲阜,传为孔子授徒之所。柴桑,古县名,又称栗里,今江西九江西南,陶渊明故里。

④经,经书,经典。清芬:指清美芬芳之德。

⑤陈居仁生六子,分别为陈巩、陈革、陈晔、陈蒂、陈卓、陈阜。

> 宋代

陈允平

博雅善文辞,与吴梦窗齐名,曾任余姚令

陈允平(约1218—约1295),莆田人,字君衡,一字衡仲,号西麓,自称"莆鄞澹室后人"。父陈阜自莆田迁居四明(今宁波)。祖居兴化军仙游县折桂里后坑(今莆田仙游县榜头镇后坂村)。淳祐三年(1243)为余姚令,罢去,往来吴越,并留杭甚久,放浪山水间。德祐年间(1275—1276),授沿海制置使参议官。宋帝昺祥兴元年(1278),以仇家告变,被捕,因同僚袁洪援救得脱。自是杜门不出,匾山中楼为"万叠云"。其著述,以词为多,乃风雅词派著名词人。宋亡后,征至大都,不受官放还。

人称陈允平词境、词风等与吴梦窗齐名。吴梦窗,即吴文英(约1200—约1260),字君特,号梦窗,晚年又号觉翁,四明(今浙江宁波)人,南宋词人。其一生未第,游幕[①]终生,于苏、杭、越三地居留最久,并以苏州为中心。游踪所至,每有题咏。晚年吴文英一度客居越州,先后为浙东安抚使吴潜及嗣荣王(古代王爵)赵与芮门下客,后颠沛窘迫而死。作为南宋词坛大家,吴文英在词坛流派的开创和发展上,有较高的地位,流传下来的词达340首,对后世词坛有较大的影响。当时的陈允平、周密等皆刻意学习吴文英,且与之酬唱甚欢。宋末的楼采、黄孝迈、翁元龙、万俟绍之、施枢、李彭老、王沂孙等,亦不同程度地受其影响。

清代宁波诗人袁钧有《鄮北杂诗》云陈允平:"寒菊宜霜晚更新,掖垣再世掌丝纶。阿咸老去营西麓,不愧家声故国臣。"他在诗末特意注:"陈文懿居仁、清敏卓,父子西掖。"可知陈允平家学多源自祖父陈居仁和五伯父陈卓,而得益于陈卓尤多。

据《唐宋词三百首》《唐诗宋词元曲》《浙东文史论丛》《唐宋词书录》《莆田市名人志》载,陈允平除家学渊源外,又师从南宋宁波著名学者杨简,入太学。杨简为当时著名哲学家,学者称"慈湖先生"。咸淳九年(1273)郡守刘黻创慈湖书院于杨简故居,以陈允平相其事。

杨简(1140—1226),字敬仲,宁波慈溪人,世称慈湖先生,乾道五年(1169)进士,任富阳主簿。时遇陆九渊过富阳,因发"本心"之问,与陆九渊思想默契,遂定师弟子之礼。绍熙五年(1194)召为国子博士,不久因庆元学禁起,遭远斥,以祠官家居十四年。宁宗嘉定元年(1208),重新起用。累迁秘书省著作佐郎,兼权兵部郎官。最后以耆宿大儒膺宝谟阁学士,官阶至太中大夫。遗著有《慈湖遗书》等。宋咸淳间(1265—1274),杨简逝世四十余年后,制置使刘黻就其故居建慈湖书院。杨简《慈湖遗书》卷六《明融》诗饶有趣味:"净几横琴晚寒,梅花落在弦间。我欲清吟无句,转烦门外青山。"

在慈湖书院相其事的陈允平,早年起已生活无忧,人生富贵且雅气,其在《鹧鸪天·寿表兄陈可大》词中云:

> 四壁图书静不哗,里湖深处隐人家。
> 斑衣自斗百家彩,乌帽亲裁一幅纱。
> 新酿酒,旋烹茶。半溪霜月正梅花。
> 前庭手种红兰树,看到春风第二芽。

该词描述和再现了陈氏家族子弟萧散文雅的生活情趣。正是这种家风熏陶,养成了陈允平"萧散云根石上,瀹茗松泉,注书芸阁"的雅致和趣味。

科举制度自唐朝正式确立,是中国古代官员重要的选拔和管理方式,陈允平亦视科举应试为登天之梯,然屡试不第,仕途不顺,无论是任余姚令,还是后来在严州(又称睦州,今属浙江杭州)任职,任官时间短且沉沦。其罢去后,思域已拓宽,随心任性地放浪山水之间,足迹遍及苏浙皖等地。他还特意游历过伯父陈卓为官之地宛陵（今安徽宣城），写下"一片苍烟，隔断家山，梦绕石窗萝屋""人事空随逝水"等著名词句。

临安是南宋王朝的都城，位于今浙江省杭州市。宋代莆田人、文坛宗主刘克宗之弟刘克逊曾通判临安府。陈允平游历虽广，且时间长达二十多年，但还是以盘桓临安的时日最多。宋理宗景定年间（1260—1264），陈允平参与了杨瓒、张枢等组织的临安吟社，吟社成员主要有杨瓒、张枢、周密、张炎、王沂孙、施岳、仇远、徐宇、李彭老、李莱老、毛敏仲等。南宋后期，因国势日趋衰微，一些仕途不顺的文人开始寄情山水，以雅人高士的风韵情趣相互标举。他们以高雅为尚，在临安吟社大放异彩，其中以词人群体为主，这些词人都具有较高的艺术造诣，除了工于赋词外，他们当中的许多人还一专多能。

杨瓒善音律、精书画，周密《浩然斋雅谈》云："（杨瓒）当广乐合奏，一字之误，公必顾之。故国公乐师，无不叹服，以为近世知音，无出其右者。"夏文彦《图绘宝鉴·卷七》亦云："（杨瓒）书法欧阳询，画学李龙眠，当时目为二绝。"张枢善音律，周密《浩然斋词话》云："（张枢）笔墨萧爽，人物酝藉，善音律。尝度依声集百阕，音韵谐美，真承平佳公子也。"周密诗、书、画、乐兼工，李彭老题《草窗韵语》云："（周密）吟到元和极盛诗，兰香楚楚竹猗猗。"夏文彦《图绘宝鉴·卷五》云："（周密）家藏名画法书颇多，善画梅竹兰石，赋诗其上。"张炎诗、词、书、画兼工，舒岳祥《赠玉田序》曰："（张炎）诗有姜尧章深婉之风，词有周清真雅丽之思，画有赵子固潇洒之。"王沂孙通晓音律，周密《踏莎行·题中仙词卷》云："（王沂孙）玉笛天津，锦囊昌谷。"施岳精音律，周密《武林旧事》卷五云："名（施）岳，字仲山，吴人，能词，精于律吕。"仇远诗、词兼工，张炎《风入松》词序云："仇仁近（仇远）一诗精妙详尽，余词不能工也。"徐宇精通琴律、诗、画，顾逢《寄徐雪江温日观老友》诗云："（徐宇）诗画琴三绝，乾坤只一身。"等等。

恭宗德祐（1275—1276）时，陈允平重新出仕，任沿海制置参议官一职，此为迄今有记载的他第三次为官，亦是最后一次。据袁桷《先大夫行述》载：宋朝末代皇帝赵昺祥兴元年（1278），陈允平被仇家告发"约苏刘义谋复宋"，遭围捕入狱，幸得旧时同僚袁洪照顾，才有以后日子。

此次牢狱之灾对陈允平打击甚大，出狱后的陈允平在一段时间里闭门

不出,隐居山中之住所"万叠云"。入元后不久,由于种种原因,他先是应征"人才"北上大都,后复辞官回里隐居。

陈允平著述之中以词集为多,著有《陈允平词》一卷,存明钞本(国家图书馆藏、天一阁博物馆藏);《西麓词》四卷,有清刘喜海辑《宋元人词》本(稿本,上海图书馆藏);《日湖渔唱》一卷,有清赵氏星凤阁抄校本(台北图书馆藏)、清抄本《宋元名家词钞二十二种》(上海图书馆藏)、清抄本(南京图书馆藏)、清抄本(《疆村丛书》底本,郑文焯、吴昌绶校,上海图书馆藏);另有清、民国抄本等,分藏于台北图书馆、国家图书馆、天一阁博物馆、南京图书馆、上海图书馆等单位。词集《日湖渔唱》和《西麓继周集》,各存词86首和123首(另有五首有调名而无词),共计209首。除允平还有诗集《西麓诗稿》,现存诗86首,《全宋诗》另从《永乐大典》辑得三首,从《诗渊》辑得50首,共计139首。

南宋末张炎《词源》有云:"近代陈西麓所作,本制平正,亦有佳者。"清代陈廷焯在其词话中称"西麓亦是取法清真,集中和美成者,十有二三,想见服膺之意。特面目全别,此所谓脱胎法",为"词中上乘"。清代学者秦恩复《日湖渔唱序》云:"西麓词清丽芊绵,小令尤为擅长,其和周清真韵者甚多,知其胎息于前人者深也。"

酒好成于曲,陈允平虽然经历了宋朝之亡,其词"有易代之悲",然其《日湖渔唱》则颇多自抒其情者,其在"胎息于前人"的同时,仍存清晰的自我剖析,故能一袭长衫,临风飘举,腹笥丰盈,特立独行。

陈允平卒后,张炎作《解连环·拜陈西麓墓》以悼。张寿镛在为陈允平《西麓诗稿》卷首序中则称:陈允平善诗词,与吴梦窗、翁处静齐名。生当宋季,举上舍不遇。其宦迹所至,其放浪山水间者,以寄居钱塘之日为多。

〔注 释〕

①旧称离乡作幕宾、幕友。

元明清

YUAN MING QING

元代

陈 旅

集文士官员于一身,为宁波作《庆元路儒学新修庙学记》

元朝(1271—1368),又称大元,是中国历史上第一个由少数民族(蒙古族)建立并统治的大一统封建王朝。

元代时莆田称兴化路,宁波称庆元路。元代莆田人、著名学者、重要文学家和官员陈旅,一生创作了大量诗文,其中古文创作尤为突出,文皆"典雅峻洁"。林泉生[①]评其文章"自成一家,超轶古昔"。其所著《安雅堂集》13卷(有说14卷),虞集为之序,后被收入《四库全书》。

据《惠安县志续》《元史》《中国诗学大辞典》《重刊兴化府志》《西湖文献集成(第27册)》《西湖诗词曲赋楹联专辑》《莆风清籁集》和《道光晋江县志》《莆田市志》《莆田市名人志》载:

陈旅(1288—1343),字众仲,号荔溪。莆田人。父陈子修,博通古籍,与同郡郑钺共同勘谬正讹郑樵《通志略》[②],母赵氏[③],宋宗室。元代文学家、书法家,善作古隶。幼时专心攻读,博览群书。后到泉州跟随名儒傅定保[④]学习,有名气,被举荐为闽海儒学官。御史中丞马祖常按察泉南,赏识其才,荐到京师游学。入京后,翰林院侍讲学士虞集欣赏其文章,留其在馆阁里研习文章,由于虞集和马祖常的延誉、平章政事赵世延的大力推荐,被任为国子助教,参与修纂《经世大典》。元统二年(1334),出任江浙儒学副提举;至元

117

四年(1338),回京任应奉翰林文学,迁国子监丞。其文典雅峻洁,必求合于古作者,不徒以徇世好。林泉生评其文:"自成一家,超轶古昔,学博而通,识高而敏。使之裁繁理剧,有兼人之能;或者处意制变,有济时之智。"卒于官。时元代惠安人卢琦有《至正己亥六月游壶山,宿真净岩,访忠门西江陈公江亭》诗:"树下双扉绝点埃,何须海上觅蓬莱?十年客鬓尘中改,六月襟怀酒后开。云影不随飞鸟没,江声偏逐晚潮来。干戈满眼风尘暗,欲别西山首重回。"所著《安雅堂集》(又名《陈众仲文集》十三卷,虞集为其作序,收入《四库全书》)。有元至正(1341—1368)刻明修本,卷八至十三配清抄本,黄丕烈、钱天树、李兆洛、程恩泽、季锡畴、王振声跋,现藏北京图书馆。明祁氏淡生堂抄本(藏于国家图书馆)、清抄本(藏于国家图书馆)、《四库全书》本均题名《安雅堂集》。《莆风清籁集》卷七存其诗二十三首。众仲雅好湖山,乘兴独往,流连竟夕。卒后人祀莆田乡贤祠。《元史》有传。

陈旅的父亲陈子修与外祖父赵必晔,皆为东南硕儒。家学深厚,自小耳濡目染,早早养成良好习惯的陈旅,后来跟随温陵(今福建泉州)名儒傅定保学习,学养提高得更快。色目人、著名诗人马祖常,则以"馆阁器"相许。《元史》载:

御史中丞马雍古祖常使泉南,一见奇之,谓(陈)旅曰:"子,馆阁器也,胡为留滞于此?"因相勉游京师。既至,翰林侍讲学士虞集见其所为文,慨然叹曰:"此所谓我老将休,付子斯文者矣。"即延至馆中,朝夕以道义学问相讲习,自谓得(陈)旅之助为多。二人师友之情甚笃。

陈子修乃名儒,学博识深,尤通古籍,曾与郑姓郡人郑钺共同校勘著名史学家郑樵的《通志略》写本,"尽复樵联比诠次之旧",从而恢复了该书的本来面目。

名儒赵必晔,字伯炜,参《姓谱》等所记,为濮安懿王八世孙,补承务郎。常怅望中原,怀古赋诗,慨然有祖逖之志。又从益王(赵昰)至永嘉,时蒲寿庚为福建、广东安抚使,发舟航海,次泉州港口。然蒲寿庚作乱,《宋史》载"蒲寿庚及知泉州田真子以城降",田真子乃泉州知州,赵必晔逃至某个村庄,田真子遣兵勒还草降表,赵必晔誓必死,持匕首自刺未果。后张世杰回兵围城,蒲寿庚尽杀宗室,缚赵必晔将斩之,录曹参军吴伯厚以计出之,遂居泉之东陵。传有《茹艺》《东陵》等集,已佚。

《万姓统谱》载称"傅定保,晋江人,六岁能解大学。大德(1297—1307)初,用荐为漳州学正,首以《太极图》《西铭》讲说,听者悦服。号'古宜先生'"。《泉州人名录·傅定保》则载称,始建于唐代的桃源傅氏大宗祠,其正堂两壁,刻写着临摹自文天祥手迹的"忠、孝、廉、节"四个大字,系表彰傅定保所写,传真迹仍存于傅氏子孙手中。

虞集是元代著名官员、学者、诗人,字伯生,号道园,人称邵庵先生。少受家学,尝从吴澄游。成宗大德(1297—1307)初,被荐为大都路儒学教授,历任国子助教、博士等。仁宗时,迁集贤殿修撰,除授翰林待制兼国史编修。文宗即位,累除奎章阁侍书学士,领修《经世大典》。至顺三年(1332),升任翰林侍讲学士。著有《道园学古录》《道园遗稿》。虞集素负文名,与揭傒斯、柳贯、黄溍并称"元儒四家";诗与揭傒斯、范梈、杨载齐名,人称"元诗四家"。时朝廷宏文高册,多出其手。其一生所写诗词文章逾万篇,惜仅存十之二三。乾隆《鄞县志》载有虞集所撰的《玄妙观碑记》。

虞集将陈旅延至馆中后,以大其蓄而施之于用。他们相与讲习,极意讲论,相识甚有奇缘。再后来又被赵世延荐为国子助教,出任江浙儒学副提举,历应奉翰林文字、国子监丞。为儒官期间,多渠道接触,广交良师益友,经历学问对其文学创作产生重要影响,四库馆臣⑤谓:"(陈)旅于文自先秦以来至唐宋诸大家无所不究,故所作皆典雅浑厚,具有气骨。其气象虽不及虞集之博大,而峻洁之处,集亦未能过之。在元代诸人中可谓矫然特出者。"

历任安溪、南平县学教谕的元代名儒莆田人士顾长卿,曾写信给陈旅,责备其不该不修纂辽、金、宋三史,陈旅则示其信于虞集,虞集叹:"江南有此秀才,大不易得!"后顾长卿知无结果,故自己动笔编著辽、金、宋三史稿等,明黄仲昭与清张琴等虽评价褒贬不一,惜已不传。

为《安雅堂集》题跋的黄丕烈、钱天树、李兆洛、程恩泽、季锡畴、王振声等皆著名学者、文学家、藏书家。萨天锡则是授应奉翰林文字,擢南台御史,有弹劾权贵、左迁镇江录事司达鲁花赤、累迁江南行台侍御史、左迁淮西北

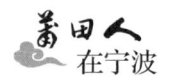

道等的经历,且文学资质异于常人,晚年间在杭州一带居住,是元代著名诗人、画家、官员,人称"雁门才子"。

陈旅与宁波慈溪的诗友乌本良关系甚洽,时乌本良在钱塘教授生徒,日与陈旅等人讲磨今古,培育英才无数。黄宗羲在《宋元学案》中载称,乌本良字性善,父殁家贫,无以养母,弟弟乌斯道尚年轻,还有更幼小的弟妹依靠其生活,时有杭州大户人家愿以女儿嫁之为妻,乌本良说:"吾本为母与弟衣食之谋未遂,何暇及婚事。"一直等到弟、妹成人结婚。从朋友身上,或也可印证陈旅真实人品。

据《鄞县志》(卷六十)、《安雅堂集》(卷八)、《天一阁明州碑林集录》所载,陈旅曾在至元五年(1268)七月九日为宁波作《庆元路儒学新修庙记》,且于次年立石,有教授桂克忠、学正薛元德、学录王寿朋、主奉孔思枢、直学张用庚、司吏岑立道等参与,由茅士元镌刻,今在宁波天一阁东园游廊和尊经阁东墙留有其残石,碑文部分可辨。时陈旅的署名为"应奉翰林文学从仕郎同知制诰兼国史编修官",其所撰庙记笔势纵放,该繁就繁,该简就简,标序盛德,昭纪鸿懿,骈散结合,庄重典雅,贵在畅达。他写道:

《学记》曰:古之教者,家有塾,党有庠,术有序,国有学,谓学所以化民而成俗也。故善为治者,必建学以崇教化,而任风纪。师帅之职者不敢不以是为己责也。四明郡学,唐开元(713—741)中立,贞元(785—804)中,宣圣庙立。宋天禧(1017—1021)中,庙与学徙郡东北陬。建炎(1127—1130)中毁于兵,而殿独存。宋在江左百五十载,鸿生巨臣蔚然出乎句章,其弦诵之舍宜益完且美矣。我世祖皇帝既统一海宇,以孔子之道可以隆化基也,乃兴起学校,登用儒雅,天下翕然向风。至元十九年(1282),庆元庙学灾,当时守臣务亟成,室屋规制简易,二十八年(1291)始大营建。至大二年(1309),更造大成殿,皆部使者作兴焉。历岁滋久,昔之闳壮而炳绚者皆陁圮而黝暗矣。重纪至元之四年(1267)冬,廉访副使宁夏顺昌公行部至郡,首展谒庙下,又环视师弟子舍,叹曰:"是出风化之地也,而衰敝若此,今不葺,责在我矣。"总管上饶张侯荣祖⑥蹴然曰:"是吾责也。"于是廉访公属侯即图之。乃考学田之入征宿逋,缩浮费,以庀材物工佣之需,属府判蓟邱齐侯谦⑦总程督事,齐

元明清

侯展布心力，先葺礼殿，新圣容，为坛构神栖而加幎焉。四配十哲，暨从祀诸子，皆饰其容观，在殿上者为坛帘，在两庑者施承尘，颙卬圭璋之仪，黼黻文章之盛，来观者若见圣贤于洙泗之上，低徊而不能去也。先是尊经阁梁楹栋棂皆朽蠹且压，明伦堂亦坠漏不足敌风雨矣，至是悉以贞材代腐木，以密瓦易疏覆，以夷甓除坏阶，若殿门、先贤祠、八斋、大小学、庖庾莫不缮治。又仍故址为守神之祠，范金以补礼器之未备者。明年秋，教授王竑、学正薛元德以书来请记。窃惟孔子之道，尧舜禹汤文武之所以善天下者，孔子则以之而善万世也，其理具于人心，而著于君臣、父子、兄弟、夫妇、朋友之伦，其教具于六籍，而讲于庠序，行于邦国、庙朝、乡党、家庭之间，人知讲学，则孔子之道明，孔子之道明，则唐虞三代将不在尧舜禹汤文武，而在乎今之世矣。为天下者，不能使人人皆从道也，故既设校官教之，又俾为师帅者教而率之，任风纪者，又宣风化而饬厉之，不以是道，善其民是鄙其民；不以是道，善其身是不爱其身。鄙民非仁，不爱身非孝，廉访公与郡长贰以兴学为己责，为其民者，盍亦知所劝矣。四明多硕学笃行之士，而故家遗俗犹有存者，父兄尚告子弟，使究其所学者，以有诸己黜浇习养厚德也。鲁人颂僖公能修泮宫，曰"济济多士，克广德心"，则化民成俗之事，亦有望于泮宫之诸贤焉。

光绪《余姚县志》卷八《水利》载有陈旅的《海堤记》，其还撰有《题署书记》，笔触美妙。所作《国朝文类》⑧序，嘉言格论乃足，实词醒语甚多，结句言言悦耳，语意超拔，皆为知己者作："览是编者，不惟有以见斯文之所以盛，亦足以见伯修⑨平日之用心矣。伯修学博识正，自成均诸生以至官翰苑，凡前言往行与当世所可述者，无不笔之简册，有《国朝名臣事略》与是编并著。廷论以《文类》犹未流布于四方也，移文江浙行省，锓诸梓。伯修使旅书所以纂辑之意于编端，庶几同志之士尚相与博采而嗣录之。"

大贤有深谋远虑，思之与齐而后已。

〔注　释〕

① 林泉生与卢琦、陈旅、林以顺，并称"闽中文学四名士"。
② 见《全元文》卷二五八。

③赵氏,濮安懿王裔孙。宋靖康之难,宗室居莆者居多,赵以宗子取应及,登进士者多人,其遗凤山书仓、在忠门岳秀者颇族盛,走马亭亦有族姓。赵氏知书能读。

④傅定保,《莆田市名人志》中作"号古直",字季谟。

⑤指编修人员除乾隆特旨征召的平民学者外,均为在朝臣工,统称"四库馆臣"。

⑥张荣祖,嘉议大夫,元至元三年(1266)十一月任庆元路总管。

⑦齐谦,奉训大夫,元至正三年(1343)五月任庆元路通判。

⑧《国朝文类》又称《元文类》,是在对元代文学全面研究的基础上编纂的一部诗文总集。

⑨伯修,即苏天爵,字伯修,号滋溪先生。《国朝文类》编者。

明代

周　坦

立教有本,躬行为是,曾任宁波儒学训导

明朝(1368—1644)是中国古代历史上又一盛世王朝,由明太祖朱元璋建立。明王朝历经12世、16位皇帝、17朝,共统治276年,是中国古代历史上最后一个由汉人统治的封建王朝。明朝亦是我国海上外交较为频繁的历史时期,举世闻名的郑和下西洋,沿着海上丝绸之路,促进了中华文化在海外的广泛传播。

明朝从立国之初就重视教育,明太祖朱元璋创立了完备的官学教育体系,有中央的国子学,地方的府学、州学、县学、宗学、社学等等,且以育才和教化为根本宗旨,并通过相关的教育制度加以保障。

明朝的莆田人周坦,曾任宁波儒学训导。训导一词,既是官名,又是教育学名词,其与训育含义大致相同,即教诲开导。明清时期,训导就是地方学校的学官。训导始置于明洪武二年(1369),各府、州、县学一般设数名,分别为府学教授、州学学正、县学教谕之副职,分掌教授生徒之事。

明万历(1573—1619)后期,因皇帝怠政和官员腐败,加上地主阶级疯狂搜刮民脂民膏,社会矛盾不断加剧,明朝逐渐走向衰败。明崇祯十七年(1644),李自成率领起义军攻进北京,崇祯帝朱由检在煤山自缢身亡,明王朝就此寿终正寝。

明朝的教育体系虽能够沿用至清朝，但其科举考试等却非常死板，如不许学子发挥个人见解，考卷的文体、格式都有严格规定，即分为八个部分，故称"八股文"。另则因朱元璋幼年时曾经出家为僧，登帝后忌讳"僧、发、光、亮、秃"等文字，故许多人尤其是文臣因不慎使用这些文字而获罪，因而明朝也开启了中国历史上因言获罪和大兴文字狱较为严重的一个时期。

其实古代对避讳这件事有严格规定，如皇子的命名"不以日月，不以国，不以隐疾"，即不使用常用的字和含义不吉利的字，更不允许官员、百姓与其同名，故通常都不使用常见字，一方面也是方便民间避讳。一般情形是君王将婴儿的名字告诉家宰，家宰及时记录出生年月日及其生母等信息，并通告地方，各地也必须记录存档，不得马虎。

莆田人周坦就是在这种环境条件下，出任鄞县儒学训导。据《重刊兴化府志》《明人传记资料索引》等载：

周坦（1414—1462），字孟宽。莆田县清浦（今荔城区黄石镇清后村）人。登正统三年（1438）福建乡试林侨榜第七名举人。授琼州府安定县（今属海南）县学训导，升武隆（今属重庆）县学教谕，改鄞县（今属宁波）儒学训导。其性格淳朴，学有原委，教本躬行，守己克廉，诲人不吝，士子无不心服。著有《鸣竽摘稿》《续古千文集》。天顺六年（1462）卒，年四十九岁。以子周进隆赠监察御史。《南山黄先生家传集》载有《黄先生墓志铭》。《全闽诗录》收录其诗《仲秋送汪璟还乡》。

史料载明，周坦颇具静思、沉稳与涵养，在宁波任职期间，在位奉廉，退位守节，一帆风顺是好运，逆风袭雨是常态，故其文章、语言与教学风格，皆能出自实际和符合需要，文质得宜，有平实之风，有淳素意味，学者忠之。然则，盖因长期的劳体累心，故年不半百，弃命而从，可不惜哉！

其实在他任职期间宁波颇不安宁，如正统四年（1439）五月，就有倭寇驾船40余艘，先是袭破大嵩所城，随后转攻昌国卫城，"所至积骸如陵"；又如正统九年（1444）冬，"绍兴、宁波、台州瘟疫大作；及明年死者三万余人"；又次年，宁波又遇久旱，加上民疫，屋漏偏遇连夜雨。此情形下的教学工作，显然困难重重。

周坦的形象与秉性,也直接影响了他的儿子周进隆。其儿曾任浙江绍兴府推官,也曾游历过象山、普陀等地,有文气、才气、灵气和德性,综合《明实录·孝宗实录》《明实录·武宗实录》《重刊兴化府志》《闽书》《莆田市名人志》《太平府志》《广西博物馆文集(第五辑)》《宁波盐志》等所载:

周进隆[①](1453—1520),字绍立,号双竹,莆田人。父周坦,鄞县教谕,淳朴绩学;子周大柱,明代书法家、经学家。出生于世代书香门第,成化十六年(1480)乡试举人,成化二十年(1484)李旻榜三甲第33名进士。授绍兴府(今属浙江)推官,公平判决诉讼案件决狱,解决绍兴代管县诸暨边家之冤,时有军民与灶户盐场[②]之争,于新塘之下筑塘界之,民号"周塘"。弘治五年(1492)七月皇帝特诏浙江道监察御史。弘治七年(1494),御史贾宗锡等在南门内横街为监察御史周进隆立"豸史坊",豸史乃府推官别称。弘治九年(1496)丁忧归,弘治十二年(1499)八月服阕补山东道监察御史,为官正直威严。弘治十五年(1502)升直隶太平府(今属安徽)知府,减劳役,民不扰。弘治十八年(1505),上言请表李宏功,谓古者西门豹、史起、郑国、召信臣、郑当时之流,皆有功劳水利,称颂至今。正德三年(1508)五月升云南按察副使。正德五年(1510)四月擢广西右按察使,八年(1513)正月升广西右布政使,九年(1514)四月转左布政使,正德十一年(1516)六月致仕。其纵情山水,常与同僚及地方名流游宴唱和,踪迹遍及月牙、虞山、伏波、象山、叠彩、普陀、南溪等处。在广西还写有《成顺桥铭并序》,资料非常宝贵。正德十年(1515),游览南溪,赋诗三首,两首刻在白龙洞。著有《诗经(主意)》《孟子主意》等。任知府间,作《太平守臣题名记》,收录《艺文志》。工诗善书,其诗刻、书法至今仍有遗迹。在广西桂林叠彩山、龙隐岩等多处刻有其诗。方良永《明正奉大夫正治卿广西左布政使双竹周公墓志铭》[③]有其事迹。弘治四年(1491),御史张敏于洋埕为甲辰科周进隆立"进士坊"。弘治九年(1496),御史陆完在黄石清浦为周进隆立"绣衣坊",坊系古代表彰功德的纪念性建筑物。

从以上文字可知,周坦的孙子、周进隆的儿子周大柱,亦是明代书画家,史料记周大柱为正德五年(1510)福建乡试黄廷宣榜举人,嘉靖三年

(1524)出任山东武城县教谕,博学多艺,文行推重,为士林所重。嘉靖十四年(1535)升从化县(今属广东)知县,十九年(1540)升德庆州(今属广东)知州。

而为周进隆撰写墓志铭的方良永,乃明代刑部尚书,亦是位直臣,是谓"良心不泯方永久是也"。方良永(1461—1527[④]),字寿卿,号松崖,莆田人。天顺五年(1461)九月十五日生,行一(同辈分的人中排行第一)。弘治二年(1489)福建乡试傅鼎榜第46名举人,弘治三年(1490)礼部会试第123名,殿试与弟方良节同登进士第,得二甲第29名。史载方良永分刑部主事,历升广东按察、海北兵备,忤刘瑾,罢归。刘瑾诛,起湖广按察、浙江布政。时因裁抑织造,上《劾钱宁疏》,气节动天下。世宗即位,钱宁诛,起都御史,巡抚应天等地,乞归。卒谥"简肃"。简肃论学不取王阳明,宸濠之役,与王阳明规划大计,不立异同,尤见大臣之度。有文集十卷。

武宗正德(1506—1521)初,时为广东按察司佥事的方良永,父丧服除,返京述职。太监刘瑾为武宗所宠,权倾一时,势不可犯。外朝官员们朝见皇帝后,都必须去拜谒刘瑾,且还要行跪拜礼。掌外宾、朝会仪节之事的鸿胪寺官员,引导方良永至左顺门行叩头礼后,又令东向揖拜刘瑾。方良永慢易不拜,径自出门而去。此后有好心人劝其上刘瑾私第拜谒,方良永则怒称:"身可死,官可弃,礼不可屈也!"刘瑾闻之大怒。不久,吏部除方良永河南抚民佥事,刘瑾假托帝王诏命勒令其退休。方良永既去朝,刘瑾仍然不肯罢手,欲借方良永在海南督军时所发生的一桩杀人命案加害于他,幸得刑部郎中周敏力持正义才免罪。

杀彼养己,岂能自安。面对邪恶,善良的人容易受伤,然并非善者好欺,而是因为善者未曾使出全身利器。果不其然,恶有恶报,不久刘瑾因谋反被诛,方良永才被起用为湖广副按察使。吏部尚书乔宇、户部尚书孙交曾感叹说:"(方)良永居官素谨,家无赢余,宜依廉官侍郎潘礼孝养、御史陈茂烈[⑤]例,月赐食米。"其著有《方简肃文集》十卷,行于世,强颜慰藉,感白头也。

所谓"人以群分",善良正直的官吏,则愿意结交像周坦、周正隆父子这样的清官,故方良永愿意为周正隆撰写墓志铭也是情理之中。正因为如此,周正隆与方良永等诸多逸事在《明史》也有传记。方良永所撰《明正奉大夫正治卿广西左布政使双竹周公墓志铭》,以"公讳正隆,字绍立,姓周氏,别号双竹,其先自河南徙闽长乐,起居郎百谦公始徙莆城南"开头。

方良永的弟弟方良节亦是位不凡人物,其礼部会试第12名,与兄方良永同登弘治三年(1490)钱福榜进士,得二甲第52名。授南京户部主事,历礼部郎中。弘治八年(1495)出任台州府知府。正德八年(1513)九月升广东右布政使,次年十一月转左布政使,十一年(1516)卒于官。惠州民思之,勒碑颂其德。擅书法,博通经史。著有《雪筠集》。正德六年(1511)刊刻宋方大琮撰《宋宝章阁直学士忠惠铁庵方公文集》四十五卷。

天顺六年(1462),周坦不幸去世,年49岁;天顺八年(1464),英宗朱祁镇崩于乾清宫,时年38岁。一位是教官,另一位则是皇帝,地位相差悬殊,然则相隔两年,皆撒手沉身,英年早逝,令人惊叹唏嘘。天欲薄其福、劳其形、厄其遇,无论是旷代天子,还是黎民百姓,都得放下矜持,舍下繁华,抛下性命,此论理,亦论命,无关贫富,没有尊卑。

〔注 释〕

① 民国《莆田县志》中作"周正隆"。

②《闽书》中作"草场"。

③ 参见《方简肃文集》卷六。

④《莆田市志》《城厢区志》均作"1454—1528",现生年为《明代科举与文学编年》中进士履历,卒年按《明实录·世宗实录》授尚书时间。

⑤ 陈茂烈,字时周,弘治(1488—1505)进士,吉安推官,入为监察御史,乞归,著有《乞恩终养疏》《奉见素林公疏》等。

明代

方 逵

任宁波知府,重建尊经阁,重修灵桥,校刻《宁波郡志》

尊经阁、灵桥、《宁波郡志》……这些与宁波密切相关的事物,与一位莆田人密切相连,他就是明成化二年(1466)任宁波知府的方逵。

据《宁波府志》载:方逵,莆田人,进士,(明)成化二年(1466)任宁波府知府。又据《广西通志》《明代科举与文学编年》《宁波通史》《宁波市志外编》《天一阁明州碑林集录》《明实录》《广西史料摘录》《莆田市名人志》等载:

方逵(1427—？),字景由[①]。莆田白杜(今荔城区西天尾镇溪白村)人。曾祖方回,祖父方复,父方智,母林氏,兄方述。宣德二年(1427)十二月初一生。登景泰四年(1453)福建乡试许评榜第64名举人,礼部会试第226名,景泰五年(1454)孙贤榜三甲第20名进士。任大理评事,成化二年(1466)任宁波知府,校正刊刻《宁波郡志》[②]。后调任湖广宝庆府知府。成化十七年(1481),任广西布政司左参政。天顺四年(1460),金事包瑛在白杜为甲戌科进士方逵立"进士坊"。

方逵之兄方述,字景绍,登正统三年(1438)福建乡试林侨榜举人。正统(1436—1449)年间任潮州府(今属广东)清军[③]同知。景泰五年(1454),知府张澜在白杜为乡贡进士方述及其弟逵立"双桂坊"。

元明清

方逵任宁波知府碰到的第一件大事，就是"成化二年（1466），倭寇伪称入贡袭破大嵩所城"。宁波位于倭夷常年入贡登岸之处，而明代浙江沿海有六府，即嘉兴、杭州、宁波、绍兴、台州、温州，尤以"浙东四府"宁波、绍兴、台州、温州为要，其中宁波府因"控海据山，为浙东之门户"，故浙东有难，必先宁波。《殊域周咨录》载，"成化二年（1466），伪称入贡，寇大嵩诸处。官兵因潮落，夜围其舟。寇设诈，以灯悬于篙尾，卓之沙上。官兵望见，以为樯灯，达曙不移。比晓，舟已乘潮遁去。台阁大臣俱坐失机，获罪"。

大嵩所城位于今鄞州区瞻岐镇东城和西城村，其设防始于宋代。明初建立所城后，便为宁波府和鄞县双重派出机构。所城屯守千户，按军事城堡营建，普通百姓遇战皆兵。所城虽不能与宁波府城相比，但据传也有"十庙九庵七十二井"等格局，军械局、大小教场、环城遛马道、旱门水门等一应俱全。就是这样的一座古代军事城堡，在正统四年（1439）就曾被倭寇驾船40余艘攻破，之后倭寇转陷昌国卫城，"所至积骸如陵"。事后，备倭诸官被判刑者36人，唯爵溪所官员以擒俘倭首得免。

在纷繁复杂的环境下做事，方逵左手执文右手执武，尤其在文化方面，对宁波做出了巨大的贡献。

人们熟知的尊经阁，是方逵留给今人的一件建筑大作。其原为明州州学、庆元府府学、庆元路路学、宁波府学（孔庙）之藏书楼，先后多次易名，然尊经阁之名沿用时间最长，后该建筑从宁波府学移建至宁波天一阁博物馆。《天一阁明州碑林集录》载明代黄润玉《宁波府儒学尊经阁记》：

道在天人，历方世犹一日，而主化远迩，则学政之隆替系焉……天启皇明，统一海宇，远宗尧舜，治教并隆，两京宏开太学，而郡县之学满天下，沿边军卫复立师增置儒学，法制大备，斯道大明，济济乎贤才之盛，上肩虞周，洋洋乎德化之行，下被蛮貊，诚圣朝万万年鸿图明效也。吾四明为浙东大郡，山川毓秀，文献传芳，有司祗承明诏，学政修举愈久愈隆。成化二年（1466）夏四月，莆阳方公（方逵）由大理评事来守吾邦，时和岁稔，政举民安，悉谂同寅，节费捐俸，而大修郡学。始自礼殿，公率先撙藻井以承尘，次而两庑。二守罗琐窗而障曝。由是僚属、庶民咸乐趋事，而讲堂、四斋、膳庖、库庚、门

垣、廨舍，循循修葺。甫完，适佥宪吴公璘巡历诣学，钦睹圣朝御制经书，洎《五经四书》《性理大全》诸集颁赐在学者，宜置高爽以尽尊崇之礼，且以绝尘蠹之虞。二公协议允惬，众情谨度也。讲堂之北建四阿重屋……肇工于是年秋九月，讫工于今年春三月。受檄程督，则鄞县尹刘侯升也。斯役也，实皆前政所未举，端启邦人之具瞻，固宜明吾道，昭成绩以告来者。抑稽虞、夏、商、周四代之学，皆所以明人伦也。然人之伦不越乎君臣、父子、长幼、夫妇、朋友之五常。人之生均禀夫天之五行，以具五性。性寓于气而发为喜怒哀乐之情，是性即天之理，情即天之气，而天下人人所同得者，故曰大夫、曰达道……是则王化所施，必自学政始，公之斯举，其得政之所先欤。

方逵有《喜尊经阁新成》诗：

  新成邃阁凌云汉，架插青编剩五车。
  复道绮疏通霁月，回檐丽藻散晴霞。
  九经文字尊千古，四海车书混一家。
  尽启八窗穷圣学，江山风物总光华。

方逵为宁波留下的另一件文化盛事，当数接替张瓒命人刊布《宁波郡志》。成化四年（1468）浙江按察司副使刘钘，曾为方逵相继校正刊刻的明成化《宁波郡志》作序：

宁波古甬东地，秦汉属会稽郡，唐为明州，以境内有四明山故名。其地滨海、枕山、臂江，人物、财赋，自昔为列郡之冠，而宦业科第于今为尤显焉。历代所修及儒者所述，若志若记之类，虽各有所明，然得此而遗彼，或循讹而泯实，无完书以考见一郡事物之全。至宋尚书王公应麟、元学士袁公桷相继纂修，稍为详悉，然亦多散亡遗佚。而袁之后，迄今又几二百年未有续者，诚政之缺也。天顺（1457—1464）间，孝感张公瓒（张瓒，宁波知府）来守是邦，政行民悦，百废俱举，实切留意于此，询诸郡人，知前司安成训杨先生实，学博才赡，足以任笔削之寄也。乃馆之于公，授以前志，俾重加修辑。先生斟酌旧典，采摭新闻，芟繁而取要，因略以致详，自沿革至集古，列之为二十考，总之为十卷。于是郡中事物，古今巨细，记载无遗，一检阅之，顷可尽得之。张公命工锓梓，及半，而有广东参藩之擢。莆田方公逵（方逵），自廷评来继其职,德以爱民而才称其德,尤以是志为当务,乃重加校正而督成之,以余有同年之好,书来请为序。夫夏有禹贡,周有职方,春秋列国各有史官掌记时事。至秦郡县天下,历汉、晋、隋、唐以来,而郡邑多有志矣。然岂易为哉!盖文献不足,则采择不备,去取不精,无以取信于世。非为政得人,则信道不笃,见义不为,不能图传于后。今宁波之志,前有王、袁二公作之,后有杨先生述之,而灿然以明,惟张公克勤厥始,惟方公克成厥终,而确然以传信,所谓文献足征、而人存政举也。后之人获睹一郡成书,以资其见闻,充其知识,又取前修之成宪,以为治身守官之法,则是书于政教岂小补哉,故不辞而为序云。

此外,方逵还扩建百姓游玩与休憩的场所,修鼓角楼,增筑养济院居舍等,足见方逵平生之所学与所求。

古人尊老爱老情怀不衰,早在春秋时期,就有"老有加惠"之说(《春秋左传》),"老幼孤独不得其所"是"大乱之道"(《礼记正义》),因此历朝注重养成对老年人体恤有加之风气并形成制度。始自唐朝的悲田院,后历各朝,虽凤毛麟角,但风气可嘉。如唐玄宗开元(713—741)初年长安的养病院,收养贫病无依靠的老年乞丐,有专人负责,由佛教寺院主持,其实质就是养老院的滥觞。到了北宋,先是汴京有东、西两个福田院,后宋英宗下令增设南、北福田院,四院可容纳约300人。元世祖至元八年(1271)则下令各路设立济众院,收留鳏寡孤独残疾不能自养的人,给口粮,另给柴薪。明朝则有收养孤老的法律,《明律·户律》规定:"凡鳏寡孤独及笃疾之人,贫穷无亲依靠,不能自存,所在官私应收养而不收养者,杖六十;若应给衣粮,而官吏克减者,以监守自盗论。"此或与朱元璋年轻时当过游方僧,倍尝穷苦滋味有关,于是他强调:"吾昔在民间,目睹鳏寡孤独、饥寒困踬之徒,心常恻然。"并多次下令设立养济院,给贫民衣食房屋,要求官员认真办理。

方逵增筑的养济院,具体所建的居舍有多大,所养济的贫困老人数量多少等等,如今已无从知晓,但这种举措在社会救济方面是一种进步,使社会从道义方面的声援到不时的赈济直至进入有组织的赡养,这种把福利事业制度化的举措,是社会进步的一大表现。

方逵也与风雨千载的宁波灵桥关系密切。明代学者黄润玉在《莆田方公(方逵)重修浮梁记》中,全面传递了相关信息:

四明为郡,本古诸侯董子封国,三垂际海,独西括四明山,联结会稽之余姚二境。山有泉,一出虞之七里滩而为姚江,一出郡之钟村,合奉川而为甬江。两江中环郡境,至所谓三江口,会流东入于海。昔秦郡会稽,邑董为鄞,因易甬江名鄞江。唐武德初置鄞州,开元间改曰明州,治在鄮山。长庆元年(821),刺史韩察移城于三江口之西。三年(823),刺史应彪始造十有六舟,为梁于鄞江东津,是日云中虹见津上,表名曰灵桥,就额东城门以志异。唐末,盗起梁坏,刺史黄晟重建。宋元以来,屡坏屡修。嘉定(1208—1224)中,摄守程覃尝拨钱五千缗,置库及田,取息备修葺。元季,田归于官。国朝洪武二十七年(1394),增船二只,佥民七十二户,守而葺之。正统(1436—1449)间,郡守陆公奇大葺梁具,旁施铁缅。近年风涛间作,舟梁浸坏。成化改元之明年,朝廷举贤刺郡,大理方公(方逵)来守吾邦,时和岁丰,百废俱举,乃撙节(节约)冗费,尽撤浮梁(灵桥)腐材,重以杉木造二十舟,丹涂舟首,以压水怪,垩墁(用白土涂刷)舟腹,以御水虿(虿虫),方之而构,以编栈箱,以亘栏乃联之,贯铁缏于东西岸之石橛。复窍两石肘岸旁,并岸之栈,施转轴贯肘,随潮汐纵缩轩轾④之。卜吉,将比梁,郡父老合言于鄞县大尹刘侯,愿纪成绩,诏后人,期必绳绳修葺,俾勿坏,且以著落成岁月也。刘受其言,具前绩告予图之。予谓东津之东,卫司演武场所在,浮梁实据一郡要冲。凡沿海九卫所,守隘十巡司,课盐三十一场,分洎七乡,齐民数万余家,不惟往来人马辐辏梭纬⑤,而邮递声息,上下文檄,昼夜不绝,镇帅所部,演武卒伍,寒暑不停,是诚一日不可废浮梁也。或者方舟一被潮飓冲激解去,必需扁舟横流渡之,人畜杂沓,常罹覆溺之患。今公斯举,规制宏大,木材坚贞,出于前人计虑之表,俾守津者省繁扰之费,渡津者宽覆溺之忧,此见公以不忍人之心,行不忍人之政也。《春秋》常事不书。是役也,非天根见水涸成梁之义,较之惠而不知为政,白宜书之。侯公三载政成,凡惠民之事,固不容以一再书,故记此以为之兆。是岁冬仲月三日,挥使刘公鉴与诸司僚属既举酒落成,庸勤石镌文,以告来者。公名逵(方逵),字景由,世家闽之莆田,登甲戌进士第,历官大理评事。若夫郡庠(府学)创尊经阁,广游息之居,修鼓角楼,增筑养济院居舍,各有梓匠落成岁月在。

黄润玉(1389—1477),字孟清,号南山,鄞县人。永乐十八年(1420)顺天举人,授建昌府学训导。宣德(1426—1435)中,荐擢交趾道监察御史,历广西提学佥事、湖广巡抚,谪含山知县,致仕。有《海涵万象录》《南山黄先生家传集》。据《青史留痕》载钱茂伟《明代黄润玉家庭与学术研究》一文介绍:黄润玉乃黄晟之后裔,世家鄞县东部鄞塘乡干里(今鄞州区姜山镇),家住缸井巷⑥,即今宁波市海曙区大来街。其为人低调,独立起家。永乐元年(1403),因"被佥闾右,实京甸"事件,父子俩去首都南京"赴诉",败诉后15岁的黄润玉主动要求代父行实京甸之事,并因此感动地方官,逾年,允其代行。永乐十八年(1420)八月,时年32岁的黄润玉参加顺天府乡试,擢《礼记》魁,然在永乐二十二年(1424)二月参加会试时却落选,其应试之路并不顺畅。其出任的第一个官职是学官,宣德三年(1428)任南昌府学训导,此后诗阔词长,感慨系之。其卒于成化十三年(1477)五月,享年89岁。他一生关心宁波地方士大夫的科举与出仕,关注社会生活,为名人写序作传,与地方官交往密切。成化二年(1466)四月,方逵就任宁波知府,重修东津浮桥,他便作有《四明重建鄞江东津浮桥惠政记》。

有关灵桥的记载,乾道《四明图经》卷二《鄞县·鄞江跨江浮桥》有:"在县东南二里,旧曰'灵现桥',亦曰'灵建桥'。唐长庆三年(823)刺史应彪建。"应彪(一说殷彪,因避弘殷讳而改为应彪),自长庆三年(823)至宝历元年(825)九月七日任明州刺史,卒于任上。应彪所建之桥,初名灵现桥、灵建桥,后称东津浮桥,原先较为简陋,凡十余舟,亘板其上,长五十五丈,阔一丈四尺,初置于东渡门外,因江阔水急,不克成,遂移至灵桥门外。桥建成后,时有损坏,好在不同朝代亦有贤达人士不断修建修缮,遂有今状。

前面的赞美,都是背后的操劳。其实人生的价值坐标,往往取决于一个人的实际行动。负重远行,行则笃敬,敬则人敬之,方逵是也。

〔注　释〕

①《宁波市志》记明代宁波知府方逵,字士由。

②一些志书、史料作《宁波府志》,误。

③明代的清军,亦称清戎,是统治者为巩固封建统治基础,维护建立在世袭军籍上的卫所兵制,防范、解决军伍空虚和军籍管理淆乱,对军伍实行清理、勾补,旨在确保有兵可用的一项大政要务。

④纵缩轩轾,指高低轻重。

⑤福辏梭纬,形容人或物像车辐集中于车毂一样集聚。

⑥也作"家井巷"。

明代

马思聪

绝食六日,宁死不屈,曾任象山知县,父子双忠

在福建省莆田市城厢区华亭镇西许村汤亭山,有一座始建于明代的陵墓,其依山而建,坐东向西,为斜坡对称式,有南北两座碑亭,陵墓建筑面积约600平方米,其中陵墓面阔约15米,进深约40米。台基共三层,台基主体皆为砖壁,传多为明代之物。陵墓后侧为半弧形,墓后方砖壁中嵌有石碑,上书"明马思聪陵墓",乃文物保护单位。

据《宁波府志》等所载,被称为铁血义士的马思聪,是明弘治十八年(1505)进士,历任浙江宁波象山县知县、江西萍乡县知县,后迁南京户部主事,督粮江西,驻扎安仁。他在任期间,在象山去奸恶,兴水利,复修二十六渠,灌溉农田万顷;在萍乡,曾平定流寇刘六之乱;任南京户部主事时,曾前往江西督粮,在安仁驻扎,因宁王朱宸濠谋反被扣押下狱,绝食六日,宁死不屈,朝廷赠光禄少卿,配享旌忠祠,入祀莆田乡贤祠。

综合《明实录·武宗实录》《明史》《闽书》《兰陔诗话》《柳湄诗传》《象山县志》《中华古文献大辞典·文学卷》《明代科举与文学编年》《莆田市名人志》等所载:

马思聪(1470—1519[①],字懋闻,号翠峰。莆田县黄石塘尾(今荔城区黄石镇)人[②]。曾祖父马贵孙,祖父马壹,父马纯二,母方氏,弟马思温、思忠,

娶郑氏，子马明衡。明代书法家。成化六年（1470）二月十六日生，行三。弘治十四年（1501）福建乡试第65名，礼部会试第134名，弘治十八年（1505）顾鼎臣榜三甲第32名进士。少负隽才，豁达多识，为人持重有气节。正德元年（1506）任象山县（今属宁波）知县，初莅任，去奸恶，兴水利，复二十六渠，溉田万顷，政绩有声，邑人德之。未三载，丁忧归莆守制，宦囊（做官所得财物）如洗。服除，补萍乡县（今属江西）知县，去流寇刘六③之变，调画战守之法甚备。迁南京户部主事，督粮江西，驻扎安仁，去宁王（朱）宸濠邸约三百里。正德十四年（1519），（朱）宸濠生辰将至时，或劝第裁书（写信）为贺，可无行。其曰："（朱）宸濠反有状矣。吾往非为贺也，至彼伺其动静，亟以奏闻，亦一羽翼耳。"六月，（朱）宸濠生辰之宴，翼旦（次日早上）入谢，度必有变，语厨人（厨师）曰："我倘不出，置勅高处。"厨人不解，姑如所示。及入，（朱）宸濠出反言，都御史孙燧、副使许逵皆遇害，谓（马）思聪部郎耳，不能有所指麾（发号施令），被执下狱。（马）思聪与参议黄宏并发愤不食，去之六日死。（朱）宸濠败，与（孙）燧、（许）逵并赐庙祀，予额曰"旌忠"。世宗立，嘉靖九年（1530）十二月赠光禄少卿，并配享旌忠祠。入祀莆田乡贤祠。人称闽中有马氏学，自（马）明衡始。与其子（马）明衡合著有《马忠节父子合集》存世④。子马明衡建言，廷杖，削籍。马氏父子以忠君节烈著称，其诗文词练调雅，风烈慷慨，时称父子双忠。

明正德元年（1506）任象山县知县的马思聪，后调任南京户部主事，曾前往江西督粮，在安仁驻扎，此地离宁王朱宸濠官邸约三百里。朱宸濠乃明朝宗室，明朝第四代宁王，亦是最后一代宁王。时朱宸濠蠢蠢欲叛，遂于生辰之日宴请各守土抚、按及公差部属，并都、布、按三司各官，趁第二天早晨诸官进府谢酒时，命士兵包围之，宣称"奉太后密旨起兵入朝"，史称"宸濠之乱"。巡抚孙燧、按司副使许逵不从，当即被缚并斩于市。同时拘捕的还有其他各官，皆被关进监狱。马思聪赴宴刚进府门，揣测有变数，当下就对厨师说："我倘不出，将敕（诏令）藏于高处。"厨师未解其意，姑如所示为之。到了府内，朱宸濠怒其不从，被执系狱，他与参议黄宏，患难与共，坚贞不屈，绝食六天，以身殉节。

马思聪之子马明衡扶柩归返莆田时,邑人感其德政,建"忠节祠"祀之。

马明衡(1491—1557),字子莘,又字师山。据《明史》《武夷山志》《闽书》《四库大辞典·上》《兰陔诗话》《柳湄诗传》《中华古文献大辞典·文学卷》《中国文学编年史明中期卷》等所载,马明衡乃明代书法家、经学家,正德八年(1513)福建乡试张岳榜举人,正德九年(1514)唐皋榜三甲第105名进士。任太常博士,后受业于王守仁(王阳明),人称闽中有王氏学自此始。正德年间(1506—1521)在黄石创办"明衡学馆"。嘉靖(1522—1566)初授湖广道监察御史。嘉靖三年(1524),因与朱淛⑤等上疏谏言帝隆大礼于所生而辍成典于昭望,情文相违,逸言易生,适以开两宫之隙而滋臣民之疑,嘉靖帝大怒,俱获罪诏狱,幸得内阁大臣蒋冕力谏免死,被除名为民。时侍郎何孟春、御史萧一中论救,均不被听从。御史陈逅、季本,员外郎林应骢⑥继续上谏,世宗更怒,一并将数人下诏狱并谪边。此后廷臣虽多有论荐,但马明衡始终未被召用。马明衡归乡之后,居家三十余年,以读书著述为事,时与莆田籍官员朱淛、王凤灵、顾阳和、林大辂、林云同等相从相应,稍有空闲则外出游览山水,抚景抒怀。嘉靖三十六年(1557)二月十四日,其卒于家,享年六十有七,卒后入祀莆田乡贤祠。著有《尚书疑义》六卷、《礼记集解》、《春秋见存》、《周礼通义》等书,《尚书疑义》收入《四库全书总目提要》卷十二,其余著作均已散佚。

马明衡撰有《南洋水利碑》,碑立黄石塘头。其《初春即事》诗云:"疏谬自甘明主弃,孤狂宁受世人怜。"其志高洁,其德致远,俱才、学、识三长。著《薜荔园集》的佘翔称其诗"如黄金在镕,芒采百道,目瞬不得正视"。据称马明衡的《尚书疑义》,除四库采宁波范懋柱家天一阁藏本之外未见他本。《武夷山志》则载称武夷山大藏峰有"师山道人马明衡奏清乐于此"摩崖石刻,时马明衡曾面对恶境,遥远的是路途,不变的是心意,途经武夷山时,在悬棺岩下奏清乐,以抒恢宏。

马明衡曾受业于王阳明,并与之结下深厚情谊。嘉靖六年(1527),王阳明连得弟子马明衡所寄书信,于是有了《与马子莘·丁亥》之复信:

连得所寄书,诚慰倾渴!谛观来书,其字画文采皆有加于畴昔(往昔),根

本盛而枝叶茂，理固宜然。然草木之花，千叶者无实，其花繁者，其实鲜矣。迩来（近来）子莘之志，得无微有所溺乎？是亦不可以不省也！良知之说，往时亦尝备讲，不审迩来能益莹彻否？明道云："吾学虽有所受，然天理二字，却是自家体认出来。"良知即是天理。体认者，实有诸己之谓耳。非若世之想像讲说者之为也。近时同志，莫不知以良知为说，然亦未见有能实体认之者，是以尚未免于疑惑。盖有谓良知不足以尽天下之理，而必假于穷索以增益之者，又以为徒致良知未必能合于天理，须以良知讲求其所谓天理者，而执之以为一定之则，然后可以率由而无弊。是其为说，非实加体认之功而真有以见夫良知者，则亦莫能辩其言之似是而非也。莆中故多贤，国英（陈杰）及志道（林达）⑦二三同志之外，相与切磋砥砺者，亦复几人？良知之外，更无知；致知之外，更无学。外良知以求知者，邪妄之知矣；外致知以为学者，异端之学矣。道丧千载，良知之学久为赘疣，今之友朋知以此事日相讲求者，殆空谷之足音欤！想念虽切，无因面会一罄此怀，临书悒悒！不尽。

与宁波有缘的马氏父子，无论相隔千山万水，依然随缘任运，物随缘走；如此卫国忠良，自然会吸引志趣相投的朋友，缘此之故，让人充满敬畏。

〔注　释〕

①《中华古文献大辞典·文学卷》中作1462年出生，《明代科举与文学编年》中作1470年出生。《闽大记》中作"马总聪"。

②《城厢区志》中称"马巷人"。

③农民起义军将领之一，名宠，因排行第六，故称。

④《马忠节父子合集》，明万历十年（1582）成书，今存为光绪二十四年（1898）莆田刘尚文（字淡斋）刻本。

⑤朱浙，字必东，官御史。与马明衡上疏争慈寿太后朝贺礼，下狱，廷杖，放弃终身。明代文学家、书法家，嘉靖二年（1523）姚涞榜二甲第48名进士，次年授湖广道监察御史。著有《天马山房遗稿》八卷。《四库全书》著录，谓其"潇洒和平，无愤怨意"。所撰《与吴太守论南洋水利书》《山寇海寇防议》等，学博识深，意特语奇。纪晓岚称其"纯臣"，"不以泽畔行吟置国事

于度外",无愧也。

⑥《闽大志》作"林应騘",另有部分志书作"林应聪"。

⑦正德九年(1514)五月至正德十一年(1516)八月,王阳明任南京鸿胪寺卿期间,马明衡、林达、陈杰等同聚王阳明师门,虚心问学。

明代

林富　林万潮

父子皆任职宁波,折减广德湖额赋等政绩卓然

清《宁波府志》载:

林富,字守仁[①],莆田人,进士,正德七年(1512)知府(宁波府)事,治事缜密,拯卹民隐(援助救济民众痛苦),广德湖田课额(赋税金额)繁重,儒士杨钦累奏湖田五隅,定减额赋二万八千余石,乞如花屿湖全折之例未有成,命林富力主其议,卒得所请,五隅民立生祠祀焉。

民国《福建通志》也载:

(林)富与叔父(林)塾同举进士,授大理评事……(刘)瑾诛,起袁州(今属江西宜春)同知,擢宁波知府……郡西广德湖自宋为官田,输租特重,既而租调并征,民不堪命。儒生杨钦累奏:"湖田五隅,定减额赋二万八千余石,乞如花屿湖全折。"下所司(主管官吏)辄格(格挡)。(林)富至,力主其议,卒得请,五隅之民祠祀焉。

《福建名人词典》所载更详,正德五年(1510),刘瑾诛,起林富为袁州同知,擢宁波知府。任上,为郡西广德湖田减赋,当地百姓为立生祠祀之。调处州,曾奉命镇压当地农民起义。嘉靖元年(1522),擢广西参政。二年(1523),以政绩卓异升广东右布政使,以寺田充学田,建书院,给学膳,又修筑南海卫城,创设大埔县。五年(1526),改广西,协助总督两广军务王守仁

镇压思恩、田州等地少数民族起义。七年（1528），以兵部右侍郎兼右佥都御史巡抚两广。八年（1529），诏命开采广东珠池（今属广东汕头），所司督责甚急，他上疏谏重开珠池恐激起民变，遂罢采。九年（1530），疏请允许佛郎机（今西班牙）商船抵达广州贸易。同时亦多次镇压农（渔）民起义。十年（1531），阁臣方献夫家人怙势强夺民产，他依法治之，被诬落职。

广德湖原址位于宁波西四明山麓附近，原为海的潟湖，汉晋前就已存在，当时的广德湖"广袤数万顷"，面积比宁波的东钱湖要大三倍，周边粮田连绵。唐大历八年（773），鄞县县令储仙舟加修治之，命名"广德湖"。因其淤泥较厚，易辟为田，故历代皆有废湖与兴湖之争。北宋至道二年（996），明州知州邱崇元告谕宋太宗下诏禁止废湖为田。政和七年（1117），明州知府楼异奏准朝廷将广德湖开垦为田，"废莺脰湖为田，可益赋四万石"，浩渺的广德湖从此逐渐消失。因广德湖历史悠久，古代文人墨客曾在广德湖留下了不少名篇佳作，如宋代曾巩的《广德湖记》等。

综合《明实录·穆宗实录》《闽书》《四库大辞典·上》《天一阁明州碑林集录》《梧州市志》《丽水地区人物志》《明代中央文官制度与文学》《莆田市名人志》等所载：

林富（1475—1540）[②]，字守仁，一字年富。莆田城关赤柱巷（今荔城区镇海街道英龙社区赤柱巷）人。曾祖林潜夫，祖林弥宣，父林垠，叔林塾，同年进士；前母郑氏，母方氏，弟林见、林闻，子林万潮。成化十一年（1475）十月二十五日生，行一。弘治十一年（1498）福建乡试第30名举人，礼部会试第242名，弘治十五年（1502）康海榜三甲第196名进士。明书画家，工山水。为人执法严明，刚直不阿，饱读诗书，才华横溢，擅写奏疏。授大理寺评事。正德（1506—1521）初，宦官刘瑾当权，有台臣子请恤典（帝王对臣属规定的丧葬善后礼式），刘瑾下之狱，欲法司重绳之，（林）富执不从，并下狱，庭杖三十，谪潮阳县丞。正德五年正月，然（刘）瑾憾未释，随以大理事文致，罢其官，仍罚米百石。刘瑾诛，起袁州府同知。正德七年（1512）升任宁波知府。增海防建设，募乡兵，煞住摊派风。廉明能恪，吏民畏怀。市舶司官兵横行霸市，掠夺民绢，当机立断，逮捕法办，绳之以法。不徇私情，改革税制，郡西广德湖流域自宋以来被划为官田，科额繁重，力主钦议，请得将其归为民田，折减赋税，为民减负，政绩卓然。丁外艰，离任时，百姓在白鹤山③盖祠庙祀之。服阕，补处州知府，正德十二年（1517）以浙江孝丰讨叛功赏银。嘉靖改元（1522）升任广西右参政。

林富修伟持达，言议英发，为官清廉，常解人之难，为民办实事，有古豪杰之风，且以治行卓异旌升浙江按察司按察使。嘉靖二年（1523），再升广东布政司右布政使。他不仅兴义学，教天下，多有善政，还修筑南海卫城，增强南疆海防建设。其又能威恩兼施，分化瓦解敌人，最终促使卢苏率众七万降朝。为巩固统一，林富曾对"改土归流"政策具体化，建议上司田州宜流官，即由明朝政府委人担任；田州土官（土司），必不可废，但稍贬降，分其权，做到"上不失朝廷大体，下不失夷人心"，使之两全其美。转四川左布政使后，于嘉靖七年（1528）二月又连升都察院右副都御史，抚治郧阳等地。嘉靖八年（1529）正月，王阳明卒，其以兵部右侍郎兼右佥都御史代为巡抚两广提督军务，平息了广州、会宁等地叛乱。其又上六事疏，为会稳定后出谋献策，得到采纳。后因与御史存异议，故多次上疏，乞休。《闽大记》载其在出任两广巡抚期间，写了《乞罢采珠疏》和《乞罢看守珠池内官疏》两篇关于南海珍珠的奏疏，成为中国珍珠史上不可多得的珍贵史料。嘉靖十一年（1532）以母老身病致仕，归。在乡与郑岳等人结逸老会，时称"莆田九老会"，以吟咏为娱，又构小楼于东岩山上，称"东山精舍"，设坛宣讲王阳明学说④，培育孙子林兆恩，使其成为明儒学重要人物。

嘉靖十九年（1540）正月十四日，林富卒于家，年66岁。葬在莆田县华亭镇后角石门山，曾被毁，后依旧制修复，存"省吾"石坊额和石翁仲头部一个。有《奏议》二卷存世，著《省吾遗集》，参修《广西通志》等。

志载，宦官刘瑾骄纵跋扈，手握重权，在朝堂上兴风作浪，祸害官员。林富因违抗刘瑾，被罢官下狱，后又被降职并调到边远之地潮阳（今属广东汕头），再以大理狱事舞文弄法、致之于罪。林富初下诏狱时，与王守仁在桎梏间结为知己。林富免官归里后，仍被刘瑾所创的"罚米法"所罚，即按所谓犯罪轻重定罚米数量，定罚林富一百石。古代以十斗为一石，一石等于一百二十斤，百石米则相当于一万两千斤。后刘瑾利欲熏心，竟动了篡位之念，加上其专权导致的朝政混乱，以及各级官员无节制收受贿赂盘剥百姓严重激化了地方矛盾,终于在正德五年(1510)安化王叛乱后被抄了家,搜出金银数百万两、珍宝无数,还发现了印玺、玉带等物,并在刘瑾经常拿着的扇子中搜出两把匕首,武宗不得不治刘瑾谋反罪,将其凌迟处死。

出人意料的是,据《莆阳名臣谱》载称,林富守宁波任上之时,"旱已三年,(林富)步祷白雀山,甘霖大沛"。即使是在古代,这也算是个案,而从另一个侧面,则表现出他的神机妙算。

林富的父亲林垠(1451—1513),字本宽,以子林富封评事,赠兵部右侍郎。著有《槐庭集》。《兰陔诗话》云:"槐庭家乌石山下,植槐于庭,因自号,子孙相继登科。林见素尚书为作记,以比王景叔植槐事。诗如:'老鹤呼雏芳树下,黄牛引犊小溪南;桑麻短短阴连巷,花雨潇潇暗入池。'"

林富与叔父林塾同为弘治十五年(1502)康海榜进士。林塾,林弥宣之子,莆田县人。进士及第后,授顺天府推官,升南京考功郎中,出为浙江布政司参议。有评云:"持正廉介,不溷流俗,浙人称为菜林。"

《重刊兴化府志》《见素续集》《四库全书总目提要》《兰陔诗话》《明代科举与文学编年》等载:

林塾(1466—1519)⑤,字从学,号秋旦,一号石泉。曾祖林洪,祖林潜夫,父林弥宣,母洪氏,继母游氏,兄林堪、林垠,娶方氏,侄林富。明代书法家。成化二年(1466)七月十一日生,行三。弘治十四年(1501)福建乡试张燮榜第十七名,礼部会试第248名,弘治十五年(1502)康海榜三甲第178名进士。授顺天府推官,升南京户部署郎中,正德十一年(1516)十月出为浙江布政司右参议,为人端雅廉介,日市菜一把,浙人称为"菜林"。卒于官。著《拾遗书》一卷,尝录建文诸臣事迹,考前史失记者凡五十四人,故以"拾遗"名其书,文甚简略。另著有《石泉集》。

巧合的是,林富的儿子林万潮,亦曾授宁波府推官,花开两朵,各表一枝。据《闽书》《全闽诗话》《兴国县志》《中国书院辞典》《城厢文史资料》《兴化文献新编》载:

林万潮(1510—1547),字养晦,号石楼,明代书法家。正德五年(1510)正月二十四日生,行二。七岁时作《闻鼓诗》:"谁击堂前鼓,如闻出地雷。百

花犹未发，全仗数声催。"少喜古文词，里人重之。嘉靖十三年（1534）福建乡试杨子充榜第28名举人，礼部会试第215名，嘉靖十七年（1538）茅瓒榜三甲第25名进士。初授宁波府推官，其父曾任该府知府。决狱公平；诸所谳断，均能仁爱宽容处理。丁父忧，服阕，补赣州府（今属江西）推官。赣州为江西、广东通关，有专卖业税，万潮数辞不赴，以次当代，摄兴国县（今属江西）知县，谦冲周慎，不以喜怒加人，断狱务求其生，重建安湖书院，聚诸生课业其中。信丰大水，奉檄往赈，冒溽暑（盛夏），乘肩舆，泥行村坞中，计口给授，凡活数千人。嘉靖二十六年（1547）七月初二因酷暑暴卒于官，囊无一钱，江西赣州知府林功懋即亲自为其办理丧事。（林）万潮在江西时与唐顺之交游，结识罗洪先，及卒，（罗）洪先为作墓志铭。（林）万潮有奇思，奏记台使者，手自削牍，牍多古文词。其命掾作书通诸故人，随口占成，各有意致。所著有《赣州集》若干卷，诗如《送何君漠之大梁》："半山斜日含青靆，万里晴空度白云。一帆淮浦晴云细，三月黄河春水多。"皆佳句。

林富与林万潮父子，仕途虽然坎坷，却能同明相照。然则，凡人有能有不能，此谓人有其长，亦有所短，如受命镇压农（渔）民起义云云。此人之弊，亦人之过，不传于兹，或见于彼。

〔注 释〕

①林富，号省吾，曾受王阳明所重，委以兵事。王卒，代总督之任，讨平海寇，忤方献夫，罢归。有《省吾遗集》。

②《莆阳进士录》中有关林富生卒日期与其他志书记载相差10年。

③《桃源乡志》载，白鹤山在广德湖中，南与望春山对峙，为鄞邑之西小朵，山有八面，上有三塔，下有白鹤神祠，祀白鹤山神和历代治理广德湖有功之臣。

④林富任南京大理寺评事时，与王阳明均因忤权贵刘瑾而先后入狱，两人在狱中患难与共，时常一起谈学论道，曾作诗《狱中与王阳明讲〈易〉》，出狱后均得朝廷重用。

⑤《明清进士录》作"1479—1519"，《明代科举与文学编年》出生时间为1466年。

[明代]

杨大黍　莆田杨氏

任宁波府推官，调河源县知县

《宁波府志》载：杨大黍，莆田举人，（明）正德十六年（1521）任宁波府推官。《福建通志》《天一阁明州碑林集录》《杨氏族谱》等亦载：

杨大黍，生卒年不详，字子丰，号秋谷。莆田人。父杨日宗。弘治十七年（1504）福建乡试黄如金榜举人。官惠州府河源（今属广东）知县，正德十六年至嘉靖元年（1521—1522）任宁波府推官，后调河源县（今属广东）知县。

明正德十六年至嘉靖元年（1521—1522），是杨大黍任宁波府推官的全部时间，虽有点短，但也饱更事变。

宁波府的"府"，在明朝时全国设有一百多个，如浙江就有杭州府、温州府、嘉兴府、金华府、衢州府、严州府、湖州府、绍兴府、处州府、台州府、宁波府等，且以税粮多寡划分为上府、中府和下府，每府各设一名推官，作为各府的副职官员，而两京所在的顺天府或应天府，则被视为特等府，从六品，待遇从优。宁波与其余各府类同，为正七品。推官，以掌理刑名刑狱为主。至于推官的别称，则有推府、豸史、司李，若与知县并列，则称为推知。

杨大黍任职宁波推官之时，遇到"宁海县民间谣传采童男童女，一时嫁娶殆尽"等事件。宁海距宁波城较近，时谣传四起，蛊惑得人心伤益甚，一时无问大小长幼，不择良莠贵贱，不分贫富美丑，皆以得偶为大幸，就连士夫诗

礼之家亦不能免,这样的婚姻必然带来许多后遗症,抛妻弃子的有之、报官诉冤的有之、自决求解的有之,最终导致许多家庭分崩离析,社会上人心惶惶,推官面临的工作压力可想而知。

不仅如此,在杨大栾调离数月后的嘉靖二年(1523),宁波又发生了一件大事,史称"争贡事件",时给事中夏言上疏谓"倭患起于市舶",明廷遂罢宁波、泉州、广州市舶司,嗣后不通"勘合贸易"长达十七年之久;次年,又突发"鄞县有盗贼以药迷人儿女贩卖者,知县刘宗仁捕获杖死十余人,盗息"等事件,表面看似太平的宁波,实则暗潮涌动。

然而杨大栾在宁波期间的资料记载却很少,是故,向与之亲近者寻源讨本,先以莆田杨氏裒举之。

据了解,莆田杨氏一族从唐代的杨在尧到清代的杨瑞凤,共有19名进士;而莆田杨氏在明清时代,亦有举人28名,其中文举人20名、武举人8名。

又据《重刊兴化府志》《福建通志》《杨氏族谱》等所载,杨大栾的父亲杨曰宗,生卒年不详,字汝敬,一字汝庆,号淡香。莆田洋城(今荔城区新度镇阳城村)人,杨瓒①从侄。弘治五年(1492)福建乡试林文迪榜举人,官河南许州学正,迁吉府长史,进阶奉政大夫。弘治八年(1495),御史王哲在洋埕为杨曰宗及其弟(杨)凤②立"丛桂坊"。

有关杨瓒,莆田文化网是这样介绍的:杨瓒,字宗器,别号缜庵,明景泰元年(1450)乡试举人,天顺元年(1457)再试,登黎淳榜进士第。初授吏部考功司主事,时冢宰(吏部尚书)王公翱性最烈,层僚多曲意容取,唯独杨瓒公正自持,考课不苟。进本司员外郎、郎中,乃建"岁寒亭"于公署之后,自为记以寓晚节。杨瓒历官中外凡三十年,皆居要地,归之日,囊无厚货,田不增亩,敝庐不蔽风雨,则略修葺之,与寒士之居无异。杨瓒子杨黻,字汝介,亦于明成化十年(1474)乡试考取举人。杨瓒致仕后杜门谢客,与乡邻故老结慕洛会,诗酒之乐,和而有节。著有《岁寒亭集》。卒年七十七岁。门人时任侍郎郑纪③为其撰墓志铭。《兰陔诗话》云:宗器历官清要,所居不蔽风雨,志节可概见矣。《柳湄诗传》云:(杨)瓒居官贫而廉,其诗不足传。唯《题顾孝子雍竹居》云:"半点尘埃无地着,一生节操迫人寒。"盖自况也。天顺四年

(1460),知府潘本愚④在洋埕为杨瓒立"进士坊",后改匾曰"考功第"⑤。

为杨瓒撰写墓志铭的莆田人郑纪,少时家贫,好学,曾寄居寺院读书⑥,文辞娴熟,思想深切,见解独特,贯通经史。成化元年(1465)宪宗登极,其上《太平十策》奏疏,劝谏"远奸邪,任忠良,恤民命,兴礼教",辞旨醇正,但未被采纳。丁父忧服阕后无意为官,遂隐居二十多年,居家兴学劝耕,募民植树道旁,倡建鹿鸣、步云、登瀛、朝天、臣龙等桥梁;以工代赈,助百姓度灾荒;提倡勤学、勤俭持家,反对荒嬉,力戒游惰,促使社会风气转变。其间还撰写《新里甲日录序》,对县、里官吏榨取百姓血汗钱的行径给予无情的揭露。弘治元年(1488)孝宗即位,奉旨复出,入侍经筵。适逢礼部会试,受命为考官,严正考风。后任浙江按察副使提督学校,令诸生兼读五经,正乐舞,行乡射,革浮屠,毁淫祠,除陋习,端世风。疏劝孝宗要"御经筵、近儒臣、论圣学,以正心为要"。弘治二年(1489)十月,转任国子祭酒。监规严正,师生凛然。再侍经筵,启迪尤多。因为官清正廉明,同官谓(郑)纪形其短,衔之,(郑)纪故以前辈自处,遇科道官不能折节为礼,因相与搪撼其事,论劾之。

弘治三年(1490)十一月,上以(郑)纪任未久,何遽有此,令条析以闻,以不协众论命调南京通政司左通政。时值山东饥荒,为救灾民,先发粮给灾民,后才上奏皇帝,并筹款籴还国库。奏请抄没太监罗兑家中大量不义之财,用以赈济灾民。并言救荒六事,多被采纳。弘治七年(1494)十一月,转任南京太常寺卿。武宗在东宫行冠礼,(郑)纪采古今帝王嘉言善行凡百条,各绘图作赞,名曰《圣功图表》,启以进;且言皇太子当近正人,闻正言,不可与儇薄内侍游。上优答之。又论古祭礼,天子九献,公卿降杀以两,今郊庙止三献;学校所以明人伦,而颜、曾、子思皆坐父上;孔子封于唐,非天王而用八佾,宜加帝号以称尊崇,或仍王祭以正名分;周公制礼作乐之大圣,不宜混于忠臣烈士,而褫其文宪王之封。并言道家绝夫妇之礼,优人乱男女之伦,今乃以之掌郊庙礼乐;各寺院及通衢多有异服之人涅槃说法,城隍庙、灵济宫,男妇无贵贱少长杂进焚谒,皆非所以兴礼乐、端风化。乃采古礼可行于今者,为申明礼制,疏上之。九年(1496)十一月,迁任南京户部右侍郎。时仙游县瘟疫、虎灾和军役为患,人口锐减,致书福建按察使并上疏朝廷,

获准免除仙游军户苛法,减免钱粮。户部侍郎任间,尤多建言,皆关钱谷大计,触犯同官利益,屡遭弹劾,其屡疏乞休,上屡不允⑥。弘治十七年(1504)闰四月,适南畿灾,陈救荒二事,以漕米权宜永兑,积出余米二十余万石赈济。又将月粮放支本色,以平米价,奏革京储冗食盐钞揽纳之弊,皆有惠利及人,再两遭劾。八月,再乞致仕,命升南京户部尚书给驿还乡。归乡后,又先后十九次上奏章,力倡修葺仙游县城墙,以加固城防。闲时,寄迹山水间,吟诗作文。后作《归田咨目》十条,严于自警,以身作则,兴利除弊,民皆德之。正德三年(1508)十一月,病终故里。卒之日,正襟端坐,占诗二律。寿七十有六。知县宋华在文贤里上郑为癸酉举人郑纪立"文英坊"。天顺五年(1461),知府潘本愚为郑纪立"进士坊",以示褒扬。

戏笔之语:大黍乃高大草本植物,日增一寸,顿觉改观;推官推诚布信,官阶不高,俗事难料,同样影响着家族与历史的走向。

〔注　释〕

①《仙游县志》载杨瓒天顺元年(1457)进士,赠尚书。莆田志无杨瓒名。《明进士题名录》作莆田人。

②杨凤,字汝瑞,杨日宗弟,明弘治八年(1495)乡试举人。

③郑纪,莆田人,天顺四年(1460)王一夔榜三甲第15名进士,授翰林庶吉士,六年(1462)九月改任翰林院检讨,后以亲老引疾请归,时年仅32岁。

④潘本愚(约1417—1467),字克明。广东惠州府博罗县人。景泰二年(1451)登进士。天顺元年(1457)由给事中任兴化府知府。岁旱,上疏陈述民情十二及奏请蠲减四成,民德之。补漳州,未半载卒,时年51岁。功业未竟,民咸惜之。

⑤杨瓒考功第坊在荔城区新度镇阳城村,《张琴志》载明天顺四年(1460),兴化知府潘本愚为杨瓒所立。杨瓒官历吏部考功司主事、员外郎、郎中、湖广、河南布政司左参政。

⑥《明实录·孝宗实录》载:弘治十五年(1502)十月,吏部通陈被劾大臣,其中郑纪被劾九次,位居第三。

明代

唐时雍　唐师锡

父子皆任职宁波，士范甚端，以淡泊率僚属

古代"一门多进士""兄弟三鼎甲""父子五翰林""父子宰相""兄弟尚书""同门三督抚""爷孙父子官"等现象并不罕见，但莆田人中，父子往外地且在同一地区为官，则较少见，唐氏父子亦然。据《闽书》《天一阁明州碑林集录》《福建通志》《莆田市名人志》等记载：

唐时雍，生卒年不详，字子协①。莆田人。父唐懋，弟唐时雨，子唐维城、唐师锡。嘉靖十年（1531）福建乡试陈让榜举人。历官泗上②教谕，士范甚端。迁望江县（今属安徽）知县，岁大祲（严重歉收，大饥荒），核庚粟（泛指粮库），出官俸以饷饥民。嘉靖二十六年（1547）转宁波府通判，魏一恭时为分臬，甚重之。以与开府相左，移彰德府（今属河南）。内艰服阕，补淮安府（今属江苏）通判，峻防严驭，不能仰俯上官，罢归。（唐）时雍仕虽不显，所至持风轨，系去思，孝友，谦退，名推乡族。《莆风清籁集》录其诗《九鲤湖》一首。

唐时雍在宁波任通判时，为了消灭陈思盼海盗团伙，还曾与明军把总张四维等去烈港（今浙江舟山定海金塘岛西北角沥港镇）与自号"净海王"的汪直（曾用名王直，号五峰船主）会面安抚，合谋作战。后汪直被俞大猷等围攻，突围之后逃至日本，勾结日本武士、商人等，一起对中国东南沿海进行疯狂劫掠。

由于年代久远，以及相关文献的缺失，对唐时雍出生和去世的时间等暂无确切的资料,即"生卒年不详"。不过志书也确载,唐时雍在明嘉靖二十六年(1547),从安徽的望江县调动到宁波府任通判,为官清白,品行端谨,堪称士子的典范和楷模。当时魏一恭任浙江按察副使,即古代管理一省司法的官员,分镇宁波,很器重唐时雍,唐亦得益于他。

史称莆田人魏一恭乃嘉靖己丑(1529)罗洪先榜进士,历温州推官、同知员外郎、广西提学、布政使,在官以廉介闻,卒于官。其曾在温州时上其师张璁《奉张相公座师书》,因张璁有侄在狱,魏一恭按论如律,张璁衔之,不能罪也。朱纨抚浙,欲劾之。

也就是说魏一恭在浙江任职时,不仅张璁嫉恨他,还有朱纨。事情的经过是这样的,身为督抚的朱纨欲在定海(今浙江舟山)岛上筑城,魏一恭以"疲民浩费"拒绝,朱纨因此大为不悦。在一次宴会中,定海县令向贵宾敬献礼品织金花纹丝绸等,高官们逐一笑纳,唯魏一恭却之不受,朱纨更加恼怒,于是借他事弹劾一恭进行打击报复,奏疏发出之后,御史斐绅劝朱纨说,魏一恭清廉有盛名,弹劾他于己不利,魏一恭因此逃过一劫。

再说任宁波府通判的唐时雍受到分镇宁波的魏一恭的器重,原本以为事业腾达只是时间问题,然则未曾料到的是,调任河南彰德府,即遭母丧,守丧期满除服,依例任命补缺江苏淮安府通判,仕途虽不显达,但任上仍然不愿阿谀奉承,曲意逢迎,秉公执法,处事严谨,故被有些人认为不合时宜,不识世态,最终命运掌控在权宠与逸夫手中,以免官归里告终。然其独有声名系去思,地方士民对其离去无比怀念,将这位对父母孝顺、对兄弟友爱、对朋友谦恭退让、具世外眼、不为流俗所沉的声名,早早传至客里家乡。

在唐时雍任宁波府通判三十四年后,其儿子唐师锡④也在宁波象山任知县。民国《象山县志》卷五《职官表》和卷二十一《名臣传》以及《闽书》载:

唐师锡,(明)万历九年(1581)任象山县(今属浙江)知县,莆田人,有传……唐师锡,字邦鲁,生卒年不详,莆田人。父唐时雍,兄唐维城。隆庆元年(1567)福建乡试张履祥榜举人,万历九年至十三年(1581—1585)任象山县知县。以澹泊率僚属,布衣蔬食,未尝取民束菜。胥掾畏其廉,皆奉法惟谨。尝坐堂皇⑤间,索杯茗不得,则以椒汤进⑥,笑而啜之。属岁俭(歉收),

邑多菜色（面黄肌瘦），督饷者（督饷侍郎）让以慢期。对曰："吾忍以敲朴（扑）残民命耶，宁坐催科政拙耳。"卒考下下，挂吏议去⑦。去之日，一橐萧然而已。宜归甚贫，授徒自给。有《希轩集》五卷存世。

因父亲唐时雍在任时士范甚端，峻防严驭，不仰不俯，操行坚正，趣味高达，儿子唐师锡也追随父辈，以不追逐名利为行基，操守严明，正色率下，不仅衣着朴素，且常以草菜为食，未曾捞取他人一菜一食，使官吏们既畏其严，又畏其廉，谨慎小心地奉行和遵守有关规定法令，故父子两人还是在宁波留下了一些值得一提的印记。

唐时雍的长子唐维城，亦非等闲之辈。据《闽书》《国朝献征录》《明人传记资料索引》、咸丰《青州府志》《明代科举与文学编年》《明清进士录》等所载：唐维城（1527—1575），字邦翰，号两峰。莆田人。曾祖父唐仁，祖父唐懋，父唐时雍，母王氏，继母杨氏，弟唐师锡、维宁、维聪、维明、维英、维世，娶郑氏。明代书法家，军籍，府学增广生，治《书经》。嘉靖四十年（1561）福建乡试赵秉忠榜第51名举人，礼部会试第308名，嘉靖四十四年（1565）范应期榜二甲第77名进士。授南京工部主事，主仪真税课。两典关课而无所染。榷芜湖，视度定税以征解属邑令。迁员外郎中，出任青州府（今属山东）知府，施政以民为本，拊循百姓，平反冤狱，见罪人被三木⑧，为泣涕，不得已始行法。力陈开胶莱河徒劳而于民无益，会有诏开胶莱河，（唐）维城以为工大难遽就，徒令民弃农趋工，劳费亡益，力陈其不可。抗言青州养马困民，青郡故不养马，有议当养马如济南，（唐）维城坦言："青，边海斥卤，牧畜无所，故夫济以西，赋轻也，以养马也；青以东，赋稍重也，以不养马也。"争之至欲投劾去，二事并得寝。郡租税三十余万，（唐）维城置权衡庭中，令民自兑输，征收吏毋辄近，得举手为低昂。方岳下其法于诸州郡。时议急催科，（唐）维城以赋不中程，停勒常转，叹曰："杼轴空矣，守一人坐之耳！"亡何病，郡人走望如急父母。万历三年（1575），一夕星陨郡治中枥，马皆惊，（唐）维城遂卒，年49岁。土民为治丧。归葬，夹道焚楮、帛，哭声相属不绝。而（唐）维城妻先维城卒数月，青人德（唐）维城，作二主郡堂后祀之。著有《两峰集》二卷。《闽书》载有故事：（唐）维城殁之二年，青人冯子履为观察使，梦（唐）维城

授之玉环曰："以为公子。"寤而举子，名之曰环。明日复梦（唐）维城来，曰："吾为郡神且满，举公自代，期以某日，故以环聘君。"子履谩应曰："诺。"顷之病忽忽，与（唐）维城对语，辄趣之急，子履曰："某有老母，身未敢许公也。"（唐）维城曰："则与我环。"子履从几上取授之。子环暴殇，而子履霍然已。

而据《闽书》《封川县志》载，唐时雍的弟弟唐时雨亦有声名，其乃嘉靖三十四年（1555）福建乡试黄懋冲榜举人，历官肇庆府封川（今属广东）知县，迁郧阳府（今属湖北）通判，有清誉。

〔注　释〕

①《天一阁明州碑林集录》作"字协之"。

②泛指"泗水"，因春秋时孔子在泗上讲学授徒，故后人常指"泗上"为学术之乡。

③一说为忠门月塘乡一带人。

④《宁波府志》卷十八《名宦》亦载：唐师锡，莆田人，万历九年（1581）知县事，布衣蔬食，以淡泊率僚属，未尝取民间束菜，胥掾畏其廉，皆奉法唯谨。属岁俭，邑多菜色，督饷者让以慢期。对曰："吾忍以敲扑残民命耶，宁坐催科政拙耳。"卒考下下，去之日，一橐萧然。

⑤堂皇：常用来形容规模宏伟，气势盛大。此指官吏判事处，堂无四壁者。

⑥意为清贫的知县没有茶喝，只能喝普通的椒汤；赈济饥民，则用大桶加糖的椒汤。椒汤比茶水便宜，也更实用。

⑦催收租税，拙于政事，《旧唐书·阳城传》载阳城任道州刺史"赋税不登，观察使数加诮让。州上考功第，城自署其第曰：'抚字心劳，征科政拙，考下下。'"后以此典指官吏体恤民情，不计自身荣辱。

⑧古代用来枷锁犯人颈项与手足的刑具，桎、梏、拲合称"三木"，因此也代指重刑。

明代

吴三畏　曾梦鳌　林光庭　宋祖腾

皆任职宁海

　　宁海,乃西晋太康元年(280)析鄞县、临海部分地所置之县,治设白峤(今跃龙街道白峤村),因沿海饱受海浪不宁之苦,取"境宁海静"之意名县。古时曾并入临海县,复置后县治徙海游(今属浙江台州三门县),再并入章安县,复建后迁治广度里(今台州仙居跃龙街道),辖今宁海及象山、三门县大部,历属临海郡、台州府、会稽道,浙江省第五、六、七行政督察区,1983年改属宁波市。

　　如今这里是一片安澜宁静的海湾,而一方欢乐、安宁、祥和海天之由来,离不开历任地方官之履职。

　　明代宁海循吏[①]列编入志者,包括俞宗恺、王士弘、周公辅、傅芳、王英、黄萌、张源、魏泽、钱本第、张韶、俞亢、诸葛隆、戴韶、郭绅、张宏宜、江澂、张羽、戴显、毛驭、唐愈贤、钟允谦、杨时秀、张士贤、刘洵、林大梁、王自勉、曹学程、丁天相、王演畴、张邦翼、颜欲章、黄光岳、程煜、周维鲲、胡懋道、苏万杰、宋奎光、张绍谦等,而吴三畏、曾梦鳌、林光庭、宋祖腾等,则皆为莆田人。

一、宁海教谕吴三畏

　　吴三畏,号半村,福建莆田人,举人。明嘉靖(1522—1566)间任宁

教谕,学问渊博,行谊端方,士多仰其造就。尤善吟咏,长于楷书。后升嵊县(今嵊州市)县令。

据《闽书》《嵊县志》《徐文长先生年谱》《教育大辞典》《莆田市名人志》等载:

吴三畏,生卒年不详,字日寅。莆田黄石(今荔城区黄石镇水南村)人。曾祖吴希贤。嘉靖二十二年(1543)福建乡试黄继周榜举人。以宁海(今属浙江宁波)县学教谕升嵊县(今属浙江绍兴)知县。嵊县旧无城,时倭夷方充斥,所过杀掠,三畏曰:"邑无城,是弃其民也。"乃周遭相度有废城故址,多屋于民,立命撤去,将庀材鸠工而计费巨万,工当数万,众有难色,三畏曰:"城劳民,不城无民。"则奚择难者悟,翕然唯命,吴三畏昼夜省督寝食,俱废城始半,贼自天台入境,相望五里,三畏曰:"城即半,犹愈无城。"率民兵上城,燎火烛天,呼噪动地,贼知有备,遂宵遁,明年城成,贼复至,三畏登陴守御,贼不能犯,嵊人以是知城功之大也。三畏短小精悍,而敏慧过人,遇事无盘错,讼牒盈庭立口决手判去,民千百,在前一目不忘。兴学校,创建慈湖书院[②]。祀名宦。五载后,升广信府(今属江西)同知。

徐渭《瑞麦赋》序曰:"嵊县吴公,治有恩惠,时麦秀有多至三歧者。"于是该县县学弟子前往山阴(今浙江绍兴)请徐渭写赋歌颂。徐渭乃明代著名文学家、书画家、戏曲家、军事家,曾替明代名臣胡宗宪写过《进白鹿表》,深得嘉靖皇帝嘉悦而闻名天下。

对于嵊县县城,据南宋嘉泰《会稽志》介绍:"《旧经》云县城周一十二里,高一丈二尺,厚二丈,孔晔记云:县治本在江东,吴贺齐为令始移,今县城盖齐所创也。南临大溪,溪流湍暴,至庆元(1195—1200)初,为水所啮,存者才二三尺。"万历《绍兴府志》又云:"嘉靖时,倭患作,三十四年(1555),知县吴三畏乃力请筑县城,高二丈有奇,厚一丈有奇,周围共一千三百丈有奇,为门四:东拱明,南应台,西来白,北望越,门上各有楼,有月城,东有陡门。"可见嵊县在东汉献帝建安年间(196—219)贺齐[③]任剡长时,就建有城墙,后屡建屡毁,至元代尽圮,仅筑堤坝以御洪灾。嘉靖三十四年(1555),倭寇攻占黄岩、天台,嵊城告急,县令吴三畏见势不妙,率众查勘故城遗址,对城址上所建民房限时拆迁,将拆迁人工、材料费等折价偿还。时有人认为筑城劳民伤财,吴三畏苦心劝导。建造至半,倭寇却突临城下,时吴三畏号召全县军民,手执器械火把于城墙上,寇见有备,只好遁去。次年城成,按地理位置命名四座城门:东门为"拱明"(指明州,即宁波),西门为"来白"(指浙江嵊州境内的西白山),南门为"应台"(指台州),北门为"望越"(指绍兴)。城门外还筑有"瓮城",取名饶有趣味,富含深意。城门上有楼、有亭,城头有御敌台,城内有便于骑马巡行的马路和二十多个哨所,重要地段还挖有壕沟。时倭寇又犯,吴三畏再率军民守卫,寇终未得逞。为此民众在县城北门内建吴公祠,在城隍庙内塑吴公像,以纪念这位父母官。吴三畏力请修建的嵊州城墙,位于今浙江省嵊州市城北鹿胎山东南麓及城南剡溪北侧,为市级文物保护单位。今存两段:一在城北鹿胎山东南麓,残长47.8米;一在城南剡溪北侧,长590.3米,由此或能窥见吴三畏在宁海的施政重心。

传吴三畏喜欢临池学书,其书法遒劲,饶有古风,并曾为嵊县的陈侯庙(潮神陈贤)竖过石坊。其在嵊州筑城御倭故事,清《一统志》之《吴公筑城碑记》中亦有记载。

又据《明实录·神宗实录》《闽书》《四库全书存目丛书》等载,吴三畏的儿子吴献台,是万历八年(1580)进士,官终江西左布政使,因其父吴三畏、祖父吴正谊并赠布政使官职,后人在故地立有三门大石坊——恩纶三锡坊。

与浙江有缘的吴献台,生卒年不详,字启衮,万历四年(1576)福建乡试刘庭兰榜举人,万历八年(1580)张懋修榜三甲第13名进士。任绍兴府(今属浙江)推官。调吏部考功司主事,万历十九年(1591)闰三月迁浙江副使,分守宁绍台兵备。万历二十二年(1594)正月升浙江参政,二十五年(1597)七月晋浙江按察使,二十六年(1598)十一月迁浙江右布政使,二十七年(1599)十二月转山西左布政使,改江西,三十四年(1606)二月升顺天府(今北京)府尹,寻致仕归。为人恂笃,厚重恬淡,与物无忤,处事谨慎,以厚德名。见魏忠贤专政,激流勇退。魏珰拟以工部侍郎推用,力辞不复出。优游壶山、谷城间,与诸老为诗文雅集。年八十余卒。字犹媚有法,所书《吴长官

春秋二祀记》,今尚存。《全闽诗录》收录其诗《冬景》一首。著有《绿萝轩存稿》。刊刻过郭豫章撰《豫章诗话》六卷。

得人治事,二者并重,可谓为政之道。

二、宁海知县曾梦鳌

据《福建通志》《明诗纪事》《莆田文史资料》《宁海县志》等载:

曾梦鳌,生卒年不详,字君瞻,号春江,莆田西漳村(今荔城区拱辰街道长丰村)人④。隆庆元年(1567)福建乡试张履祥榜举人,万历二年(1574)孙继皋榜三甲第42名进士。授官台州府宁海县(今属浙江宁波)知县。《明诗纪事》录其《金陵怀古》诗一首。曾重修西漳村天花庵(亦称西漳庵)和庵外的西漳桥。

曾梦鳌感叹兴亡:"六代寝陵迷宿草,五侯第宅付荒烟。莺花不管兴亡事,点缀风光自岁年。"联章积句,隐义藏用,言外之意,令人玩味。

天花庵位于西漳桥东侧,侧畔有座濠浦社,社后即天花庵,社与庵连,故称天花庵,濠浦社为庵前。传明朝万历年间(1573—1619)有三士子在庵内读书,其中就有曾梦鳌,每晚在庵前河沟里捕鱼的人,至午夜都能听到庵中琅琅读书声,后三人进京会试,皆进士及第,谓"一科三中"而令人称奇。

天花庵的传说令人称奇,鳌山村山水之秀更是有目共睹。侨乡鳌山村地处东海之滨的莆田涵江,乃囊山余脉,为三江口镇最高点,其依山傍水,雁阵山矗立其中,雁阵山上有昭灵庙,俗称雁阵宫,曾梦鳌有联曰:"天马晴岚,岚开天马张张景;鳌山晓旭,旭照鳌山点点金"。宫前有块奇特拜石,俗称"龙眼风",石有裂痕,凹处有孔,注水不溢,生风习习,亦传为曾梦鳌所献。也有传兴化湾畔滴水岩景区之滴水洞,也是曾梦鳌少年时的读书处。

修身读书,乃预养用世之具。

三、宁海县令林光庭

林光庭,字冲明,号映苍,福建莆田人,明万历三十一年(1603)进士。曾任宁海县令,初上任时,发现田赋由税粮改为征银后,官员肆意加大铸银损耗,并将差额纳入私囊,便严厉惩处这些官吏。林光庭不仅严于律己,对下属要求也相当严格,但对待百姓却是宽豁平和。凡有犯事入狱诉讼者,反复教导,引入正途。林光庭还重视教育,对读书人尤其敬重,想方设法让贫穷子弟入学受教。任职期间,他曾修缮孔庙,新建讲经楼、文昌阁,又拨寺田为祀产。前令曹学程(明万历十八年任县事)以忠谏被逮入狱,其请人将他入祀名宦。莅任两年,以地曹召入,民建祠祀之。累任武昌郡守,"丁父忧归,寻卒"。

前县令曹学程,字希明,一字心洛,广西全州人。万历十一年(1583)进士,初任湖北石首县令,以外艰归。十八年(1590)补宁海知县。力以厚风俗、阜民财、兴学社为自任。逾年修邑志,设季课,创社仓以备饥荒。立征法,以寄寓体恤于民。巧合的是,时有芝草生长多颗麦穗之瑞兆。二十年(1592)升屯马柱史,后以建言反对册封外藩事,刑狱十年,其子曹正儒上疏,乞代坐牢始释。史载"万历己丑(1589)冬,程(曹学程)来知宁海",有感于"原板⑤久毁,旧志亦罕存焉",于是开始博访旁搜,"三年之间,凡四易其稿,视前志稍加删润,幸完斯编,为志凡有十卷"。该志创修于万历十八年(1590),二十年(1592)告成,曹学程有自序。

与人为善,成人之美,是为求凉之法,致暖之方。

四、宁海知县宋祖腾

据民国《高淳县志》、道光《永州府志》《宁海县志》等载:

宋祖腾,生卒年不详,字尔腾,莆田人,明代书法家。平海卫学,万历二十八年(1600)福建乡试周起元榜举人;三十二年(1604)杨守勤榜三甲第123名进士;三十四年至三十八年(1606—1610)任应天府高淳县(今属江苏南京)知县⑥,值大水,民居尽没,于各圩冲没时,亲棹小舟,下啼号数千人于高屋之脊,高木之梢,多所存活,力请缓征,发粟如民更生,各乡专祠祀之。历台州府宁海知县,四十四年(1616)累迁永州府知府。

《今日高淳》以《七公列祀遗爱祠》为题载文称:明嘉靖至万历年间,先后有七位施恩于淳民的离任知县获祀遗爱祠,其中就有宋祖腾⑦。

观遗籍而得之,时遗爱祠位于府馆之右,原名薛公祠。因知县薛梦李有

恩于淳，离任后，邑民为之立生祠，祠始建于嘉靖四十三年（1564）。高淳原来没有生祠，薛公祠乃高淳首座生祠。宋祖腾撰《广遗爱祠记》亦载，其上任后见祠屋倾圮，周围又遭人侵占，不仅牌位无存，祭祀活动亦难以举办，遂决定集资重修，并力排众议，增祀知县董良遂和董岐凤，使遗爱祠享祀的知县由原来的三人增加到五人。

宽严有度，爱敬存心，有时表现在细微的点滴中。

〔注　释〕

①循吏即良吏。循吏一词最早见于《循吏列传》，后为《汉书》《后汉书》《清史稿》等所承袭，成正史中记述那些重农宣教、清正廉洁、所居民富、所去见思地方官的固定体例。

②嘉靖三十三年（1554）曾在县城北门内桃源坊兴办慈湖书院，以纪念南宋哲学家杨简。

③贺齐（？—227），字公苗，会稽山阴（今浙江绍兴）人，乃三国时期吴国名将和剡长。

④有说大邦。据载曾氏入莆有三支：一为宋代绍兴年间（1131—1162）由泉州吉折入莆田延兴里南箕堤头，后来由南箕迁入西漳村（今拱辰长丰）。泉州十世草堂公讳珍，官居翰林博士，即曾氏始祖之一；二乃元代曾彦明由泉州迁入莆田棠坡，再播衍至黄石邹曾徐等地；三即清初由晋江迁入涵江集奎等村。

⑤明代《宁海县志》版本。《宁海县志》版本自宋大中祥符年间（1008—1016）至民国，修志14次，传本5种。

⑥《宁海县志》作万历三十三年至三十六年（1605—1608）任知县，而民国《高淳县志》作万历三十四年至三十八年（1606—1610）任知县，两种记载时间不同。

⑦清乾隆六年（1741），遗爱祠再次增祀知县丛元灿、金友兰，使享祀的知县达到九位，前七位为李有恩、刘启东、邓楚望、董良遂、董岐凤、宋祖腾、唐登儁。

明代

林继贤

虽一目失明,但决案公正,深得民心,人呼"林青天"

明代莆田人林继贤,居官清廉勤勉,虽一目失明,却能明察秋毫,勤而任之,以勤补不足,且不因循自便,更能发愤为雄,故在判决诉讼案件等方面公正不阿,深受民众爱戴,人称"林青天"。《宁波府志》载:

林继贤,莆田人,嘉靖十年(1531)任,适郡守入觐,遂署篆(署印),(林)继贤夙兴视事,竟日不倦,决狱得情,人呼为林青天。在署只一仆,不携家累(家眷),俸入外分毫无取,敝衣蔬食,怡然甘之,以眇一目(天生一目失明),被劾去郡,民号哭如丧父母云。

据《闽书》《天一阁明州碑林集录》《莆田市名人志》等载:

林继贤(?—1562),字启宗①,莆田人。祖父林瑱②。明正德五年(1510)福建乡试黄廷宣榜举人。林继贤生而眇一目。居官清廉勤勉。通判徽州(今划分属安徽、江西管辖),父寄书勉以清行(纯洁品行),贻之(衬在书信之间)双履,表里纯青③。继贤曰:"屣,履也。青纯不杂,履洁蹈清,父教我矣。"判徽七年,徽长老言清官,动曰"林三府"。嘉靖十年(1531)迁宁波府同知,决狱得情,民复呼林青天也。始(林)继贤判徽,部内左都御史④汪者,其子弟怙势干请(仗势请托),一切断以法。及丞宁波,汪正(一说汪进)为家宰,以目疾考察继贤去,民曰:"嗟!嗟!父母眇于目,不眇于眼也。"(林)继

贤家故饶(饶裕),及其入官反贫困。嘉靖四十一年(1562)卒死倭难,行道悯惜,谓天之报施廉吏何如也!

史志述及一细节,即林继贤出任徽州通判时,其父曾托人捎去书信,勉励他居官清勤,要有高风亮节,并顺带布鞋一双。林继贤见信得鞋,自言自语道:"鞋是步行用的。青纯不杂,躬行廉洁,犹清明踏青,是父亲教导我啊!"其在徽州任职七年,徽州父老每说到清官,皆赞林继贤。时任徽州知府的郑玉也是莆田人,"操尚不同,然因心任职,两人甚相得也"。林继贤后来升任宁波府同知,掌府印,居官清廉,断案公正,百姓称"林青天",誉言日闻。

传林继贤初授徽州府通判时,赴任前先到从祖林文俊处行礼告别。林文俊乃莆田名宿,字汝英,号方斋,正德六年(1511)进士,授编修,官至南京吏部右侍郎,谥文修,有《方斋诗文集》。林文俊文笔富有气势与情调,亦能风趣,特为前来告辞的林继贤作《送别驾族孙宗启赴徽州》诗,全诗饱含激情,当属有激而云:

寻常送客不曾悲,送尔停杯惜别离。
作倅正当山水郡,致身真负圣明时。
百年富贵非吾愿,前辈风流是汝师。
涉世久知才有用,岂同侨叔众嫌痴。

徽州是中国历史上的经济文化重地,安徽省名称中的"徽"字,亦由徽州而来;徽州也是徽商的发祥地,素有"无徽不成镇"和"徽商遍天下"之称。林继贤赴任徽州,虽属初来乍到,却如晓阳初上,热血赤诚,面对徽地的复杂环境与人事关系,尤其是一些不择手段为打赢官司的人,林继贤始终守法如山,无论案件大小,是非曲直,周听不蔽,不徇私情。他办事公道,以及他坦然自若、不卑不亢的气度,令人折服,深得民心。

嘉靖八年(1529),徽州府内绩溪县儒学修缮,要增塑两庑贤像和增置田产等,时通判林继贤予以大力支持,此举被历任礼部、吏部、兵部尚书的明代大儒湛若水记载下来,其在《绩溪县修儒学两庑贤像田租记》中写道:"于是学之规式秩然矣,庑之妃者焕然矣,像之设者巍然矣。诸生始咸有观感兴起,以永持循,由群贤之迹以入圣人之室,而修学之功于是为大矣。'奉行而赞衰之者谁？'曰：'太守南君寿、同知高君应祯、通判林继贤……'"在徽州任职多年，徽州父老每每提到清官，就一定会说到"林三府"。明代州府设知府、同知、通判三位主官，故称林继贤所任通判之职为"三府"（之一）。为此林继贤当然也碰到旧僚打压、新贵攻击等等，他的应对之策就是"一切断以法"，致使某些权要怀恨在心。

因林继贤任期内铁面无私，也得罪了不少皇亲国戚、爵禄之府和权势之门，遭受到了一些奸佞小人的嫉妒和厚诬。如他于徽州通判任上时，明纪守法，崇廉尚行，正直不偏。但部内掌院事的主管子弟仗势请托，林继贤并未把权贵放入眼中。后升任宁波府同知，无论是掌府印还是视郡学，皆清正廉明，执法无私，断案公正，磊落光明，为宁波百姓所称道。时为冢宰（官名）的汪某，滥用职权进行打击报复，并利用考核的机会，以"目疾"为由，令其去职。为此老百姓都为他鸣不平，在他们的心目中，他强任他强，清风拂山岗，林继贤就是青天下的高山，山下俱为粪土。

林继贤被迫去职后，于"嘉靖四十一年（1562）卒死倭难"。其间宁波也深受倭乱之害，莆田也不例外。史载，明永乐八年（1410）至嘉靖四十二年（1563）间，倭寇先后15次大规模骚扰兴化府，小规模抢掠不计其数，仅这5年间，倭寇进犯兴化境内就多达9次，特别是嘉靖四十一年（1562）十一月，5000多倭兵攻进兴化府城，3万多居民被倭寇屠杀，《莆田县志》载"郡城遭受空前未有的浩劫，被烧杀劫掠一空"；《福建史稿》称"城破时，贼分守城门，吏民无得脱者；全城焚毁殆尽，不死于寇，则死于火"。不仅如此，莆田籍御史林润在《条陈六事疏》中亦奏其后果："疫疠大作，城中尤甚。一坊数十家，而丧者五六。一家数十人，而死者十七八，甚至有尽绝者。哭声连门，死尸塞野。"

被称为"青天"的官员并不多，老百姓的寓意，就是"青天"能真心惩奸除恶，能替含冤百姓主持公道，同时也期望乾坤朗朗。盖因林继贤政绩卓著，所辖民众自愿为之立生祠，吉礼祀贤。

林继贤在宁波更多、更鲜活的事迹留存不多，但可以从柯潜的赞誉和郑玉等人的身上再现过往云烟。誉林继贤为"莆田众多贤而有文之士的佼佼

者之一"的柯潜,是位极具独特气韵和品质的人。史载柯潜(1423—1473),字孟时,号竹岩,莆田人,气质独特,颖异过人,15岁能作八股文,誉满乡里。明正统九年(1444)举人,景泰二年(1451)廷试第一,授翰林院编修,升修撰,预修《历代君鉴》《天下郡志》成,升尚宝司少卿,充东宫讲官。宪宗朝(1465—1487),以侍从恩升翰林学士,兼经筵官。成化元年(1465),诏起为国子祭酒,不接受。成化九年(1473)卒,遣官谕祭营葬。著有《竹岩文集》。《兴化府志》评柯潜质貌俊伟,客止雅致,写文章平妥整洁,诗尤精婉。待人外若和乐平易,而内实廉洁耿直。天下学士大夫仰之,认为他乃不同寻常之人。就是这位性高洁、重操行的莆田明代状元,在《送林廷荣⑤赴南和教谕序》中,誉林继贤为莆田众多贤而有文之士的佼佼者之一,是为君子稀稀。

巧合的是,与林继贤同在徽州任职的莆田人士郑玉,也是位具有大智慧和真性情的杰出人物。据载:郑玉,字于成,号双石,莆田人,郑露后裔。为人慎重果决,始终如一,自坚其操守,坚定执着。弘治十七年(1504)福建乡试黄如金榜举人,正德六年(1511)进士杨慎榜二甲第四名进士。历户部郎中,嘉靖(1522—1566)初知徽州府。敦化振俗,户揭圣祖《教民六谕》,令民相厉为善。郡故多豪,率以赀相雄长,讼牒牵连先后守,多缘贿嘱受污蔑去。(郑)玉听讼,以情理风谕,有挟赀求胜及请托营解者,弹治不少假,徽人严焉。岁饥,问疾苦,多方赈恤。会宫殿役兴,下令采皇木殊急,遣家奴上书阙下,为徽人请命乞免皇木之征,徽人乃知太守亲己也。兴教紫阳书院,携其隽者。擢江西按察副使,因与桂萼(明朝大臣)不相得,自免归。卒后人祀于莆田乡贤祠,同道中人与邑人之贤由此可见一斑。

传林继贤曾祖父林溁,以子(林)瑱贵赠清河知县、文林郎(古代文官散官民)。祖父林瑱,字以玉,号蒙庵,(林)讲⑥之从侄孙、儒士,明成化四年(1468)举人,授湖广均州学正⑦,升清河知县、文林郎,旋迁江西袁州府通判。其父林恭,由卫学生补国学,授山东临清州判官,改调湖广荆门州管粮,以子(林)继贤贵封徽州府通判。

林继贤虽"既归而贫",但"怡然无悔"。原先家境比较宽裕的家庭,为官以后反而贫困,最后竟死于倭寇,导致雅人塞耳,正士低头,人皆悯惜,上天

岂能如此报答廉吏。林文俊得悉后,特赋《从孙贰守宗启已去宁波,宁波为去思卷以遗之。宗启有诗辄和》诗:

  时来千里慰衰迟,洗眼灯前手自披。
  遗爱曾闻随处有,古音休叹少人知。
  明时失士良为耻,壮岁还山恐未宜。
  正是圣君求治日,沧江谁许钓纶垂。

此诗不难看出林文俊对林继贤被迫去职和既归而贫遭遇的强烈不满,可知其生理上虽有缺陷,精神却相当完整。比起那些双目明亮而虚情假意、逢场作戏、恶俗不堪、尽说瞎话的人,林继贤的一目,足以承接光明、了然于心和看尽世间美好,足以辨清是非黑白、真假善恶和公道人心,在一定范围内无以比肩,当青史留名。

〔注　释〕

①《天一阁明州碑林集录》中作"字子英"。

②林瑱,字以玉,莆田郑庄人,林讲从侄孙。时成化四年(1468)福建黄文琳榜举人。历钧州(今属河南)学正,建昌(今属江西)府学教授,持身端慎。升清河县(今属河北)知县,寻迁袁州府(今属江西)通判。

③宋诗人陆游《溪上》诗有"双屦织青芒"句,意为脚上穿的草鞋为青芒所织。

④左都御史,即总宪,乃都察院主管,掌院事。

⑤林廷荣,教谕,明成化七年(1471)有乡民王贤砌石为桥,桥在今河北省邢台市南和县百泉河上,称百泉桥,有教谕林廷荣石刻。

⑥林讲,字尚友,莆田郑庄人。成化元年(1465)福建乡试赵珤榜举人,成化十六年(1480)任德安县(今属广东)知县,成化十九年(1483)升任连州(今属广东)知州,二十三年(1487)离任。归无厚赀,以先业让弟,乡人义之。

⑦府学称教授,州学称学正,县学称教谕。

明代

黄仕达

任宁波府同知,垂名《宁波府题名记》

《宁波府题名记》是时任宁波知府李一本①撰于明万历九年(1581)的一篇文章,李一本将明朝洪武元年(1368)至万历三十九年(1611)两百多年间,历任宁波知府、同知、通判及推官题名并作记,遂成传世之作。后人鏊记文刻碑后,犹如蛛之结网,布丝寄径,触类引申,流传至今。《宁波府题名记》今已收入《天一阁明州碑林集录》中,其记录有"王仕达②,字兼善,莆田人,同举人嘉靖十三年任"等内容。

《宁波府题名记》碑,今嵌在书藏古今的天一阁博物馆内尊经阁北大门西壁,碑高310厘米,宽153厘米,方首,明万历九年(1581)二月撰立,字迹刻镌精深,书法劲正有力,备尽楷则,保存基本完整。末四列稍有泐失,但已对所脱字样依拓片并参照雍正《宁波府志》(卷十六)补出。碑文正书,分上下10列,首列题记,共24行,满行29个字。以下9列,刻自洪武元年至万历三十九年(1368—1611)历任宁波的知府、同知、通判及推官题名。李一本在《宁波府题名记》中写道:

国朝寘郡设守,得专祀其境山川社稷,擅政令教化之权,比古诸侯王国。而宁波于浙东负海而郡,捍岛夷鲸鳄之窟穴,为吴浙门户。高皇帝奠定之初,经画海上,视他郡盖不啻数倍详焉。考之自来吏兹土者,宽严张弛,政人

元明清

人殊,而理物宣化、兴学劝士、旌廉汰墨、摈枉昭良,则既凿凿具矣,乃稽其姓氏履历,辄谡之掌固无闻焉。嗣是以来,即欲访已然之经制,罗今昔之见闻,其曷以徵之?余历官中外十余年所矣,诊之公署必有题名,而独于兹郡缺焉,岂当事者概视为阔远,无足厪之意哉?抑多逼于簿书期会,偶未之及哉?昔者,孔子欲观夏商之道,而惜杞宋之不足征,每咨嗟之三复焉。顾萃寰宇之豪俦,蝉联踵接于一堂,而后先相距遂邈乎,询访之无从,即尼父复起,其能已不足之叹耶?余深有慨焉,以语诸僚,谋所以举是阙典。其诸伐异世改,沿革废置不一者无论已。吴元年,我朝拓地东南,改庆元路为明州府。洪武十四年(1381),可单仲友之奏,复更明州府为今名。自是奉玺书刺郡来者,或履任未几而召入为卿佐,或离任已久而郡之民尚有遐思,凡表功抗职,子惠元黎,足以名当世,润简书者,其人不同,其产不同,其起家不同,而其作用亦各不同。今而纪其姓氏知其人矣,纪其籍贯知其产矣,而又纪其策名之科、莅官之年,则其履历久近指掌可睹,俟将来尚论者,按所题而兴思曰:"兹题也,意义诚渊乎远哉!"曷为书名?曷为书地?重其人也;曷为书爵?曷为书时?重其官也。任之重,则望之深,吾党能无感发而振励之乎?吾党能无感发而振励之乎?

赐进士第中顺大夫知宁波府事前刑部郎中郏鄏李一本撰

万历九年辛巳(1581)仲春吉

同知陈文　通判徐学易　陈寿荣　推官秦大夔同立……

宁波是个书卷气很重的地方,其中又以天一阁为代表。天一阁碑林是进行石刻保护和文献收集以及整理研究的地方。所谓碑林,有碑多如林之意,故沿称碑林,宁波古称明州,又称四明,碑林建设之初,曾称四明碑林。据介绍碑林早前由重修天一阁委员会始建于民国二十四年(1935),比较集中地保存了宁波城厢和市郊散落的碑碣刻石,内容丰富,涉及宁波历代经济、政治、军事、教育、文化、民俗、人物等诸多方面,具有明显的地方特色。《天一阁明州碑林集录》则是一部具有地方特色的碑碣文献汇编,也是一部碑刻研究的学术著作,全书以碑刻年代为次编排,每种碑碣先文录,后考述。书中所收刻石除碑目著录者外,还包括目前天一阁博物馆库藏的碑碣,合计唐1种、宋20种、元17种、明64种、清66种、中华民国5种,共173种。碑碣以纪事为主,除碑石断残过甚又无文献可征的9种,以及没有文字的图像碑3种以绘制线图作形象记录外,共辑录碑文161种。碑文中凡剥蚀残损的文字,以相关文献补出并加上标记,每种刻石经过细心查考,写有"简叙",记载碑碣形制、大小、行格、书法、纹饰、撰文立石年月,残损情况,补文出处,以及其他考订内容等,尽量体现原貌,言简意赅。集录了既定时期内历任宁波的62位知府、59位同知、85位通判和43位推官,其间莆田人任宁波知府的就有方逴、林富,任宁波同知的有林继贤、王(黄)仕达,任宁波通判的有康恭、张元秩、唐时雍、郑应龄、李多见,任宁波推官的有杨大桼、林万潮、昌应时等,居福建人任宁波官员人数之首。

《天一阁明州碑林集录》和《福建通志》《闽书》《莆田市名人志》等载:

黄仕达,生卒年不详,字兼善。莆田人。鲁府伴读黄谦③玄孙。正德十一年(1516)福建乡试朱浰榜举人。嘉靖十一年(1532)任宁波府同知。

鲁府伴读黄谦,即黄仕达曾祖。据《重刊兴化府志》《闽书》《中国美术家大辞典》载:

黄谦,生卒年不详,字益甫。莆田人。祖父黄思水。明代书法家,诗人。少而知学,不督而勤,因选入邑庠为弟子员。时郡守周琰每年必合三县之士考试。与侍讲林环、教谕曾景修,常居前三名之列。登永乐元年(1403)福建乡试陈用榜举人,永乐二年(1404)曾棨榜三甲第六名进士。授鲁府伴读,辅佐王躬时,往往因事纳忠:恐其好猎,则有谏猎之书;见其作字,则诵笔谏之言。至于朝夕劝讲,恒切切以圣贤修齐之理,臣子忠孝之道,反复晓警,务使其心领神会然后已,尝曰:"吾主为东平、河间,臣之愿也。"工文,所作大率言从字顺,不事纤巧。工诗,诗平妥典则,凡朋侪聚会之乐,山水观游之胜,辄有题咏,多能发其意之所欲言者,不徒格调辞语之工而已也。工书,字清丽可观。与邑人林嵒同为士林所重。著有《愿学斋稿》。永乐(1403—1424)间,知府周琰在前黄为鲁府伴读黄谦立"进士坊"。

与黄仕达坐而同乡、学而同道、同为士林所重的同县人林嵒,是唐代著名书法家和文学家林藻的后裔。据《重刊兴化府志》《闽书》和同治《韶州府志》等载:林嵒,生卒年不详,字鲁瞻,莆田城关左厢井头人,林藻后裔。弟林讲④,子林祥凤,孙林奇迪。明代书法家、诗人。登洪武三十二年⑤(1399)福建乡试杨子荣榜举人。授苏州府学训导,九年秩满,诸生愿卒业,诣阙请留,又任九载,升程乡(今广东梅州)县学教谕。丁父忧,调任仁化教谕,博学多才,教人为学以敦孝行为先,人或迂之,力请归修,祀名宦。以疾归。为人简俭自得,胸襟豁如,冬一裘,夏一葛,饭蔬一味,纷华势利不介于意家。遇良辰美景,携朋四出,悠然吟赏,颇有晋人风致。家无甔石之储,不计也。弟子业成,以金帛为束修,亦不受,曰:"我职然耳。"每岁大比,交聘文衡,赴者以得人为贺,四入棘闱,多得名士。诗文敏速,下笔立就,兼精书法,善真草,名家屏障,士夫卷轴,不得嵒书笔诗草,相诮谓俗。存有《文峰春晓》等诗。《柳湄诗传》云:"(林)嵒,工书法,名人帧轴多有题咏,笔书秀劲似元人。"卒年69岁。以子林祥凤恩赠监察御史。

此外,同县人还有周琰与彭韶。据《明实录·英宗实录》《闽书》《重刊兴化府志》《东瓯逸事汇录》《浙江省温州府志》等载:周琰(1421—?):字廷灿,一作廷粲。曾祖周和叔,祖周尧慈,父周彦由,母翁氏,娶欧氏,弟周瑄、周瑛等。明代书法家。有风度,有才识。永乐十九年(1421)九月十一日生,行一。正统十二年(1447)福建乡试陈俊榜第20名举人,礼部会试第141名,正统十三年(1448)彭时榜二甲第28名进士。授户部主事。正统十四年(1449)土木堡之变,(周)琰提千卒,分主给饷,犯难冒险,能以智自全。掳去,监收京储。景泰二年(1451)三月,遣劳军西蜀。归,复差通州等处,攒收刍茭,出内严明,宿蠹室穴。英宗复位,命吏部推择郎官、御史为牧守,得(周)琰等十四人,宣入面谕,赏宝钞,赐宴遣之。天顺元年(1457),出任浙江温州府知府。正己率下,内外有截,申严礼制。暇日课士,而辟吏用所长。事务丛沓,一见辄有斩斫,剂量得宜。讼狱小大,克期与决,多不越三日、五日。诸为奸利,相戒遁迹,弊政一切改纪焉。郡地边海,珊江沙涨,在处不清,而税不视业,民以病告。按量得实,为更正之,贫户始复生意。他如学舍、舆梁之类,属有司当行者,无不完善。郡以大治,属邑父老咸叹贤父母,以为创见。时巡按御史上疏,旌异政。丁父忧,服阕,改江西饶州府知府。扒搔纠剔,将以抑强扶弱,巡视九卿箓篡不饬,琰耻之,遂致官归。景泰元年(1450),知府张澜在章鱼头港(今莆田市荔城区新度镇)为彭时榜周琰立"进士坊"。卒后,彭韶为其作《周廷粲太守墓志铭》[6],并评曰:"于共英皇!束湿御宇。更贤牧民,申以天语。公拜稽首,往莅于温。既敏而公,吏迹攸闻。豪奢踰制,流风斯美。峻其堤防,务俾率礼。薄征简繁,视市如野。片言裁决,事无留者。载辟儒官,科目相继。田余粳稻,水无揭厉。汇泽剧郡,公起治之。剔蠹枿垢,公优为之。干没可畏,公致而还。千里弗售,方阜所叹。"

彭韶,就是那位因调任被广东父老泣送甚至追送到数百里之外的明代官员。志载彭韶字从吾,又号凤仪,天顺进士,刑部主政广东司。屡上疏,下狱,历官四川按察、广东布政,调升苏抚、顺天抚、刑部侍郎,迁尚书,乞归。卒谥惠安。有文集七卷,其中著名的《荐举陈献章疏》开门见山:"窃闻名德之贤,成就甚难,储之朝廷,关系实重。是以古昔圣帝明王,咨询(访)搜求,罔间遗逸。小或致之,大或起之。动则赖以成显著之事功,静则因以系士心之向慕。"该疏当在粤时所上者。彭韶曾因绘盐场、山场、草荡、淋卤、煎盐、征盐、放盐、追赔八图等,反映民生疾苦,并整盐事、革流弊、逐盐霸、换盐官,被盐民称为"再生父母",明嘉靖三十二年(1553)盐民奏请在鸣鹤场建祠,即今宁波市慈溪鸣鹤有彭公祠。

同一时代的周瑛和黄仲昭,曾同修《兴化府志》,该志为今人提供了深入详实的史料。编撰者周瑛(1430—1518),字梁石,莆田人。历官礼部郎中、抚州府、四川参政、右布政使,致仕,晚年自号翠叟,年八十九卒。为官期间,颇有政绩,并亦官亦文,曾主撰《漳州府志》《蜀志》《广德志》等,著有《律吕管钥》《字书管钥》《翠渠类稿》等。所作《赠周佥事入闽提学序》,文雄深雅,逸气纵横。周瑛致仕回乡后,关心家乡文化事业,与黄仲昭合撰《兴化府志》;黄仲昭(1435—1508),名潜,以字行,号退岩居士,莆田人,进士出身,曾编写《延平府志》《邵武府志》《南平县志》,主编福建省第一部省志《八闽通志》,著有《未轩集》《莆田乡贡进士题名记》等。

明万历间莆田涵江人姚旅撰写的《露书》,亦是我国迄今发现的最早的当地人记当地事的一部类书。姚旅在《露书》中记述，莆田涵江塘北人郑在质家资巨富，乃明代专门贩卖蔗糖的兴化著名商人，拥有自己的船队，其"贩糖泛海入姑苏，舟至宁波，袖银包登岸，不觉坠入海。过（鱼）肆见市鱼巨大，购归，下酒破（解）闷。割其腹，则所坠钱包在焉"。此事似有神助，遂成不老神话，史学家郑振铎、吴晗、谢国桢等人在论著中亦多征引《露书》内容。

而李一本亦以文人之笔墨、武士之戈矛描绘："宁波于浙东负海而郡，捍岛夷鲸鳄之窟穴，为吴浙门户……"一代精英，二方要人；指为两地，统为一观。

〔注　释〕

①李一本，字汝培，郏鄏（今河南省郏县）人。进士。明万历八年（1580）任宁波府知府。

②《天一阁明州碑林集录》中作"王仕达"，《福建通志》《闽书》中均作"黄仕达"，《宁波府志》作"王仕达，莆田人，举人，嘉靖十一年（1532）任宁波府同知"。本文以黄仕达称。

③《重刊兴化府志》卷九误作"黄识"。

④林讲：永乐十五年（1417）举人，天台训导；林祥凤：宣德七年（1432）举人，御史；林奇迪：嘉靖三十八年（1559）进士，礼部郎中。

⑤洪武三十二年，即建文元年（1399），因明成祖朱棣夺位后不承认建文元年的年号，故改称"建文元年"为"洪武三十二年"，以示自己为洪武帝（明太祖朱元璋）之继位者。

⑥参见明彭韶《彭惠安集》卷四。

明代

郑应龄

郑露后裔,曾任宁波府通判,人谓无愧于海瑞

明代政坛,波诡云谲,为官从政,备受考验,故莆田人郑应龄在任宁波府通判之前,曾整理刊刻海瑞《淳安县政事》作为施政参考,其出仕为官,亦能极力珍惜为国尽忠和为民尽职的机会。

据《闽书》《天一阁明州碑林集录》《莆田市名人志》《淳安县志》《千顷堂书目》、民国《铜仁府志》、《中国古籍版刻辞典》《海瑞在淳安》等载:

郑应龄,生卒年不详,字君立。莆田人。父郑一鹏。嘉靖三十七年(1558)福建乡试黄才敏榜举人。隆庆元年(1567)任严州府淳安知县,整理刊刻海瑞《淳安县政事》,海瑞有《复淳安大尹[①]郑》一书与之。任县令期间,清甚,隶役皆自求退,最后一役来求,应龄曰:"吾素以汝可用,何为亦尔?"隶曰:"譬之,主人一堂清洁,容一粪秽其间耶?小人亦有妻子,欲糊口耳。"应龄曰:"自今民以事至者,大事许尔取五分,小事许尔取三分,可糊口矣。"隆庆三年,置学田三十三亩六分,修寅宾馆(客馆),馆曰"亲仁堂",曰"喜拜堂",并亲书其额;次年,在县南二十里重修普安寺,以纪商辂及子良臣、良辅;隆庆五年(1571)在县东南十五里施岭庵外建恩峰亭[②]。同年升宁波府通判,既升任,一老里胥泣送之,应龄问故,曰:"小人明年当应役,不得明府,必且破产,偶自念身家,不觉真切。"人谓应龄令淳安,继海忠介瑞之后,而

无愧于忠介。隆庆六年（1572）刻印商辂《商文毅公集》十一卷。万历七年（1579）官至铜仁府（今属贵州）知府。传万历十九年（1591），贵州铜仁文庙因右侧倾颓，知府郑应龄再次在原基础上重修，共建正殿五间，东西庑各五间，东庑南侧建神库三间，西庑南侧建神厨三间，前面有戟门三间。

人们所熟知的海瑞（1514—1587），字汝贤，自号刚峰，明朝著名清官，历经正德、嘉靖、隆庆、万历四朝。其一生傲骨，特立独行，刚介耿直，直言敢谏。任南平教谕时，就因无视权势，为维护师道尊严而不跪拜高官，落下"海笔架"绰号。任淳安县令时，则因痛打浙江总督胡宗宪之子，且又不阿谀都御史鄢懋卿，屡屡得罪权贵而不得升迁。他甚至还死谏嘉靖皇帝，指斥其"君道不正"。嘉靖四十五年（1566）农历二月，海瑞还曾去棺材铺买了棺材，并将自己家人托付给朋友，然后向明世宗呈上《治安疏》，批评世宗迷信巫术、生活奢靡、不理朝政等过失。万历十五年（1587），海瑞病逝于南京任上，死讯传出，南京百姓因此罢市，其灵柩运抵家乡时，祭奠者站满两岸，哭拜者百里不绝，后朝廷追赠海瑞太子太保，谥号忠介。《海忠介公行状》评海瑞"正气直节，独行敢言"，"足以师世范俗"。果不其然，后人誉称"百年未艾，百代为范"。郑应龄所整理刊刻的《淳安县政事》，是《海瑞集》的主要部分，占全书近二分之一，约有10万字，为海瑞亲笔所记。

商文毅公即商辂，乃浙江淳安人，32岁殿夺魁，历任兵部尚书、户部尚书、吏部尚书、谨身殿大学士、内阁首辅等职，73岁过世后被追封"文毅公"。因其在科举中连中解元、会元、状元，世人称之为"三元宰相"。商辂曾因得罪权臣被英宗放归乡野达十年，也曾因父子同朝为官而位极人臣。作为研究商辂政治思想的重要史料，《商文毅公集》目前有三种版本，一为隆庆六年（1572）版，为郑应龄任淳安知县时所编，称郑应龄刻本；另有刘体元所编的万历三十年（1602）版和张一魁所编的顺治十五年（1658）版两个版本。

郑应龄的父亲郑一鹏，秉性耿直，刚正不阿，敢于言事，屡屡谏诤，时称其最敢言，是明代受过廷杖的莆仙名人之一，《明史》有传。据《明史》《明实录·世宗实录》《古今图书集成》《闽书》《莆田市名人志》《明史解读》

《二十五史郑姓人物传》《历代名家评注史记集说》《城厢文史资料》载：郑一鹏（1496—1554），字九万，号抑斋，曾祖父郑兴宗，祖父郑迁善，俱乡荐为儒官；兄郑一鹗，以贡历桃源教谕，致仕养母；子郑应龄，明代书法家。正德八年（1513）福建乡试张岳榜举人，正德十六年（1521）杨维聪榜二甲第六名进士。授翰林庶吉士，升吏科给事中，上《大礼疏》，言张、桂二人奸邪，廷杖。又请罢斋醮，重经筵，先后论列，又廷杖。罢归。家居二十六年，卒。有《馆省书疏》三卷。其《论吕楠邹守益不宜下狱疏》开篇直指："臣闻人臣之职，以进言为忠；人君之德，以纳谏为明。故古之帝王，或稽众舍己，或从谏弗咈，乃至立谤木谏鼓，百工皆得执艺，以匡其上。其汲汲求谏如此之切者，诚以人主之威至尊，而势至重，导之以言，犹恐其默，而况加之以威，则臣下不得自尽，人主不得闻过，而社稷危矣。"

后来世宗登极，议封杨廷和为伯爵，其上书于廷和，劝其力辞。御史曹嘉论大学士杨廷和，因言内阁柄太重。（郑）一鹏驳之曰："太宗始立内阁，简解缙等商政事，至漏下数十刻始退。自陛下即位，大臣宣召有几？张锐、魏彬之狱，献帝追崇之议，未尝召（杨）廷和等面论。所拟旨，内多更定，未可谓专也。"撤馆，嘉靖元年（1522）十一月改授户科给事中。帝用中官崔文言，欲大兴土木，于乾清、坤宁诸宫建斋醮、祭祀宗庙等。疏请止之，曰："祷祀繁兴，必魏彬、张锐余党。先帝已误，陛下岂容再误？臣巡视光禄，见一斋醮蔬食之费，为钱万有八千。陛下忍敛民怨，而不忍伤佞幸之心？况今天灾频降，京师道殣相望；边境戍卒，日夜荷戈，不得饱食，而为僧道靡费至此，此臣所未解。"东厂理刑千户陶淳曲杀人，论谪戍。诏覆案，改拟带俸。（郑）一鹏与御史李东等执奏，并劾刑部侍郎孟风，帝不听。仗义疏救直言朝臣，给事中邓继曾、修撰吕楠、编修邹守益以言获罪，（郑）一鹏皆疏救。其间疏谏十四事甚悉。"大礼"初议，与百官伏阙请命，被廷杖。先后论席书、桂萼、张孚敬、方献夫等妄议国是，武定侯郭勋通贿赂，皇亲张鹤龄占人田土。复请重经筵，罢斋醮，却贡献，宥谏官，处边储，设兵备。转户科左给事中[③]。嘉靖六年（1527），考察京官拾遗毕，桂萼复请用成化三年（1467）故事，令科道互相纠劾，上是之。（郑）一鹏复言非体，被廷杖，罢为民。九庙灾，言官会荐遗贤及(郑)一鹏,竟不复召。嘉靖三十三年(1554)十月十七日卒,卒年59岁。卒后入祀莆田乡贤祠。隆庆元年(1567),赠光禄少卿。《兰陔诗话》云:抑斋公卯角登第,在谏垣四年,上百余疏,皆中体要。两罹诏狱,再杖阙廷,臂肉尽削,幸得生还,贫窭无以为养。授徒建宁,敝衣布冠,主人亦不知其为前谏官。有弟子员入公塾中,有矜色,询其年,傲然曰:"才三十耳。"公笑曰:"此(我)拜杖之年也。"主人询知公性字乃大骇。谢之归,赠贻颇厚,买田数亩以供菽水,尝大书塾曰:"希圣希贤作天下第一流人物,维忠维孝扶世间亿万载纲常。"其志节可概见矣,惜诗不多,卓然大雅。

文前提及郑应龄乃郑露后裔,郑露其人,居《莆田市名人志》中《人物传》之首。北宋景祐(1034—1037)进士蔡高咏郑露云:"先生如不出,莆海无真儒。"南宋理学家朱熹称郑露:"倡学功高泽且宏。"明朝吴四辅源谓:"(郑)露,豪杰士也,业儒于比屋未为儒之时,事诗书于举国不事诗书之日,而后之'十室九书堂,龙门半天下',皆以湖山之绝响振之。"

史载郑露生卒年不详④,字恩叟,初名褒,又名灌。南北朝梁陈间莆田人,祖籍河南荥阳,先辈入闽为官。远祖郑昭,尝过泉之莆口,爱其风土,于是迁祖坟于南山葬焉。梁、陈时,莆田未置县,莆人亦不知儒学⑤。后与胞弟郑庄(字端叟)、郑淑(字善叟)举家从今永泰⑥迁至境内南山(今莆田城厢区凤凰山广化寺),在山南麓的小海湾(时称南湖)边筑庐为室,护守祖坟。建湖山书堂(原址在今广化寺讲堂),攻读诗书,授课讲学,以文章教诲后辈,倡导儒学。官居太仆寺卿⑦。弟郑庄任中郎将,郑淑为常州别驾,世称"南湖三先生",为河南荥阳郑氏入莆始祖,称南湖郑氏⑧。郑露倡学,开启莆阳文化教育之先河,境内逐渐出现兴学之风,各地竞相兴办书堂,后人评价极高。莆之衣冠文物,实自露兄弟开先之也。与弟庄、淑二人曾在金仙院(今莆田广化寺)行医济世,传徒后代。后人为纪念郑露兄弟,在书堂原址建有"南湖三先生"祠。其石匾刻"南山樾荫"四字。在城内后埭(今荔城区英龙社区龙坡社)建有"开莆来学"坊。又在今广化寺口建"倡学闽南"坊,两坊今已无存。《全唐诗》⑨卷八八七收其《彻云涧》⑩诗一首:"延绵不可穷,寒光彻云际。落石早雷鸣,溅空春雨细。"人称其"气浑质奥,实陈、隋入

唐风调"。另作有南山《书堂》诗:"附凤凰翼⑪,与木石居。和乐兄弟,游玩诗书。"

明代史学家黄仲昭也给予郑露极高评价,在《重刊兴化府志》中论曰:"天下之事,要必有开其先者,然后人得有所观感而兴起也。虽曲艺犹然,而况于儒者之学乎?儒者之学必自诵《诗》读《书》始。盖《诗》《书》所载学者修己治人之方,帝王化民成俗之具,罔不毕备,为圣为贤,举不外乎此也。但其条目广大,义理渊微,学者苦其难入。苟非有卓然之识,度越常情万万者,其孰能知所趋向乎?故孟子曰:'陈良,楚产也,悦周公、仲尼之道,北学于中国,彼所谓豪杰之士也。'若(郑)露者,虽其言论风采无所考见,然于莆人未知学之时,独与其昆弟从事诗书以开先莆之儒学,其亦可谓豪杰之士也欤!"清代莆田进士陈池养在《郑南湖书堂》中赞曰:"凤凰山下海潮生,不辄弦歌弟与兄。八姓衣冠安乐土,一庭风雨宝荣名。咸知砥砺成邹鲁,渐觉联翩肇宋明。造士今来贤太守,犹听两岸读书声。"郑露卒后与夫人蔡氏合葬在壶公山宝胜院东后郑山,即今荔城区新度镇宝胜村,有墓碑刻"唐太府卿南湖郑先生墓"。入祀莆田乡贤祠。

鼎鼎大名家,世代皆忠良,祖先是炎黄,子孙血一样。

〔注 释〕

①古代对府县行政长官的称呼。

②施岭庵,在县南十五里,隆庆五年(1571)郑应龄建,外为恩峰亭,上为大悲阁,匾曰"施云胜概"。

③《闽书》载:撤馆,授户科给事中,转吏科左给事中,巡视光禄。《明实录·世宗实录》则载嘉靖八年(1529)至十年(1531),其为户部给事中。嘉靖二十年(1541)再考,为左给事中。

④说法不一,有作740—816年,本文作南北朝梁陈间人。

⑤郑露生活于何时,各书所载不一,待考。

⑥刘克庄《后村先生大全集·郑逢言墓志铭》云:"君上世太府卿露,由侯官徙莆。"与志所云自永泰徙莆异。

⑦又说太府卿、赠太府卿等。
⑧南湖郑氏后裔后迁居各地,为示不忘本,故仍称南湖郑氏。
⑨《全唐诗》将"郑露"列为唐人收入。
⑩《永泰县志》载:彻云洞即永泰方广岩玉泉洞。
⑪凤凰翼,即今城厢区南山侧峰凤凰山。

明代

昌应时

曾任宁波府推官,殚心莅政,孜孜课艺

《宁波府志》载:"昌应时,莆田进士,嘉靖三十二年(1553)任,推官。"又据《天一阁明州碑林集录》《滇志》《都梁文钞今编》《湖州府志》《莆田市名人志》《明代科举与文学编年》《中国书院辞典》载:

昌应时(1524—?),字廷佐。莆田城关人。曾祖父昌孟和,祖父昌体敬,父昌在通,母朱氏,兄昌应瑞、应富、应会,弟昌应科、应际,娶罗氏,继娶陈氏。明代书法家。嘉靖三年(1524)十月初二生,行四。嘉靖二十八年(1549)福建乡试黄士观榜第十五名举人,礼部会试第277名,嘉靖二十九年(1550)唐汝楫榜三甲第164名进士。嘉靖三十二年至三十五年(1553—1556)任宁波府推官,嘉靖四十一年(1562)以刑部员外郎谪武岗(今属湖南)州判,寻升同知,殚心莅政,雅意做人。嘉靖四十三年(1564),以文昌宫(原为鳌山祠)拓建为鳌山书院,中建堂祀宋代周敦颐、程灏、程颐、朱熹、张栻"五先贤",后为瞻云楼,左右号舍三十楹。隆庆六年(1572)升湖州府同知,万历元年(1573)迁南京户部员外郎,万历三年(1575)官至临安府(今属云南)知府[①]。性坦直,不屑趋承(就教),捐俸设饩(赠送食物),会临元诸庠弟子评骘(评定)文艺,藻鉴(鉴别人才)不爽(不差),辟云路,创魁阁,土林仰之。有故事:昌公(应时)与云南程公道东同时,皆加意学徒,孜孜课艺。

值岁大比,各侈宇下士,预争科名之数,程曰云(云南)士胜,昌曰临(临安)士胜,且有扬觯(举杯)之约。程公一日课诸生,其文不当意,恚(发怒)曰:"适与昌争之,奈何?"士咸感其真切。宜乎!

明代周希程《筑象山县城记》,有"节推昌公应时"等记述。节推是"节度推官"的略称。方志载其"博学能文,尝选莆阳明诗,曰郊居诗钞,力持正宗"。

推官一职,早在唐代就已有之,相当于节度使、观察使、团练使、防御使、采访处置使下的助手,亦类似当今基层司法官员。至明代,有监察御史郑沂奏请"各府宜设推官一员,专掌刑名,不预他政,庶责有所归,而人无冤抑",明太祖准奏②,于是洪武三年(1370)起在全国各府设推官一员"专掌刑名",或曰"理刑名",推官作为一府佐贰官,主掌刑名,始于此。

朱元璋创立的明王朝,是一个典型的儒学制度化王朝,在中央集权的推动下,朝廷颁布的相关制度政策,既是理学政治的要求,也符合当时生产力的发展水准。在基层建设方面,明代于府设知府、同知、通判和推官。知府为正印官,对本府所有政事负"统领而总督"之责,权力最大,品级最高(正四品),是"一把手"。同知、通判和推官则为知府的佐贰官,"分职任事",分别为正五品、正六品和正七品官,属于辅佐正印官的官员,虽比正印官级别低,但也并非下属。按照品秩排列,推官属于"第四把手",因此推官也被称为"四府"。

推官除了日常的行政管理和履行司法职能之外,还负有监督、考察州县属官、胥吏等地方基层官吏的监察职能。此外,《大明律》还规定:"凡军民词讼,皆须自下而上陈告",因此,推官不能对所有的案件进行全权处理,有时甚至只能处置一些简单的案件,或者只能对有些案件起过滤作用,表现为能表决而不能解决。

专掌刑名的推官,其所谓的"专掌",就是"不预他政"。即一般情况下,推官不用兼职,只做专职,即使个别有差使也属于临时性的。而府中另外的佐贰官同知和通判,则除了本职之外,通常还会有兼职,如同知的本职是"清军匠",大多兼巡捕,濒海河的地方还兼海防、河防等职务;通判的本职是"管部粮",有的或兼捕盗、劝农,要是有河工、寄牧的地方还得兼修河、牧马。因而,同知和通判多有添设,有些地方同知添至两人,有些地方通判添至五人,

而推官往往"例止一人",鲜有加添。

推官虽位居"四府"之末,但与其他佐贰官相比,优势也很明显。明代鲁论所撰写的《仕学全书》云:"推官,理刑名。按院出巡,例委查核外府钱粮、刑狱,访察吏胥奸弊。故推官之权,较同知、通判特重。"这里的"按院",指的是巡按御史。"按"即巡按,"院"指都察院。

"推官"一职,到了清康熙六年(1667)为清朝裁革,至此,自唐代始创至明代以后一直"专掌刑名"的推官,正式退出了历史舞台。

昌应时任宁波府推官,自然是奉上之命,任己之职,得按特色定位和角色办事。昌应时任职期间,宁波发生了一些大事要事,他是否知晓,今已不得而知。只知嘉靖三十二年(1553)三月,王直自称徽王,分封部属官职,勾结倭寇并漳州、泉州海盗,连舸百余艘,骚扰包括宁波的定海(今宁波镇海)、昌国(今舟山)、爵溪、郭巨、宁海等沿海地区;次年又有倭寇分股掠定海金家岙,扰临山卫,犯观海卫;三十四年(1555)五月,省祭官杜槐在定海白沙(今宁波江北区)抗倭死难,倭寇犯奉化,转掠鄞江桥、樟村,宁波卫副千户韩纲战死,巡抚御史胡宗宪奏准选遣宁波生员蒋洲、陈可愿充任市舶提举正、副使,往日本宣谕制约倭寇,后于十一月至五岛列岛说动王直,又同至松浦宣谕等。嘉靖三十五年(1556),乃昌应时离任之年,时宁波知府张正和督修府城,总兵俞大猷剿灭盘踞倭寇,经历良多,事不一一,可见当时宁波之嘈杂喧嚣。

同时期莆田人任宁波府推官的还有正德十六年(1521)的莆田举人杨大黍,以及嘉靖十六年(1537)的莆田进士林万潮。

鳌山书院是昌应时调离宁波任职湖南后,为当地留下的崇学火种。湖南乃教育大省,"惟楚有才,于斯为盛",湖南自古以来就有尊师重教、崇智尚学的优良传统,人们熟知的湖南知名书院有岳麓书院、石鼓书院等。鳌山书院所在地武冈,是湘西南重镇,文化底蕴深厚,历史上建有多座书院,其中鳌山书院位于武冈鳌山坪,嘉靖四十一年(1562)同知蒙大赉改城内鳌山祠为文昌宫,"萃弟子之秀者为文会其中"。蒙大赉在武冈任职时,还曾经带领民众修建了一道大堤,老百姓称"蒙公堤"。嘉靖四十三年(1564),同知昌应时开始将文昌宫拓建为书院,前有气派大门,中建堂祀宋代周敦颐、程颢、程颐、朱熹、张栻"五先贤",后为瞻云楼,有左右号舍三十楹,举集庠之秀。惜崇祯(1628—1644)末年在兵乱中被毁。清乾隆十一年(1746),知州童广式重建于旧州学地,有大门、二门、讲堂、正谊堂、惜阴堂,及进德、日新、修业、时习四斋,集诸生肄业其中,教之有方,文风大变。时又酌定条规十则,并取先贤学规备载于编,遂成《鳌山书院志》,"俾后之学者宗以为法"。二十六年(1761)州学复归旧址,在武冈任知州十年的席芬迁书院于岷藩府故址。嘉庆二年(1797)、十年(1805),同治九年(1870)均有修葺。后来经过不断重建、修补、迁移,至光绪年间(1875—1908)改为武冈官立高等小学堂。民国初年,武冈驻长沙的中学堂从长沙北门外的荷花池迁回武冈鳌山书院的小学堂,改小学堂为"武冈县立中学校",原建筑于1927年拆毁。尽管目前已消失,但依然有记述的价值。

出成效的当然还有昌应时,凡昌应时亲历之地,皆显显可言。如明万历三年(1575),调任临安的知府昌应时,因当地人文鼎盛,每次乡试中榜者有半数为临安籍,为褒扬临安乃文风昌盛之地,故于建水文庙泮池南侧建造"太和元气"坊,原称"云路坊",题额"滇南邹鲁",时又称"滇南邹鲁"坊。万历九年(1581),知府甘一骥重修。清雍正四年(1726),知府栗尔璋又重建牌坊,改题门额为"太和元气",其下有20余亩的"学海(泮池)",塘内碧波荡漾,四周柳丝轻拂,塘中建有思乐亭,左、右有"礼门""义路"等。昌应时在云南任职时,还曾与程道东彼此称雄,事因两位知府都特别留意培养学生,尤其是在研读制艺八股文等方面,两位既然相遇,不仅没有矜而不争,反而争长竞短、较雌论雄,竟也留下了笑谈与佳话。

与弟弟相同的是,昌应时的哥哥昌应会,虽然也是位读书人,但丝毫没有某些读书人的懦弱,其自立、自信与自强的个性,亦犹石压笋斜出、岸悬花倒生。据《闽书》《姓韵》《廉州府志》载:

> 昌应会[③],生卒年不详,字廷魁。莆田城关人。以儒士中嘉靖十九年(1540)福建乡试郑启谟榜举人。累升汉阳府汉川(今属湖北)知县。县当汉江下游,土田岁被淹没,(昌)应会极意抚治,轻缓徭赋。尝有盗贼夜劫民舍,(昌)应会闻之,即驰而逐盗,盗截其两耳去,已,得盗,尽杀之。景王出

封安陆,奏封生田,阑及汉川④,太监暴横倍素,(昌)应会持之不与。太监怒其强硬,奏逮系按察司狱者累月,汉川民千余人遣护,哭白其罪,后直其枉。改会宗县(明属四川,今分属云南、四川),汉川民思之,为立祠祀之。嘉靖四十四年(1565)升廉州府(今属广西)同知,官终长史。

所谓立祠,在古代,通常有几种情况,一是家祠或是家庙,主要是祭祖;二是立生祠,即为活人所立,主要是大恩难报,立祠为感,如古代一些名望很高的清官、名医、名人等等,离任后当地人会立生祠;三是为死人所立,主要是纪念一些著名清官、社会名流。

到了清朝,政府则明确规定,凡一至三品官员的家庙,中堂五间,台阶三级,东西两庑各三间,中门外设南门,左右两边各设侧门;四至七品官的家庙,中堂三间,台阶三级,两庑各一间;八九品官的家庙,中堂亦为三间,但台阶仅有一级,没有两庑,只有一个垣门。从中不难看出,不仅建筑规模不同,间数不一,台阶不等,其等级层次非常明显,官僚家族的身份也尽显无遗。

其实又何止家庙,《礼记》连所植树木的等级都做了相应规定:"天子树松,诸侯柏,大夫栾,士槐,庶人杨。"在大环境和大操控下,人们几乎没有能力去改变整体,但可以利用微小的力量去改变细节,昌应时亦然。

〔注　释〕

①《莆田市志》中作"临江知府"。

②参《明太祖实录》卷五三"洪武三年六月辛巳"条。

③《姓韵》中作"昌应舍"。

④昌应会嘉靖年间(1522—1566)官汉川知县,明清以知县为一县正式长官,正七品,俗称"七品芝麻官"。

明代

杨继宗

曾任象山县教谕,为当地教育事业贡献良多

明、清时期,教谕为各县教职之称,其与训导共同负责县学的管理及课业,为正八品。这里的"县学",指的是旧时供生员读书的学校,亦为儒学教官之衙署。

在明朝,有一位温和亲切、清贫节俭的读书人,从千里之外的福建莆田来到宁波象山,担任的就是教谕一职。他在象山五年,勤躬耕,守节操,尽人事,顺天年,笑迎冬寒夏暑,喜育春华秋实,除了高质量完成本职工作之外,还慷慨捐献所得的薪金,为当地修学舍、创礼门、建泮桥,他的名字叫杨继宗。据《福建通志》《同治韶州府志》《象山县志》[①]等记载:

杨继宗,生卒年不详,嘉靖二十五年(1546)福建乡试洪世迁榜举人。初授宁波府象山县学教谕,捐俸修学舍,创礼门,建泮桥。温煦寒士,唯恐不及,高风亮节,唯以培植士气为己任。居职五年,绝不干谒,与县令友善,而关节未尝一到,日与诸生讲解,寒暑不辍。升南阳府叶县(今属河南)知县。嘉靖三十三年至三十七年(1554—1558)任韶州府(今属广东)同知。

莆田杨氏出自何门?有说出自姬姓,有说出自赐姓,有说他姓所改等等,《莆田文化网》"莆田杨氏19位进士及明清举人简介"一文则载称,杨姓入闽者,多为西汉弘农郡人丞相杨敞玄孙太尉杨震后裔。据了解,莆田杨氏主要有杨衡派系、杨宣仁派系、杨盈派系、杨亮节派系、杨荣派系等五大派系。

杨衡派系为唐宪宗元和九年(814),光州固始人杨衡,字邦高,杨震二十二代孙,入闽居福州福塘巷(今福州杨桥路),子孙散居莆田之仙游等地。据《枫亭杨氏族谱》载,杨衡曾孙杨在尧,为入仙(仙游)始祖,其子杨崇鼐,陈洪进女婿,明州推官,后升大理寺丞、知惠州。杨宣仁派系为杨震二十四代孙,华阴人杨宣仁偕兄弟入闽后,弟宣义徙居莆田;宣仁由涵江迁入仙游,卜居梁山麓,为度尾剑山杨氏开基祖。杨盈派系为唐防御使杨盈入闽后,初居福州,其长子杨珊官莆田县尉,卜居壶公山之东杨山(今莆田市笏石镇杨林),为杨姓入莆始祖,至第八代孙宣义郎杨植又徙居莆田新度镇阳城村,子孙散居各地。另据仙游《枫亭杨氏族谱》和华亭《埔头杨姓族谱》载,莆田杨氏自杨山徙迁各地有22族,由杨城播迁的有44族。杨亮节派系为南宋末,杨亮节行途因公滞留漳州,宋亡后,他隐居在此,及至十六世孙杨宾顺,于明万历年间(1573—1619)迁居郊尾镇杨寨村,也就是现在的阳谷村和沙溪村。杨荣派系,据《弘农杨氏月坑宗谱》载,杨震三子杨秉后裔孙杨宗兴宋初游学崇安,生三子,第三子杨季瑞,官剑州刺史,迁居建瓯欧邑,第九代孙杨荣、第六世堂侄孙杨季秀授兴化府教谕,举家自欧邑迁居莆田醴泉里玉湖铺月坑村,杨季秀为始迁祖。另外,明代兴化卫、平海卫的卫所军户中,亦有外籍杨姓世袭军职,传衍莆田。

莆田杨氏登进士者19名,明清举人则有28位,其中文举人20人,武举人8人,这里面就有曾在宁波任推官的杨大黍和宁波府象山县学教谕杨继宗。

象山县供生员修业的学校在县治东南。象山历代地方官重视儒学,表现在连续性重礼乐、重视教育等方面,在民国《象山县志》卷十四《教育考》所载中,我们不难看出,在约340年间,先后竟有包括杨继宗在内的近20位地方官员,不断地对学校的相关建筑与设施进行建造修缮,古人对县学的重视程度,令人赞叹:

洪武三十一年(1398)[②],县丞丁汝器修建。正统间(1436—1449),知县孙枢修大成殿,建文昌祠。

元明清

据嘉靖《浙江通志》记载：

成化间（1465—1487），知县凌傅修。

明建文元年即洪武三十二年（1399），县丞丁汝器修学，补祭器。正统间（1436—1449），丞马俊修明伦堂及两庑。兹二丞者，后簿书而先俎豆，可谓贤矣。旧志且佚马俊名，不亦慎乎。时知县孙枢修大成殿，建文昌祠、东西号房。

嘉靖五年（1526），令史簠重修，九年（1530）撤修，易木主，改大成殿为先师庙，尊经阁为敬一亭，遵诏旨也。

嘉靖二十八年（1549），松门经历喻松署县事，修两庑③。

嘉靖二十九年（1550），令毛德京踵修。其时创礼门，浚泮池，跨以石桥者，教谕杨继宗也。邑人应云鸑有记④。

嘉靖三十九年（1560），飓风坏殿庑⑤。逾年，通判梁绍引署县事，修之。适令游泮至，相协成。邑人史安邦范铁铸鼎，殿庑各一⑥。教谕俞以仁记其事⑦。

万历五年（1577），修斋舍、廊庑、垣墙、阶砌及器皿几榻者，署教事郭立之也⑧。七年（1579），创教谕宅西斋三间、训导宅川堂二间，县令曾学孔也。十六年（1588），重修庙庑、斋舍，再于启圣祠前增号舍三间，县令陈天祥主其事，邑人史选选材佽助，记之者慈溪人王萱也⑨。三十二年⑩（1604），形家谓棂星门外逼民楼非宜。遂扩其地，收玉带溪于墙之内，设石桥二，周以墙，东西各设门，则知县周官也。三十五年（1607），知县吴学周重修殿堂两庑。

崇祯六年（1633），飓风坏学宫，知县陈美重修，记之者礼部尚书镇海薛三省也⑪。十一年（1638），知县汤维岳又修之。

记录杨继宗"创礼门、浚泮池、跨以石桥"等事迹的应云鸑是象山人，据民国《象山县志》卷三十一《文征》所载，邑人应云鸑曾作《修学建城记》：

象学昉唐会昌，中更废兴，前牒勿传，数百年来，明兴，天子广厉学宫之教，于是有司争奉称德意。成化间（1465—1487），凌侯傅令象，学宫滋益大起。初，学营偏右阽隘，东邻起文府君居，侯欲购而辟之，府君让地却购金，自东庑以南迤东者即其地云。侯遂徙旷更制，翼然备矣，即今规划尚存大

都。迨嘉靖戍[戊]申(1548),益大坏。惟庙堂仅存,而朽敝漫漶,不可辨支,乃斋庑门祠,鞠为秽区。时有以修复请得帑金百有四十,会毛侯新莅,以谋诸学博杨君(杨继宗)而交成焉。庀材鸠工,经始于嘉靖辛亥(1551),越壬子冬讫役。为庑十六楹,为门三楹,为名宦、乡贤祠各三楹。泮故无桥,而修道、据德二斋仍缺,帑金且匮。故事,诸生时课犒[犒]赏,岁计四十金,杨君(杨继宗)省以资费,毛侯是之,且各捐俸以助,而两斋成,泮始桥。惟庙若堂,易朽撤敝,陶甓黝垩,式廓一新云。

又据民国《象山县志》卷二十四《先贤传三》所载,应云鷟,字瑞伯,又字子瑞、东塘,振肃子,象山人。初,振肃40岁未有子,识者曰:"君德必昌后,无忧。"果不其然,应云鷟生而颖异,小时候来到父亲读书处,看到经典著作非常多,总会说"会须读尽此书,方是男子!"为此其父等人暗自称奇。应云鷟稍长大一点,就开始磨砺学习六经、子、史等,且无不深通广晓。之后登嘉靖辛丑(1541)进士,出令临川。时临川县民惯聚讼,逃避赋税者滋积。前令唯鄞人周相,号神明,余多不振。应云鷟到任后,禁奸息争,清查丁粮,定提纲振目者二事:一核国实,二稽国虚;沿流寻源者四事:一曰清赔虚之弊,二曰清诡冒之弊,三曰清逃绝之弊,四曰清飞倒之弊。以各都、图之实粮,补各之虚数,上不病国,下不害民。此外又筑文昌堰,疏千金陂,议设巡司,建树声楼,刻印《王荆公(王安石)全集》,邑大治。嘉靖甲辰(1544)夏旱,则预防荒歉,抑债主之勒限,禁租额之取盈,照时价以出粜,多利息以交贷,发赃罚以备籴,缓京折之征催,政绩炳著。此外,当道每以疑狱下之使讯,其谙练明断,多所平反。升兵部车驾司主事后,谓练兵预备之者"平时操练,多属虚文,临报起行,又皆仓卒,将卒不相知,人马不相得,如之何其可也"。又曰"军资于兵,兵资于食,苟仓廪既实,则礼节可兴;倘饥寒切身,虽子母难保。况当更始之际,可无优恤之惠乎?"尚书王以旂、赵廷瑞器之。迁职方司员外郎,进武库司郎中。时有边警,数议征讨防御之计,赞划为多。丁内艰归。会象邑建城,形势规制皆出其经划。服阕,赴补原任。朝绅竞誉,谓有经济才,方欲柄用,以疾卒于官。

应云鷟闻道最早,仪表修洁,制行端严,好古文辞。史载凡所撰著,悉本六经而步迁、固,唐、宋以下勿屑也。

　　杨继宗是名举人,应云鹭是名进士,就学历而言,后者更具优势。然则,由学历至上转向能力至上是历史发展的必然,因而即使职务不同、文凭各异,只要行高于众、出人群者,也可谓巨擘。

〔注　释〕

①民国《象山县志》卷五《职官表》亦载:(象山)教谕杨继宗,(明嘉靖)二十九年任,莆田举人,有传。乾隆志作莆田贡生。卷二十一《名臣传》又载:杨继宗,莆田人,(象山)署教谕。捐俸修学舍,创礼门,建泮桥。温煦寒士,唯恐不及,高风亮节,惟以培植士气为己任。居职五年,绝不干谒。与县令友善,而关节未尝一到。日与诸生(讲解),寒暑不辍。升知叶县去任。

②雍正《宁波府志》作三十二年。

③嘉靖《宁波府志》:嘉靖二十八年(1549)令毛德京大加修葺。

④详见民国《象山县志》卷三十一《文征》。

⑤《浙江通志》引作"坏殿堂斋"。

⑥《浙江通志》引作文庙、启圣祠各一。

⑦此记不传。

⑧此二十六字,据《道光县志》补入。

⑨记见民国《象山县志》卷三十一《文征》。

⑩雍正《宁波府志》误作"二十三年"。

⑪记见民国《象山县志》卷十九《金石考》。此二十八字亦据《道光县志》补入。

明代

徐廷龙

曾任宁波象山知县,任上不烦敲扑,以德化民尽其贤

据民国《象山县志》卷五《职官表》载:徐廷龙,隆庆二年(1568)任象山知县,莆田举人,升南京北城兵马司,有传。

象山在明州(宁波)海上,有丹山、蓬莱之胜,亦有玉芝、朱草、琅玕及不死之药,故古仙神人徙居者甚多,人物多风流蕴藉,有冠带佩玉之气象。自宋以来,故家文献,栋宇相望。为此,明代鄞人郑真谓之"幅巾野服,逍遥丹邱"[①]。

明朝一代,分天下为司、府、州、县,其无论大小,官皆全设,象山即设有知县、县丞、主簿、典史,其中知县掌一县之政。

徐廷龙任象山知县的前两年,即明嘉靖四十五年(1566),先有兵部右侍郎、鄞县人范钦归里后,在宁波城内建起了天一阁藏书楼,储书至七万卷。次年,即隆庆元年(1567),宁波解除海禁,允许民间海外贸易,此对紧靠大目洋、猫头洋、渔山三大渔场,拥有800公里海岸线和著名的避风良港象山港的象山县来说,无疑是招来春风。如果说前者有"书藏古今"之雅誉,后者则使象山县拥有"港通天下"和"全国渔业大县"之美称。

然则,世事难料,时有通塞。洪武元年(1368),叶希戴、王子贤率领兰山、秀山等五岛岛民起义,驾舟200余艘,先袭定海,攻明州,被驸马都尉王

恭击退,次年却又率起义岛民攻占象山县城,且再次被击败。一晃十多年后,即洪武十四年(1381),朱元璋准鄞县人单仲友的奏请,因明州同国号,乞改名。皇帝以郡有定海县,因改为宁波府,宁波名称始于此,希冀"海定波宁",但此后又接连发生了尽遣昌国(舟山古县名)县秀、兰、岱、剑、金塘五岛上封禁地的居民入内地,将壮丁编伍入宁波卫,迁象山南田岛居民入陆地和徙大榭、小榭岛民至穿山等地,倭寇进犯象山致县丞、教谕等人死难,宁波瘟疫大作等诸大事,因而并不宁静。

嘉靖二十五年(1546),倭寇再犯象山县,掠夺石浦所城,县令蒋三才成立乡团抵御,勉强得以取胜。嘉靖三十一年(1552)二月,王直引来倭寇,一百多艘贼船载着盗贼四处烧杀抢掠,四月攻入赤坎游仙寨时,百户秦彪拍案而起,连不是兵士的弟弟秦汉也请战同往,最后双双战死沙场。六月,倭寇攻陷郭巨所城等,令宁波府官民震恐和滨海各地告警。直至嘉靖二十五年(1556),总兵俞大猷、卢镗追倭寇于海上,先后共擒斩950余人和沉倭寇船只数十艘。至嘉靖三十八年(1559)三月,倭寇800余人犯象山何家揽(今王家兰村)、石浦等地,并在何家揽立木建寨,海道副使谭纶率部往剿斩100余人,几乎全歼来犯之敌,军民同仇敌忾。

据不完全统计,仅嘉靖年间(1522—1566),日本倭寇与国内海盗结成同盟,对东南沿海地区连年发起大规模侵扰,其中象山受害尤为严重,为此象山的军民与之开展了英勇无畏、艰苦卓绝的斗争。徐廷龙就是在如此严峻复杂的环境条件下出任象山县知县的,足见其绝非等闲之辈,更何况官员纷纷向皇帝上书举荐徐廷龙,在他离任时出现了众百姓拦路辞别之感人情形。

综合《福建通志》《金华府志》《象山县志》《闽书》《莆田市名人志》等载:

徐廷龙,生卒年不详,原名徐庞,字纯甫,一字梅松②。莆田城关北关人。有三女,徐玉英、徐淑英、徐德英,皆有诗才。嘉靖三十七年(1558)福建乡试黄才敏榜举人。任上海县学教谕,擢象山县(今属浙江宁波)知县。象山民多顽[顽]梗,好讼,(徐)廷龙至任,不烦敲扑③,以德化民。先是直(连)值兵火,邑多流亡,安定还集,户口始繁庶。乃固城守,团保甲,增敌垒,岛夷闻

风远遁。都御史谷熊、御史周吴交章④荐其贤。三载奏绩。升南京兵马司。民遮道送之。万历二年(1574)任金华府同知。官至徽州府(今划分安徽、江南管辖)同知。

徐廷龙任金华府同知时，凡难事必作于易，大事必作于细，民皆誉之。明万历刊、清康熙补刊的《兰溪县志》载："万历六年(1578)，兰溪紫岩乡龚、周、王三姓人民以本户官、民米，陷折数多节，告丈量通县田土补折。蒙都察院徐准行、本府同知徐廷龙、知县张新立法严密，分遣各乡正人等沿丘履亩，逐一丈量，折算报县，再加查算，以补官、民米旧额正数有余。"徐廷龙任徽州府同知时，在处理明万历九年至十二年间(1581—1584)下属县休宁的"著存观"争讼案过程中，经过仔细实地勘查，最终由知府高时做出判决，确认观产为金氏后人佥业，把疑难复杂案件办成了铁案。

徐廷龙有三个非常漂亮和聪明的女儿，分别是徐玉英、徐淑英和徐德英，她们个个知书达理，工于诗文。《莆风清籁集》《莆田市名人志》载徐廷龙的女儿：徐淑英，生卒年不详，字云卿。莆田城关北关人。徽州同知徐廷龙次女。嫁布衣林瓒，早寡，以诗书自娱。著有《女诫杂论》《贞蕤堂集》。有《自矢》诗云："夫婿已亡十五秋，冰霜永矢诵柏舟。妆销菱镜眉长锁，怨入琴声泪自流。薄命常依姑作伴，孤身受托子为忧。但偿地下人辛苦，使可抒怀守垅邱。"又与其妹徐德英作《村居吟》云："半野悠然一草庐，潭光树影伴幽居。客来频注罂瓶酒，事简长寻玉轴书。屋角条桑呼婢采，陇头香稻看人锄。庞公爱此村中趣，共笑烟霞乐有余。"《莆风清籁集》收录其诗四首。《兰陔诗话》云："明万历(1573—1619)中，吾莆徐郡丞纯甫三女：长玉英、次淑英、次德英，桃李容结，松筠节操。彩牋对劈，齐吟《柳絮》之篇；斑管分携，争制《椒花》之颂。方诸若莘姐妹，固当不愧。"惜玉英佳咏已少流传，淑英、德英遗篇亦不多见。

俗话说："门前立规矩，身份自有别。"门当户对，是古代婚姻稳定的重要基础，游离在婚姻制度的不同时期，被相当一部分人当作准则遵循。徐淑英嫁给林瓒这位平民百姓，是欣然愿嫁还是痛下决心如今已不得而知，其中有一个关键因素，那就是古代的婚配制度。

比二姐更不幸的还有徐廷龙的小女徐德英,也遭到了命运的捉弄。据《列朝诗集小传》《兰陔诗话》《闽书》《历朝诗集》载:

徐德英,生卒年不详。徐廷龙三女,徐淑英、徐玉英妹。能诗善属文,许配澄渚俞方伯维屏之孙。俞维屏之孙乃纨绔子弟,合卺之夕,与婶林氏往来诗文,缠绵恻怆,为人所传。傅姆对俞维屏传语云:"新人要郎君属对,而后就寝。"恨所适不得人,时形诸笔墨。德英指砚台出句云:"点点杨花落砚池,近朱者赤,近墨者黑。"新郎瑟缩不能对。移时,德英笑曰:何不如对"双双燕子飞帘幕,同声相应,同气相求"。作有《革除录》《女诫杂论》《燃脂集》等。夫死后,德英守节不嫁。作《悼志赋》云:"孰非仁而可蹈兮,孰非义而可长。熊与鱼之难得兮,兰芷不以非地而改芳,往者既已矣,余何为独伤。"好花最苦是时节。后徐氏卒,其子取其稿焚去,仅存《批点二十一史》及诗《悼志赋》一首,还有《梁鸿、王凝妻诸赞》及《读〈离骚〉》和《六朝隋唐史论》数十篇⑥。卒后,郑邦衡辑其《批点二十一史》及《悼志赋》《梁鸿、王凝妻诸赞》《读〈离骚〉》《六朝隋唐史论》等数十篇刻版成书。其诗有孀居及泉下人去之语,冰霜之操凛然。与姊淑英载入《郡志节妇传》。子俞钟耀,能诗善画。

"男怕入错行,女怕嫁错郎",自古皆然。然而男人未尝择地而生,佳人又未必能选夫而嫁,故而徐德英嫁给了俞维屏的孙子,构成不谐组合,令人恻然。而究其实,谁又能够料到,像俞维屏这样的人物,他的孙子竟也是个游手好闲、不务正业的纨绔子弟?世道如此不怜才,东风反被秋风误。

有关俞维屏的简况,史志载:俞维屏,字树德,号孚斋。莆田澄渚(今荔城区西天尾镇澄渚村)人。曾祖父俞钊,祖父俞应星,父俞直宗,母周氏,兄俞维翰,娶林氏。明代书法家。正德九年(1514)六月初三生,嘉靖十三年(1534)福建乡试杨子充榜第90名举人,礼部会试第319名,嘉靖十七年(1538)茅瓒榜二甲第61名进士,授刑部主事。时严嵩当国,绝不与通,有所嘱持不可,忤意谪官。严嵩败,起补主事,迁员外郎中。外转浙江按察司佥事,分巡嘉湖。升河南布政司参议,嘉靖三十三年(1554)二月,以剿师尚诏有功赏银二十两。迁广东按察司副使,值峒寇反,攻陷州郡,(俞)维屏会师合剿,贼困愿抚,峒寇遂平。内侍王守忠捕翡翠海滨,大肆民害,(俞)维屏一

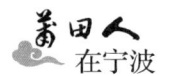

绳以法，守忠怒诬奏落职，事白，迁贵州左参政。丁内艰，服阕，起升贵州右布政使，赴任，卒于长沙。性清介廉明，兴剔利弊，奸胥豪猾，望风屏息。《兰陔诗话》云："孚斋清介严明，降叛寇，抑巨珰，所在俱著能声。"传俞氏自明成化至清朝有郡庠士、太学生、增广生116人，举人17人，进士5人，赐七品官服者28人，知县7人，府、州官6人，布政2人；自俞钊至俞逊祖孙七代科甲蝉联，簪缨相继。由是观之，似乎天下雅人韵士尽集俞家，俞家衍财赡财自然也顺理成章，此无非给徐德英之嫁增添了理由。

一纸数行，不过寒暄几句；人之所处，有时如此不堪。

〔注 释〕

①幅巾野服：幅巾是古代男子以全幅细绢裹头的头巾；野服，指村野平民穿戴之服装；逍遥丹邱：逍遥乃缓步行走貌；丹邱，即传说中的神仙所居之地。

②《金华府志》中作"字纯甫"，《象山县志》中作"字梅松"。

③不烦敲扑：不烦，不烦冗；敲扑，古时用作鞭刑的两种刑具，长者为扑，短者为敲。

④文章：官员交互向皇帝上书奏事。

⑤见《香祖笔记》，德英著有《革除录》一卷。

> 明代

李多见

曾任象山县知县，宁波府通判，有德政清誉

在明代，由于巡抚无下属机构，仅凭一人之力难以管理一地，尤其是边远地区地域广阔，更需要中下层官员配合，于是府一级的同知和通判成为连接基层与中央的重要环节。一般情况下，通判职掌并不固定，而辅佐知府实施地方行政则成为常态，被指派任务的轻重多寡具有较强的灵活性；其办公官署，亦"府官居第及各吏舍皆置其中"，即凡知府、佐贰官、吏胥等公职人员，必须集中在同一衙门办公居住。《大明律》还规定有司官吏不许住在街市民房，目的是相互监督与劝勉，同时也减少私下与外界接触的机会，防止腐败与怠政。

即使有一定之规，亦有翻墙云梯。人要是不能自觉，即使有千条妙计用于除道清尘，也避免不了知法犯法的尴尬，如洪武年间（1368—1398）发生在浙江的金华府通判王玱"为水灾受钞九十贯"贪污弊案、邵武府通判萧嗣源"为水灾受钞七十五贯"贪赃枉法案、湖州府通判张大初"为点替巡阑事"大开买通舞弊之门假公济私案等，种种乱象，依然上演。

然李多见虽外沉冗，却薰莸不同器，依然怀揣梦想，在宁波府通判和象山县知县任上竭尽其力。民国《象山县志》[①]卷二十一《名臣传》载：李多见，字子行，莆田进士。自松江知府，左迁宁波通判，松江士民遮留，不得行，杜门绝镫,淹数日方莅任。会象山知县缺,多见署篆。兴学以造士,治堰以灌田,发奸以摘伏,平讼以息争。视事三月,士民爱戴犹松江云。

综合《明实录·神宗实录》《明史》《闽书》《黎族藏书·方志部》《古今图书集成》,万历《琼州府志》《太平府志》《莆田市名人志》《中国社会通史》《晚明曲家年谱》等记载:

李多见,生卒年不详,字子行。仙游人。父李德用。明书法家。万历元年(1573)福建乡试苏濬榜举人,万历二年(1574)孙继皋榜三甲第15名进士。为户部郎中,转吏部,出为浙江参议,约万历十五年(1587)以史部事谪(降职)太平府(今属安徽)通判,转礼部郎中,万历二十年(1592)出知松江府(今属上海),绳右族(豪门大族)以法,惠爱穷黎(贫苦百姓),唯恐不及。自奉俭约,役民力作,计功受直。狱有罪囚,哀矜衣食之。儒生以文艺谒者,接见无早暮。甫三月,以前任中考功谪宁波府通判,去之日,士民日拥府,号泣愿勿去,至垒石塞诸城门,揭白旗集众诣阙请留,兵备②江铎闻之,以为民且有变,率兵自卫至郡,罪首事太学彭汝让、诸生蔡汝中等,多见亦遂行赋《棠溪吟》以见志,曰:"少小事姑嫜(丈夫的母亲与父亲),懒拙(疏懒笨拙)强撑持,夫子见斥逐,大义当乖离(背离),奈此乳下儿,号泣牵我衣,儿号既惨切,母心亦伤悲,母出与庙绝,儿行欲告谁,阿爷千人杰,后母称贤姬,儿慎加餐饭,母子长相依,弃置汝中野,我行心自知,驱车艰复顾,恻恻中心凄。"时陆文定树声致仕里居,未尝入公府,特为(李)多见造门(上门),又置酒出饯云。淹(迟延)数日方莅任,会象山知县缺,(李)多见署篆③。兴学以造士,治堰以灌田,发奸④以摘伏,平讼以息争,视事三月,士民爱戴犹松江云。万历二十五年(1597)擢琼州府知府,重学校,严吏胥,民有讼者,论以曲直,不事敲扑。万历二十七年(1599),黎马矢乱⑤,(李)多见申文誓众,讨贼止擒首恶,不许妄杀。招募义兵,亲诣督战,竟获(黎)马矢。凯旋后,请立水会所,设官兵守御。以母老乞休,士民恳留不可得。束装之日,唯图书数篚,父老遮送赠金,不受。北渡至海安,篚中检得沉香,立焚之。琼人为建毁香亭,并建生祠,言曰"忠孝清高"。著有《周礼纪略》《楚游》《学源小学》《学原前后编》八卷等。

元明清

万历二十年（1592），李多见出知松江府时，发生了一件轰动朝野的群体性事件。时松江府衙前突然聚集起人群，哭喊喧闹声响成一片，大街小巷一时贴满了文书，驻足观看的人们加入了运砖搬石的队列，他们封堵了城门，竖起了自制的幡旗，有人甚至还搬来桌椅，临街募捐，筹款为李知府修建生祠。事情的来龙去脉是这样的：李多见莅任松江府之后，立志为民，惩究恶顽，安抚百姓，昭雪民冤，凡是愿意提交的诉讼全部受理，并重新审理积案、旧案，对所有案件无论大小都深入剖析，明断是非。不仅如此，他还保护民间文士和市井小民，而对巨室大姓与财阀士族并不容情，才当了几个月的知府，就因触犯某些死板的规矩即将被罢官，老百姓闻知后忿忿不平，于是出现了如此动情的一幕。

时负责治安等工作的江铎接报后大吃一惊，以为松江府有人聚众骚乱意欲造反，于是赶忙率领大部队兵临城下，无论怎么解释都难于化解，最终还是把几个首要分子给抓了起来，并把松江府内一些可疑对象收拾了一番。当时有两种解释的声音，一种认为老百姓出于真心，以实际行动喊冤并要求朝廷恩准李多见留任；另一种则认为这是个有策划、有组织的"保官"运动。最终抗议活动没能成功，民意挟制也不起作用，朝廷依然罢了李多见的官。据说李多见离开松江的那一天，大雨倾盆，众怒群猜，送行的人们心里悲凉，只能以堵塞道路发泄情绪。同为有德行之志士，大臣陆树声对此也发出不平叹息。陆树声即明朝一代名相张居正所赞叹的名句"朝廷行相平泉矣"的当事人。

史载陆树声（1509—1605），字与吉，号平泉，松江华亭（今属上海市）人。家世业农，从小种田，暇时苦读，嘉靖二十年（1541）会试第一，得中进士，被选为庶吉士，授翰林院编修，后因父亲病重，回乡服丧三年。其后他数次辞官，又屡被起用。陆树声狷介耿直，自我管理严格，在位时尽心尽职，曾亲拟学规条教十二章，训励诸生，为朝廷所看重，提升他为吏部右侍郎，然而陆树声却以患病推辞。穆宗即位后再次相召，仍不就任。神宗嗣位后，派使者至陆家拜陆树声为礼部尚书以示礼遇，陆树声力辞不得，始赴任。

陆树声门生盈门，兵部尚书袁可立、礼部尚书董其昌皆其得意门生。早

在万历五年(1577),陆树声就延请董其昌到他家教授儿子陆彦章,同时在陆家寄读的还有袁可立,后来董、袁、陆三人于万历十七年(1589)一起中了进士,袁可立官至兵部尚书,陆彦章官至南京刑部侍郎,董其昌亦因此缘故得以从学于陆树声,尊其为恩师。陆树声撰有《学吃亏》歌谣流传甚广:

人皆要便宜,我便学吃亏。非人皆伶俐,非我独呆痴。

我便人不便,我宜人不宜。谁人肯吃亏,循环相报施。

纵人不还报,彼苍安能欺!我见便宜者,往往多吃亏。

身[生]命多短折,子孙随式微。挟智逞诈术,乘势恣营为。

那[哪]知冥冥中,盈满祸相依。我见吃亏人,往往多便宜。

知白务守黑,知雄务守雌。那[哪]知冥冥中,谦虚福所归。

便人乃自便,宜人乃自宜。命缘本浅薄,积善天可移。

若复造恶孽,凶祸当益滋。如彼富贵人,更须学吃亏。

同生天地间,我独享荣肥。须有大功德,乃可留天禧。

即如寻常人,福泽难久居,况复爱便宜,鬼神实瞰之。

近身运儿孙,后悔将安追。我劝世间人,总要学吃亏。

李多见亦有《棠溪吟》以见志。其中的"奈此乳下儿,号泣牵我衣",读之益为悲惋。时尚书陆树声致仕里居,未尝入公府,独为多见造门,又置酒出钱。

万历二十五年(1597),李多见任琼州知府时,已经是从四品的官员了,有道是"官官相护",但他却在《征黎告文》中说:"庸官以贪起衅,征需无艺,诓索多途",大意是说,导致黎人频繁爆发叛乱的主要原因"在官而不在民"。史料显示李多见履任多地,也曾在中央任职,官至浙江左参政,从三品,见多识广,确为一位并不多见的官员。

李多见的父亲李德用,亦是位严谨自守的清官,据《国朝献征录》《福建通志》《闽书》载:

李德用,生卒年不详,字于义。莆田人。兄李仰止,子李多见。嘉靖十九年(1540)福建乡试郑启谟榜举人。嘉靖三十一年(1552)出任潮州府长乐知县。为政务举大体,不苟求细节,严谨自守,为官清廉,捐薪俸建董源桥。性介而宦贫,不能养交,六年弗迁,藩司亦弗与考绩。因病图归省,恳乞致仕,不俟报,径归,殷分巡知德用清苦,檄县赙百金为赆,坚辞不受,行至上杭病卒。百姓闻之,奔赴吊丧,赠赙金运其灵柩。其子亦不受,曰:"此非先人意也。"父老在长乐城西建却金亭,并立祠旌表其节。后入祀莆田乡贤祠。

李德用的兄长李仰止,亦与浙江有缘,其曾任浙江金华府汤溪县学教谕。据《明代科举与文学编年》《汤溪县志》载:

李仰止(1500—?),字君山。莆田人。曾祖父李士元,祖父李时宁,父李从威,前母魏氏,母苏氏,弟李仰敬、仰舜、仰孟、德用,娶黄氏。明代书法家。弘治十三年(1500)十二月初五生,行一。嘉靖十三年(1534)福建乡试杨子充榜第88名举人,任金华府汤溪(今属浙江)县学教谕。礼部会试第77名,嘉靖二十年(1541)沈坤榜三甲第69名进士。官至绍兴府推官。

地北天南,李苦瓜甜,朝野同见,古今亦然。

〔注 释〕

①民国《象山县志》卷五《职官表》载:李多见,知县,万历二十一年(1593)任,有传;《天一阁明州碑林集录》之《宁波府题名记》则载:李多见,字子行,莆田人,由进士万历二十二年(1594)任(宁波府)通判,二者在任职时间上记载不同。

②明朝时,在边疆及各省要冲地区,置有整饬兵备的按察司分道等。

③署印,因官印皆刻篆文,故名。

④发奸,指揭发坏人坏事。

⑤明万历二十七年(1599),黎马矢等在水上村率众起义,黎民热烈响应,起义军伏杀官吏,袭击军营,横扫澄迈、会同、文昌等县,声势浩大,震动州府。

明代

陈其志

王阳明弟子,为人恭俭宽厚,曾任宁波府奉化知县

奉化位于宁波市中部,老市区南部,秦、汉时为鄞县地。奉化溪口雪窦山,多古刹悬崖和幽谷飞瀑,唐时已有名声。雪窦资圣禅寺为"天下禅宗十刹"之一,御书亭有宋理宗御书"应梦名山"石碑,千丈岩瀑布有宋真宗赐名"东浙瀑布",妙高台有"日月挂天柱"之称。元元贞元年(1295)奉化升县为州,隶庆元路;明洪武二年(1369)复改县,隶明州,十八年(1385)后,隶宁波府。

明代莆田人陈其志,曾在奉化担任过知县。据《福建通志》《永嘉县志》《王阳明及其学派论考》《八闽通志》《历代诗人咏乐清》等载:

陈其志,生卒年不详,字公衡。莆田城关人。陈伯献曾孙。明代书法家,王阳明门人。万历七年(1579)福建乡试陈文选榜举人,万历十一年(1583)朱国祚榜三甲第33名进士。任温州府永嘉县知县,为人恭俭有法度,和乐平易,宽厚而爱人。时卫承芳为温州府知府,特器重之。丁外艰,补宁波府奉化知县。调苏州府长洲县,长洲故冲烦县,其志治办无休歇。又以其间延接(引荐接纳)吴士之能文者,海内骚人、墨客皆与倒屣为尽。以治行(治理的成绩)征,有挤之者,竟授南户部主事。寻改南京兵部,旋改南京吏部。精通察人之学,在校检南闱[①]时,得士十人,居多为知名进士。丁内艰,

起补礼部精膳郎中，疏言副院万世德才，第可治边，不宜内台。坐谪贬庆远府河池州（今属广西）州同。致仕，归而讲孔孟之学。不久卒。时人惜其英年早逝。卒后人祀莆田乡贤祠。工诗，格调类王维、孟浩然，蕴藉清新。其文论著作，士人争相传诵。《兰陔诗话》云：公衡诗情真雅淡，规橅王孟。倘假以年，当臻闻矣。《历代诗人咏乐清》②录其诗《同吴明府何征君游玉甑峰》，《全闽诗录》收录其诗二首。著有《金湖诗集》，曾编辑并刻印过李材《正学堂稿》四十卷。

陈其志的曾祖父陈伯献，乃明代广西提学副使，曾因疏逆党刘瑾罪状而被削职为民。据《明实录·孝宗实录》《明实录·武宗实录》《重刊兴化府志》、嘉庆《雷州府志》《广西教育史》《八闽通志》《明诗纪事》《兰陔诗话》《莆田市名人志》等载：

陈伯献，生卒年不详，字惇贤，号峰湖，莆田人。弘治二年（1489）福建乡试傅鼎榜第2名举人，弘治十二年（1499）伦文叙榜二甲第67名进士。弘治十四年（1501）一月授南京吏科给事中，弘治十七年（1504）奏请停福建采鹧鸪竹鸡等珍异禽鸟之事，以苏民困。正德三年（1508）四且疏逆党刘瑾罪状，被削职为民。瑾败，正德六年（1511）二月擢广东布政司左参议，分巡海北道。正德十年（1515）四月升广西按察司副使，提调学校，兴复"宣成书院"，作《重修宣成书院立田记》。未几，以母老乞归，结茅莲花峰下，游情艺苑，兴致翩翩，作文风格近似曾巩，绘画宗法王维，诗品亦在钱、刘之间。《明诗纪事》录有其诗二首。著有《峰湖集》若干卷。遭绘画，工山水。弘治五年（1492），知府王弼在大道街为己酉科陈伯献、郑钊、黄铭、黄颐、方瑛、郑钟、卓文渭、谢恺、郑岳、方珙、黄开颜、邱谦、陈汝秀、郭纪、卓文澄、林齐、谢复、方良永、康恭、陈大成、方文敏、彭申、陈邦器、黄辉、李天民、黄㮚、黄相、陈谦山、吴明通、林大霖、郑京、刘朝兴、郑矗立"多隽坊"。弘治十四年（1501），知府陈效等在后街为本科进士陈伯献、吴希由、柯英、陈邦器、李廷梧、陈文滔、林季琼、李鼐立"己未进士坊"。

陈伯献所重修的广西"宣成书院"，雍正《广西通志》（卷三十七）《学校》载称："宣成书院旧在今府学之西，宋景定三年（1262）经略使朱禩

孙建，祀南轩张宣公栻、东莱吕成公祖谦。理宗敕赐匾额，后毁。元元贞（1295—1296）中重建，至正三年（1343）重修。明初改为临桂县学，正统五年（1440），御史刘隽复建于县学西。弘治十七年（1504），提学姚镆移建府县二学之间。正德（1506—1521）中，右布政使翁茂南（莆田黄石人）、按察使宗玺、参政黄衷、副使傅习、张祐各捐俸重修，置祭田三十亩。陈伯献有《重修宣成书院立田记》，明末复废。"陈伯献的《重修宣成书院立田记》，全文千余字，写得学政增崇，人心飞跃。言之有文，行之已远。陈伯献还曾在广西桂林虞山留有诗刻，在莆城西莲花峰下筑室以居并作《莲峰石记》，在莆田月峰院（今月峰禅寺）绘达摩面壁图等，如玉之在山，现身而贵。

而作为王阳明弟子的陈其志，唯贤唯德，能服于人，且接纳之美，在于得贤。更何况，王阳明与莆田人向来就有交往与交情，其与刑部尚书林俊、兵部右侍郎林富、寿州知州林僖、顺德知县林应骢等情谊颇深，与弟子马明衡、陈杰、林达、林学道、蓝渠等也都建立了良好的师生关系与情谊，他还曾经竭力举荐过莆田生员陈大章等等。

王阳明（1472—1529），名守仁，字伯安，自号阳明子，世称阳明先生，浙江宁波余姚人，明朝杰出的思想家、文学家、军事家、教育家，南京吏部尚书王华之子。明弘治十二年（1499）登进士第，官至南京兵部尚书，封新建伯，精通儒家、道家、佛家，上承孟子，中继陆九渊，形成风靡明代中后期并与程朱理学分庭抗礼的阳明心学，对传承与发展儒学的贡献尤为卓著，亦以文治武功俱称于世。他有许多弟子，被称为姚江学派，张居正、曾国藩、梁启超、章太炎等名人对其思想深信不疑。其主要传世著作有《王阳明全集》《传习录》等，其学说影响明朝和清朝乃至当代。能接受王阳明这位史上少有的全能大儒的教导，这对陈其志来说，显然是件至善至美的事。

陈其志在担任温州府永嘉县知县时，因一向态度恭谨、谦逊和俭约，曾得到时任温州府知府卫承芳的赏识，并常受夸赞之辞。卫承芳幼通经史，博览群书，在隆庆（1567—1572）、万历（1573—1619）、天启（1621—1627）三朝为官，清正廉洁，能容人之细过，能救人之危难。在温州知府任上，其公正廉明，善抚百姓，在主持重修鹿城书院、建庙堂、兴工商、重农耕等方面政绩卓著，后升任浙江副使；不久因父亲去世而回归故里，再度起用时被推荐任山东参政，继而升江西巡抚，官至南京户部尚书、南京吏部尚书，卒赠太子太保，谥"清敏"。传卫承芳在升迁途中，地方官员大摆筵席并争相献上金银珠宝以奉承贿赂，卫承芳严令一律不准，有时为避开迎来送往的社交甚至绕道数十里赴任，有时则不告知到任时间，或只带随从悄然前往，尽见修身、施事、见言之道，帝有旨赠"一代醇儒""三朝元老"。据嘉庆《达县志》载"一代醇儒"四字乃万历皇帝亲笔御书，"三朝元老"则在清嘉庆十二年（1807）修缮时题额。

除了官员的身份，陈其志还是个具有文人学者气质的人，与一些文人意气相投，并因此厚植情缘、广结善缘、拓展文缘。在古代，文人相聚，吟诗作文，把玩字画，游赏风景，被视为是读古人书、友天下士、情文兼至、姿态横生的更高境界，这当中，自然也少不了酒和茶。陈其志把以文会友、以友辅仁当雅事，对文化自然也就不会有丝毫怠慢。

陈其志虽然聪颖多慧，做人有尺，做事有度，但因不肯屈意事人，最终还是落了个谪贬。人或毁己，当退而求于己身，官官如此，在在如此，为此陈其志提前退休，回故乡讲授孔孟之学。

正当陈其志不遗余力地"得才而教至乐也"时，不幸突如其来，有志无时，英年早逝。或许，对他而言，破了生死关，才是大休息。

〔注 释〕

①南闱：明清科举考试，称江南乡试为南闱，顺天乡试为北闱。
②该书载其曾官乐清知县。

明代

柯 昶

曾任鄞县知县,举异卓,民尤德之,有神明之誉

明万历三十二年(1604),莆田人柯昶考中杨守勤榜进士。次年,千里迢迢来到宁波,任鄞县县令。《宁波府志》载:

柯昶,莆田人,万历三十三年(1605)任鄞知县,有传。

柯昶,字季和,莆田人,万历三十二年(1604)进士,明年知鄞县,时征粮多逋缺(欠缺),(柯)昶创双连印票,令典柜与纳户各执其一,以便磨对(查验核对),遂绝影射虚填之弊。增置收粮箱,为三册,一备阅,一给里,一存房。上下皆无可欺,自是民乐输。将春夏时,渔户卖盐出洋,皆输税于官……耗折少而劳逸均……民尤德之,擢户部主事。

《莆阳进士录》载:

柯昶,字季和,号和山,柯茂竹之子,莆田县人。进士及第后,授鄞县知县,"邑多要绅,号称难治,(柯)昶综核精敏,物无遁情,奉母膳馐外淡约自供而已"。迁南京户部主事,"勾稽出纳,以时散给,人不苦守候,吏亦不得缘以为奸。权(暂代)扬州钞关,疏除商美故事,回空粮船(运载粮食的车船空载返回)例有纳饷,始得遇(柯)昶悉蠲之(免除)"。补河南知府,"郡为畿辅(国都附近地区)冲烦(繁)[1]地,(柯)昶不携家累,单车抵任,莅政安静不扰,固详得情,治行称三辅[2]第一,举异卓"。升易州道副使,擢尚宝司卿,转太仆寺少

卿,改右通政司通政。秩满(任满)三载,晋右佥都御史。"巡抚山西,三晋雄边,任不轻授,(柯)昶开府二年百度改观(原来的百事和各种制度改以新面目),边备整练。以母年纪高迈,疏请归养。母殁,(柯)昶悲恋不已,卒于苫次(痛苦中),人痛悼之。"

综合史料③,柯昶,生卒年不详,字季和,号和山。莆田县人。柯英玄孙,柯维骐孙,柯茂竹子。明代书法家,诗人。万历三十一年(1603)福建乡试林欲楫榜举人,万历三十二年(1604)杨守勤榜三甲第161名进士。授鄞县(今属宁波)知县,邑多要绅,号为难治,季和综核精敏,物无遁情。时鄞县粮食征收存在欠缺等弊病,盖因胥吏勾结所致,遂制定一种双连印票,典柜与纳户各执一份,征收时进行核对,虚开乱填的现象由此绝迹。后又增作收粮票籍,一式三份,一备阅,一给里,一存房。这对上下来说都是一种约束,尤其对官府,由此百姓乐意输送公粮。另外,每年起解钱粮,工作的苦乐程度相差悬殊,老百姓意见较大,为此他设立均解均存之法,耗折既少,劳秩相等,而包揽自息。迁南京户部主事时,榷扬州钞关,却商捐羡,以往凡回空粮船,例要纳饷,累蠲免之。补河南府(今属河北)知府,郡为畿辅冲烦之地,季和莅政,施政安静,周详得情,治行称"三辅第一",举异卓。万历四十七年(1619)四月升山东副使,九月改易州兵备,有神明之誉,擢尚宝司卿,移太仆少卿,改右通政使,满三载,晋右佥都御史,巡抚山西,所至百度改观、边备整练。以忤魏党且母老,致仕归养,母卒,不久自亦卒。著有《空斋诗草》。《全闽诗录》收录其诗五首,《兰陔诗话》云:"和山以清节者,诗亦温厚驯雅,无蹶张叫嚣之习。"

话说柯昶初任鄞县,发现地方有钱有权有势的地主和退职官僚等早已舌端久惯,本事高强,几乎难以治理,于是他通过全面的考量和精细化、透明化、制度化管理等一系列举措以断之。如当时鄞县的粮食征收也普遍存在"跑、冒、滴、漏"等问题,原因自然是一些联合起来共同涉贪舞弊的官吏等人员所为,于是他首创一种双连印票、结合启用的收粮票籍。他还创立了一套旨在减少亏损、劳逸结合、承担止损等的均解均存方法,获得了绝大多数民众尤其是贫民的支持,人皆誉之,后升迁南京户部主事,代管扬州收取关税之所。此后他又勇于破除捐献羡余等的陋习旧例，免除回空粮船必须缴纳税银等惯例，收到良好的效果。当他依例任命补缺河南府知府时，因所处地区为要冲，其莅政后更是观事理、纳万顷，以其近厚而施之于用，终至上下同心，内外俱安，遂成三辅地区著名人物，并有时间和有学问著述。

追溯莆田柯姓家族，从柯潜到柯昶，可谓科甲联芳，英才辈出，绵延七世，连登九进士，谱写了科举史上的一大奇迹。综合相关史料④，先从柯潜说起：

柯氏一世柯潜（1423—1473），字孟时，号竹岩，明景泰二年（1451）进士，廷对第一（状元），授翰林院修撰，升春坊中允兼修撰、司经局洗马，改尚宝司少卿，充东宫讲官，又以侍从恩升翰林学士，兼经筵官。明代文学家、书法家，工草书。其自幼机警敏捷、嗜好学习，幼时尝师从林庭芳做文学，10岁喜赋诗，15岁能够背诵朱子注释的《四书》，作八股文。著有《竹岩集》一卷，文集一卷，及补遗一卷，均收录于《四库全书》。《全闽诗录》收录其诗五首。景泰三年（1452），刑部尚书薛希琏在大道街及安乐里为辛未科殿试第一柯潜立"状元坊"。《明史》有传。

柯氏二世柯拱北（1458—？），字斗南，曾祖柯原方，祖柯本耕，父柯俊，母陈氏，状元柯潜从侄，娶陈氏，行三，官翰林院检讨侍亲王讲读，弘治十二年（1499）四月，为荣府右长史。

柯氏三世柯英，生卒年不详，字汝杰，号西波，柯潜从侄孙。柯英子柯维熊、柯维骐，孙柯本中，曾孙柯茂竹，玄孙柯昶俱登进士第，五世相连，被称为"五世进士"，遗迹存有梅峰街修史堂。

柯氏四世柯维熊，生卒年不详，字奇征，号石庄，父柯英，弟柯维骐、柯维罴。有才名，著有《石庄集》。曾校正过《周本纪》《秦始皇本纪》《史记集解索隐正义》等诸多书籍。《柳湄诗传》云："维熊四兄弟皆能诗。"

柯氏四世柯维骐（1497—1574），字奇纯，又字希斋，曾祖父柯浚，祖父柯瑄，父柯英，母蒋氏，兄柯维熊、维罴、维鱼，弟维蕃、维翰，娶顾氏。明代书法家、史学家。幼而灵颖，希慕古哲，林贞肃、陈孝廉雅重之。嘉靖年间（1522—1566）创办"柯山学馆"，倡读书应"实志、实功、实用"，以诚贯始终；

与生徒辨析心学,讲解儒学经传。居家50多年,历经倭寇之乱,故庐焚毁,生活贫困,终不妄取。隆庆三年(1569)与康太和、林云同、郑弼等八人复举逸老会,时称"莆田八老会",又称"八仙会"。其所著《宋史新编》,汇《宋史》《辽史》《金史》为一书,而以宋为正统,叙宋亡迄于祥兴,为卫、益二王作纪,正亡国诸臣之名,褒扬忠义,贬抑奸邪,增补疏略,是书共二百卷,含十四本纪、四十志、四表、一百四十二列传。另著有《经义答问》上、下篇;历二十个寒暑,修成《宋史新编》二百卷;还著有《续莆阳文献志》二十卷、《艺余集》十四卷、《杂著》六卷、《史记考要》十卷、《左右铭》、《讲义》以及《河汾传》等。

柯氏五世柯本(1517—?),字正之,号龙山,曾祖父柯喧,祖父柯英,父柯维罴,母卢氏,兄柯梧、植,弟柯木、梗等,娶黄氏。明代书法家,博学经书。任南京兵部郎中时,凤阳流寇师尚诏窥临淮,将渡黄河,率兵捍御之,贼引骑左,临淮人为立祠勒碑。历浙江按察司佥事。柯维罴,生卒年不详。父柯英,兄柯维熊,弟维鱼、维骐、维蕃、维翰。官衢州府龙游县知县,为人朴茂。后以子柯本赠兵部员外郎。

柯氏六世柯茂竹,生卒年不详,字尧叟,号绳希。莆田县人。祖父柯维骐。明代书法家。少颖敏和易,文章出众。万历十二年(1584)任潮州府海阳知县。时县多讼事,每视事至夜分方退,因体孱弱,以劳瘁卒于官。以子柯昶累赠右通政。诗文雄伟,出自家学,后师事天目徐中行。著有《柯亭诗文初稿》四十卷、《柯论》六卷,《西京杂记》六卷。

柯氏六世柯士芳,生卒年不详,字无誉,明代书法家。初莅任,乱离之后,继以凶荒,前令刘三元经纶章昧;柯士芳踵而成之,修理文庙、明伦堂、公署察院。勤于政事,风纪凛然。柯士芳为天主教徒,曾为意大利耶稣会传教士艾儒略《口铎日抄》第六卷作校订。

以上声称,皆有荣于家族,斯为立事于才,成事于德,清芬自远,是谓潜能。

〔注 释〕

①明代曾以"大小简繁冲僻难易"给政区划定等级。此处"冲"为地处要

冲,"繁"为事务繁杂。

②泛称京城附近地区为三辅,亦指所辖地区。

③《明实录·神宗实录》《闽书》《宗教文化》《古今图书集成》《宁波通史·元明卷》《城厢文史资料》《莆田市名人志》所载。

④《明史》《明实录·英宗实录》《明实录·宪宗实录》《明实录·孝宗实录》《明实录·武宗实录》《明实录·世宗实录》《重刊兴化府志》《八闽通志》《闽书》《明代科举与文学编年》《明清进士录》《四库大辞典》《中国文学大辞典》《二十五史人名大辞典》《归田琐记》、道光《徽州府志》《莆田市志》《城厢文史资料》《古今图书集成》《古籍整理与研究》《莆田市名人志》有载。

[明清]

吴鹏　林士雅　邹铨　林绪光　陈宗器

皆任职宁波奉化

奉化是一片神奇的土地。据《宁波市志》载："奉化县名由来，县东五里有奉化山（今称南山），因以名县；另一说以民淳，易于遵奉王化，故名。"南宋著名学者王应麟则在《奉化重修县治记》中云："越之东境为鄞，汉属会稽，唐合鄞于鄮。开元（713—741）中，州以四明山名，始建县曰奉化。"

四明古号"三佛地"，即城内戒香之哑女维卫、阿育王之释迦舍利、奉化岳林之布袋弥勒，世称过去佛、现在佛和未来佛。简言之，过去佛是指昔日城内戒香庵哑女维卫古佛；现在佛是指藏佛舍利于阿育王寺的释迦牟尼佛；未来佛则指弘法于雪窦等寺、圆寂于岳林寺的奉化布袋和尚弥勒佛。

作为布袋和尚成长、出家、圆寂、埋骨之地的奉化，有关弥勒化身的传说流传甚广。奉化的溪口镇，是首批全国特色景观旅游名镇之一，是蒋介石、蒋经国父子的故里，民国名镇、蒋氏故里亦闻名遐迩。

古代奉化源起于河姆渡，夏时有堇子国，唐开元二十六年（738）置奉化县。作为一个有着悠久历史的县治，奉化自汉朝以来，名宦辈出，名人荟萃，名山胜水，声名显耀，且有不少莆田人在此地任职。

一、奉化县令吴鹏

据《重刊兴化府志》《明代科举与文学编年》《莆阳进士录》《奉化市志》、光绪《奉化县志》载：

吴鹏①（1458—？），字孔腾。莆田城关县巷（今荔城区镇海街道长寿社区）人。曾祖吴志宁，祖父吴敬和，父吴善元，母林氏，继母高氏、陈氏，娶陈氏。明代书法家。天顺二年（1458）十二月二十四日生，行四。成化十六年（1480）福建乡试吴稜榜第88名举人，任容城（今属河北）县学教谕。后礼部会试188名，弘治六年（1493）毛澄榜三甲第32名进士。任奉化县（今属浙江宁波）知县。工书法，书法学苏轼，尤擅飞白。

有意思的是，光绪《奉化县志》卷十六《职官表（上）》载：吴鹏，莆田人，进士，宏治（弘治）七年（1494）任。

作为基层官员的吴鹏，还有个书法家的身份。在古代，毛笔是主要的书写工具，科举考试更得用毛笔书写答题，因而书法是古人最基本的功课之一，练字讲究笔法、墨法、章法，故多数官员的书法技艺精湛，尤其是那些有作品传世的大家。

二、奉化知县林士雅

据《奉化市志》第一章第十五编《唐至清县（州）署》载：明代知县林士雅，籍贯莆田，由通判调署，崇祯二年（1629）上任。光绪《奉化县志》卷十六《职官表》（上）亦载：林士雅，莆田人，崇祯二年（1629）由通判署补奉化知县。

清黄本骥《历代职官表》称："通判"本与"同知"二字之意义相近，但同知尚有副职之意，而宋代初设通判之时职权几与知州知府无异，名为佐官，实际是共同负责，甚至还是知州、知府的监督者。《通考》则云："宋艺祖（太祖）惩五代藩镇之弊，乾德（963—967）初，下湖南，始置诸州通判，命刑部郎中贾玭等充（此说明通判本身官阶已不小）。建隆四年（963），诏知府公事并须长吏通判签议连书，方许行下。时大郡置两员，余置一员，州不及万户不置……"至南宋以后,知州已渐轻,通判更轻。

明代于知府以下置通判,定为正六品官,实际上与同知无分别,亦无定员。至清代则定为通判分掌粮运、督捕、水利、理事诸务,各量地置员,以佐知府之治。其在新设治之地区往往特设直隶厅而以通判为行政长官,与知府及直隶州知州属于督抚两司。通判虽仅为正六品官,而因其为知府之佐官,知县仍视其为上司。

林士雅虽然在奉化任"一把手",但在朝官、京官眼里,只不过是小官一枚,升迁着实不易。

三、奉化知县邹铨

据《福建通志》载:"邹铨,生卒年不详,字尔叔。莆田人。天启四年(1624)福建乡试程祥会榜举人。官欧宁(今属福建建瓯)县学教谕,崇祯十二年(1639)迁宁波府奉化知县。"

与《福建通志》不同的是,光绪《奉化县志》卷十六《职官表(上)》则载:"邹铨,建宁人,举人,崇祯十二年(1639)任。"光绪《奉化县志》把邹铨记为建宁人,《奉化市志》自然也把他的籍贯记作"建宁"。

明代废达鲁花赤②,洪武二年(1369)改奉化州为县,职官按县设置。洪武十四年(1381),县以下设里、甲,有里长和甲长。时奉化县署有正七品的知县,有正八品的县丞,有正九品的主簿,有从九品的典史。另则有俱从九品的塔山巡检、鲒埼巡检,有掌驿传迎送之事的连山驿丞、西店驿丞各一人,有掌渔课船只的河泊所大使一人,有掌税收的税课司大使,学职有教谕、训导等,由此可见邹铨所在体系里的分量与角色。

至于邹铨的籍贯到底是莆田还是建宁,其实早已不重要了,重要的是他曾经来过宁波奉化这个地方,即使没有给当地囤满甜蜜的岁月,但至少也在那里留下了像蜜蜂一样辛勤工作的身影,并把结果交给了时间。

四、清代知县林绪光

《奉化市志》第一章第十五编《唐至清县(州)署》载:清代知县林绪光,

举人,籍贯莆田,雍正十年(1732)上任。光绪《奉化县志》卷十六《职官表(上)》载:

林绪光,雍正十年(1732)摄篆(理官职,掌印信)。卷十八《名宦》载:林绪光,莆田人,雍正十年(1732)由绍兴通判摄邑事,严约胥役,尊礼誉髦,岁方歉民,有迫于饥寒聚众抢夺者,阖邑汹汹,乃计捕首祸置之法,余俱遣去,请发常平仓谷,益以倡输为粥,以食饿者,民庆更生。

在古代,富者欺贫,贫者嫉富,一遇饥馑,初犹抢米,再者劫富,再者公然啸聚为贼,富民受贫民之害,贫民受官府之刑,贫富两不得益。有鉴于此,在荒年或瘟疫流行之年,富人往往会拿出部分财产赈济,缓和对立矛盾,富人因而还可以得到善人的美名,这种既为自身利益也利他的救济,虽不十分美好,但也有客观效果。

林绪光调任管辖奉化县事时,秉持"严是爱、松是害"的理念与观点,在用人做事等方面,看似门户宽,实则却很严,凡同来服役之官吏随员,皆严气正性,约法三章。而对有名望的英杰之士,如有美誉的读书人等,则高看厚待,敬重有加。他在来奉化任职之前,曾任绍兴通判,之后某年,因年成歉收,凶年饥馑,岁歉民劳,祸乱迭作,有因饥寒交迫而聚众抢劫的人,在辖区内越闹越大,声势越发凶猛,林绪光设计捕获他们的首领,将恶棍首领绳之以法,坚决为地方拔钉除害。而对妄从之人,则经教育后全都遣散回去,保护了一大批无知无畏的穷苦人民。他还请求为储粮备荒以供应官需民食而设置的粮仓开仓放粮,以救助食不果腹的民众,老百姓无不感恩戴德。

林绪光历任多地,所到之处,勤政务实,亲民爱民,捐俸为百姓排忧解难,行增置田产、开浚城河、起楼建阁、创设书院等民生期盼之事。

五、知县陈宗器

据光绪《奉化县志》卷十六《职官表(上)》载:"陈宗器,福建莆田人,光绪三十二年(1906)十二月代理,三十三年正月御事。"

光绪三十二年(1906)十二月,举人陈宗器代理奉化县县长,次年正月着手治事。此年,奉化县开办了贫民习艺所。

元明清

贫困是束缚人类文明发展的桎梏,清末民国初也是中国历史上的大转型期,这一时期社会剧烈动荡,灾荒连年,赤贫弥漫,弱者无依,民族矛盾与阶级矛盾、政治矛盾与社会矛盾等错综复杂,种种痛苦交叠,彻入骨髓。据《清宣宗实录》卷四二一载,道光二十五年(1845)浙江奉化地区就发生过罢考、抗粮、抗官事件。晚清政府迫于又穷又苦和落后挨打的切肤之痛,同时也面临改良维新派的奔走呼号,统治者象征性地在各地设立类似于扶贫项目的贫民习艺所,其相当于官办的培训基地和手工业工场,目的是让平民能有一技傍身,不至流离失所,乃至困顿于荆棘,冻毙于风雪。

同其他地区一样,奉化的贫民习艺所也应运而生,主要收容难民和无业游民,其中包括灾民、旗民、破产者、妇女、乞丐、不良少年、部分罪犯及鳏寡孤独废疾者,教他们手工等技能,如纺织、刺绣、制鞋、印刷、烧制、藤柳、木器制作、竹器具编织等等,既有社会救济功能,又具有普及常识、职业教育和稳定社会的职能,体现了当时培土养枝、救人危急的社会思潮,也起到了一定的积极作用。

当然对陈宗器来说,更多的作为则来自平常与平凡的事务,如开办贫民习艺所等,这些都免不了日夜的辛勤。

〔注 释〕

①《莆阳进士录》载:"吴鹏,字孔翎,一字孔腾,莆田县人,弘治六年(1493)毛澄榜进士,官至奉化知县。"《奉化市志》第一章第十五编《唐至清县(州)署》亦载:"明代知县吴鹏,进士,籍贯莆田,弘治七年(1494)上任。"

②蒙古语,原意"掌印者",乃职官称谓。

明清

李纯　朱子宣　林玄　郑远等

皆任职宁波

明改庆元路为宁波府，其镇守之官有总兵都督，有分巡海道；其榷货之官有市舶提举；其治郡之官则以知府为之长，同知、通判、推官为之贰，又有经历照磨知事检校为之属。其治县之官则以知县为之长，县丞、主簿为之贰，又有兴史为之属；其杂职之官则有司狱、驿丞、监课大使、税课大使、库大使、仓大使、织染大使及各关隘巡检使，皆各掌其分职，以隶于郡县。其他若阴阳学正术、医学正科、僧纲司、都纲、副纲，道纪司、都纪副纪，皆以专其术者为之承事于守令。此设官之大略也，其统辖于上者则有巡抚都御史、巡按御史及布政按察二司以总领之焉，此乃《宁波府志》所载。

而明清制于府、州、县学教授、学正、教谕之次，均设训导一员，共同负责学校的管理。

一、明代宁波府学训导李纯

据《重刊兴化府志》《闽书》、同治《韶州府志》等载：

李纯，生卒年不详，字在诚，莆田涵头（今涵江区）人。弘治八年（1495）福建乡试宋元翰榜举人，官浙江宁波府学训导。正德三年（1508）登吕楠榜三甲第200名进士。初任怀宁县知县，兴学育才，修城凿井，毁淫祠，创社学。升蕲州(今湖北蕲春)知州,清慎恺悌,警敏剖决,豪猾莫敢肆逞。转钦州知州,性方履洁,杜绝私门,兴学教治,豪猾擒治,荡民之乱,北障江水,环护州城,为功甚大。正德十五年至嘉靖三年(1520—1524)终韶州府同知。其与李元、廖德征同一清贫,子孙衰替,可悯念也。

"涵头"之称颇有来历,据《千年涵江》载:建炎年间(1127—1130),国子监祭酒刘政返回家乡涵头时,见其住地保尾至楼下一带,海水浸漫,内河堵塞,水不可饮。刘政主持疏通内河,使周围居民饮上清洁的河水,并引水浇灌楼下附近的埭田。河道疏浚后,涵头集市的交通更顺畅,交易更便利,集镇范围进一步扩大。原有的"涵头"之名已不能适应日益繁荣的市井,有识之士便改"涵头"为"涵江",故后人有"涵江得名起宋世"之咏。

《莆阳进士录》亦载:

李纯,字在诚,莆田县人。进士及第后,授怀宁知县,"兴学育才,修城凿井,毁淫祠,创社学"。迁知蕲州,"善剖决,豪猾莫敢肆"。改知钦州,方志载:障江水,护州城,其功尤大。胥民乱,平之。安南败兵抵钦,馈金求容纳,却其金,逐使出境。官终韶州同知。

宁波在唐以前有庙无学,且先有鄞县孔庙,再有鄞县县学。孔庙又称夫子庙或文庙,是中国历代王朝祭祀孔子的庙宇,县学则是旧时供生员读书之所。宁波府孔庙(府学)拆除于二十世纪二三十年代,尊经阁迁至天一阁,而大成殿等遗址,尚隐于地下。此尊经阁乃明成化二年(1466)任宁波知府的莆田人方逵大修郡学所建,原为明州州学、庆元府府学、庆元路路学、宁波府孔庙(府学)的藏书楼。

不言而喻,李纯任宁波府学训导期间,对宁波的兴学育才与教治,定是做了不少的工作。

二、明代鄞县县学训导朱子宣

朱子宣任鄞县县学训导,是明朝的事。这也是一位识才、爱才、育才和因材施教的文官,所历之地,多施惠政。

早在唐元和九年(814),鄞县就建孔庙于县东半里;至北宋,先是李夷庚在鼓楼一带恢复明州州学,促成宋代明州官学兴起;后则王安石因庙为学,学设鄞县县东半里旧有的孔庙后面,时因暂无更为合适的办学地点,故把鄞县的孔庙(现宁波大学附属第一医院附近)作为学宫,形成庙、学一体的现象,鄞县始有县学。所谓县学,乃儒学教官之衙署。旧时鄞县县治,附郭于府治宁波,城中既有府学,亦有县学。不过北宋时,慈溪设县学早于鄞县,故先成人才造就之地。

《四明谈助》载:王文公安石宰县,因庙为学,在县东半里,请先生杜醇为师,以教养子弟。建炎(1127—1130)毁于兵。嘉定十三年(1220),丞相史弥远以旧址湫隘,命守俞建以宝云寺西威果指挥废营更之。于是先圣始有殿从祀分列,春秋释奠礼行。匾其堂曰"养正";东西高四斋:曰"观善",曰"辩志",曰"习说",曰"敬业"。后屡圮屡修。洪武(1368—1398)初,损四斋,存二,更"养正堂"为"明伦堂"。正统三年(1438),守郑珞徙建明伦堂于殿西,左右列斋。殿之东建文昌祠;祠之东北为射圃。成化(1465—1487)初,守张瓒割宝云寺西隙地以广之。弘治(1488—1505)中,御史金洪言于提学赵宽,徙宝云寺于戒香尼寺废址,以其基移建明伦堂,创尊经阁。嘉靖九年(1530),遵制易塑像以木主,建启圣祠于明伦堂东;又浚学门外砚池,立峰塔。二十年(1541),太守沈恺建聚奎亭于仪门右。

王安石撰有《司农卿分司南京陈公神道碑》,内称:"兴化多进士,就乡举者常八九百人,而学舍弊(敝)小,无文籍,公至则新而大之,为之讲(购)书,而国子之所有者皆具。"据《重刊兴化府志》,嘉庆《雷州府志》载:

朱子宣[①](1470—1529),莆田黄石井埔(今荔城区黄石镇井埔村)人。从弟朱子芳。成化六年(1470)十月廿日出生。弘治八年(1495)福建乡试宋元翰榜举人。历鄞县县学训导。正德末嘉靖初官雷州府(今属广东)同知,有惠政。嘉靖八年(1529)九月初一卒于官,年六十岁。

为此,朱子宣的名字,与宁波连在了一起。

三、明代宁波府通判林玄

据《福建通志》《山海关志》载:

元明清

林玄②，生卒年不详，莆田人。林安祯侄孙。明代书法家。万历三十四年（1606）福建乡试郭应响榜举人，天启二年（1622）文震孟榜三甲第127名进士。授叙州府富县（今属四川）知县。改顺天府教授，转国子监助教，迁户部主事，崇祯三年（1630）升郎中，榷山海关。擢彰德府（今属河南）知府，降大理寺副，历寺正、工部郎中，再降宁波府（今属浙江）通判。

宁波之地，唐置明州，宋升庆元府，元改庆元路，明改明州府，洪武十四年（1381）改成宁波府。据清代黄本骥《历代职官表》介绍，府成为县级以上的行政区名始于唐，唐代有关府之含义，一是由州升府，最初因其为首都或陪都所在地，故不称州而冠以府名，如洛州称河南府、并州称太原府等；二是州名未废而因其为都督府所在而称为府，如夔府、广府等。至五代升府之州渐多，至宋代则益加推广，凡皇帝未即位前所曾得之官爵封号有与州名有关者皆升为府，为此所设之府几乎遍布全国。

宋代以后，府与以前之州等级相同，则原有州的地位逐渐下降而几与县无别。然在宋时府与州共存而未废，唯设府处体制较为庄重。宋太祖革藩镇之弊后，知府的身份有所提高。元代依然参用宋、金之制，有称府尹，亦有称知府，至明代始确定府为县级以上的地方官，知府身份虽不及宋代时期，但管辖地区则接近唐末某些节度使，具有一定的相关性。

林玄由河南彰德府知府降任宁波府通判，个中因由，不得而知。史料也显示，这也是位"勤者苦、俭者吝、辩者冤、廉者饥"的忠恕廉明、正直不阿的落魄粗官。

《宁波府志》卷十八《名宦》亦载：

林元，字福爱，莆田人，进士，崇祯八年（1635）谪判宁波府，禀性廉介，馈遗一无所受，署中萧然如旅舍，其子来省将取市肆一布，元见大怒，取票裂之，时年已七十。卒于官，寝室中，惟败书冠履磁碗三四箧，余俸金四两而已，同僚为之醵金归其丧。

明朝明否，是非何论。

四、明代宁波府推官宋祯汉

据《明实录·熹宗实录》《福建通志》《思文大纪》《清代禁书总述》《纂修四库全书档案》载：

宋祯汉，生卒年不详，字尔东，号荆璞。莆田城关双池巷（今荔城区镇海街道英龙社区）人。父宋光台，明代书法家。万历三十七年（1609）福建乡试周迪榜举人，万历四十四年（1616）钱士升榜三甲第86名进士。授宁波府（今属浙江）推官，天启二年（1622）六月授山东道监察御史，天启六年（1626）六月命往淮扬巡盐，寻转巡按直隶。次年七月为魏忠贤建生祠。官至太仆少卿。崇祯（1628—1644）改元，后以魏忠贤逆案罢。隆武二年（即顺治三年，1646）复原官。著有《江北矜情录》。另撰有《西台疏草》奏疏，其中《魏忠贤不宜予荫》《论加派扰民之弊》《请去权党魏忠贤》《再请斥退魏忠贤》《都城劫盗叠见营务废弛》《论大计滥举纵贪之弊》等六份奏疏收入清代《明季奏疏》，此书被列为清代禁书。卒后葬南寺后西枫坑。

书载宋祯汉的父亲宋光台"母卒于东流舟中，光台捬膺几绝。已扶榇归途，次号恸，哀感旁人。终三年卧薪枕块服阕，后岁时伏腊未尝不呜咽流涕也，坐是柴然骨立，竟卒"。孝文化是中国社会维系道德秩序的根本所在，尽孝天经地义，但古代的有些孝道之事，如柴然骨立、庐其墓侧、呼天请代、朝夕泣血、割股疗亲等等，有些可以理解，有些则不可理喻。

五、明代任宁波府通判的康恭、张元秩、林时雅、吴元德

据《宁波府题名记》："康恭，字仲节，莆田人，由举人弘治十七年（1504）任宁波府通判。"据《宁波府志》《宁波府题名记》载称："张元秩，莆田举人，嘉靖十五年（1536）任通判。"据《宁波府志》载："林时雅，莆田人，选贡[③]，天启五年（1625）任宁波府通判。"据《宁波府志》载："吴元德，兴化人，拔贡[④]，（崇祯）十六年（1643）任宁波府通判。"

以上地方基层官员的出身不是举人，就是选贡、拔贡，因而未能当上主官，自然也不会有更多的记载。在中国古代，要想出人头地，就得当官。但

当官的通道很窄,除了门荫和从军,就是科举,其中进士最受重视,被视为正途。但进士录取的名额很少,每个学子都千方百计地要挤进这道大门,希望金榜题名,但要经过重重选拔,万里挑一,其竞争之残酷可想而知。更何况,有文化没文凭、有文凭没文化等弊端早已有之,今也制人。

六、清代升任宁绍台道,兼权宁波关税的莆田人郑远

据《福建通志》《清代吏治史料·目录》《隆尧县志》《仙游县志》载:

郑远,生卒年不详,字怀伯,号克砥亭。仙游县(今莆田仙游大济镇洋坑村)人。登清康熙五十六年(1711)福建乡试举人,雍正五年(1727)彭启丰榜三甲63名进士。雍正六年(1728)任直隶隆平县知县。赈灾荒,多有善政。擢江南寿州牧。总督李卫看重他的才能,奏请留直隶,以牧守补用。旋授北路同知兼权永平、正定两府护理。善能理事,升任延安知府,继改任浙江金华,修丽正书院,亲与诸生讲学。重视文教和社会公益事业,捐献俸银,修复书院、桥梁、祠墓等,"民戚之若师保,亲之若父母"。不久升任宁绍台道,兼权宁波关税,政绩显著,又升任浙江按察使。为官清正廉洁;决狱公平,冤案多得平反,称"办案神明"。为官数十年,清贫简朴,"卧不重席褥,食不兼味";为政清廉,"悃幅无华,苞苴不入",不徇私情,人谓有先正遗风。后再调回直隶,不久致仕归家,自己种秫酿酒,安贫守拙。著有《归田小咏》等诗。《全闽诗录》收录其诗一首。《莆风清籁集》收录其诗三首。家居二年卒,卒年76岁。

远行之人,日远日疏,日亲日近。

〔注 释〕

①《闽大记》作"宋子宣"。

②《明清历科进士题名碑录》作"林玄",《福建通志》疑为避讳,举人条目中作"林元",进士条目中作"林弦"。

③明代在岁贡之外考选学行兼优者充贡,称选贡。

④科举制度中一种选拔贡入国子监生员的方式。

清代

吴 英

曾任宁波府提标都司、定海总兵,勋崇山海,泽沛军民

在莆田灵川山门村,有一座闻名遐迩的吴将军陵墓,安息着明末清初纵横海疆、驰骋沙场的著名战将吴英。

吴英,福建莆田人,其先祖迁徙之地为泉南晋江大沽塘,乃莆田黄石水南吴氏始祖吴祭后裔。吴祭,约生于唐穆宗长庆四年、卒于天祐三年(约824—906),字孝先,为最早入闽开发福建的先贤之一,明代国师吴大田和曾任新加坡总理的吴作栋,以及被台湾同胞尊称为"阿里山之神"的吴凤,皆吴祭后裔。

吴英幼时父母早逝,只身赴厦门谋生,曾以挑运私盐为活。传吴英闯荡厦门时,有当地妈祖庙前以占卜谋生的陈某见吴英相貌俊伟,将来非富即贵,故荐给郑老夫人收为义子,吴英从此衣食住行和延师教读有了着落,为之后走上从军之路奠定了基础。

据《台湾外记》载:"(吴英)生的身高八尺有余,瘦身材,力大无穷,惯用一柄挞刀,其行如飞胜如飞马,登山过岭如履平地。"据计算清代的"八尺"身高,约为现今的1.9—2米。

清顺治七年(1650),吴英与蔡碧聪结伴到南安白莲寺,拜沈佺期为师,学医习武。康熙八年(1669)随浙江塞白理提督平李荣春叛,战绩非常,升

任宁波府提标都司。康熙十三年(1674)吴英追击耿精忠叛军出仙霞关,收复金华、衢州,挥师江西,平宁海,进双门,围台州,升任浙江左营提标游击。康熙十四年(1675)献计收复青田、黄岩和破温州城有功,授迁浙江中军副参将。

清康熙二十二年(1683),吴英奉旨以兴化总兵官衔入莆籍,遂安家于黄石镇定庄村。此年也是清政府获得台湾统治权后的第二年,时清政府划台湾为一府三县,隶属于福建省,规定福建厦门与台湾鹿耳门两港,作为大陆与台湾对渡直航的口岸。《宁波府志》载:

吴英,福建人,镇守定海总兵官,康熙二十四年(1685)任。蓝理,福建人,镇守定海总兵官,康熙二十九年(1690)任。

蓝理是吴英的继任者,亦是同乡,从康熙二十九年(1690)到雍正五年(1727),在短短的三十多年时间里,任镇守定海总兵官的福建人就有吴郡、吴陞、张国、林亮、林君陞等。

据《清史稿》《晋江市志》《莆田市志》《碑传集》《莆田市名人志》载:

吴英(1637—1712),字为高,号愧能。祖居泉州黄龙,后定居莆田县(今荔城区黄石镇定庄村)人。女吴丝①,孙女吴仙②。清代名将。幼为海贼掠置岛中,更姓王。康熙二年(1663),任守备,随提督王进功率兵攻打郑经,攻克铜山城(今漳州东山县),加都司佥事衔,不久,获授浙江提标都司。康熙十三年(1674),耿精忠举兵叛清,其将曾养性侵浙,总兵祖弘勋以温州叛应之,分犯宁波、绍兴。英从提督塞白理击败之,降其将李荣春等,因功升左营游击。康熙十四年(1675),(曾)养性、(祖)弘勋率众十余万犯台州。(吴)英言于塞白理,阳修毛坪山径,潜引兵间道自仙居袭贼后,贼踞黄岩半山岭拒战。(吴)英偕游击曾承等冒矢石前进,斩其将刘邦仁等,遂复黄岩,迁中军参将。康熙十五年(1676),贝子傅拉塔规复温州。(曾)养性、(祖)弘勋率三万人乘夜劫营。(吴)英分兵五百伏贼后,自率精锐据大羊山,阻其要道,遇贼,殊死战,身中数枪。师继进,伏尽起,贼大溃,斩获无算。寻从提督石调声援象山,贼屯石门、西溪二岭。(吴)英偕游击侯奇等分兵三道抵慈溪,击沉贼船,歼其众,遂复象山。领兵收复太平、乐清、青田、象山等县,解处州

之国。九月,康亲王杰书进征福建,(耿)精忠降,(曾)养性、(祖)弘勋引退。其将冯公辅犹踞松阳,英入山,招之降。其党林惟仁等屯处州,(吴)英剿抚兼用,斩贼五百余,降惟仁及兵千余,皆立下战功。康熙十七年(1678),率兵击败郑经部将刘国轩于洛阳桥,以战功迁福建督标军副将。翌年,击退刘国轩军队,升同安总兵。康熙十九年(1680),偕宁海将军哈拉达率水师攻克金门、厦门,康熙二十一年(1682),奉命移镇兴化,随施琅攻澎湖、台湾,连战皆捷。

施琅负伤后,其代理指挥,为夺取海战胜利立下赫赫战功。郑氏投降、台湾统一后,施琅班师返回大陆,吴英留台镇守一年有余,平定郑氏残余割据势力,防止新的动乱,为台湾顺利收归大清版图做出了积极的贡献。

康熙二十四年(1685),吴英入京向朝廷陈述治理台澎的措施,不久,调任舟山总兵,升四川提督。康熙三十五年(1696),迁福建陆师提督,又改水师提督。康熙四十二年(1703),圣祖南巡,御书"作万人敌"匾赐给他,加封威略将军。康熙五十一年(1712),病卒于官舍,年七十六。赠太子少保。其曾重修熙宁、宁海二桥,颇受里人称道。

吴英定居黄石定庄后所营造的定庄堡,是莆田历史上的私家园林之一,定庄尚有吴氏府第旧址及其养虎的虎牢遗迹等。吴英卒后,安溪县湖头人李光地撰文,莆田林麟昌书"提督吴英墓志铭"。今秀屿区笏石镇有其曾孙为吴英所立的"皇清诰赠"碑一块,碑文清晰。吴英著有《行间纪遇》四卷,存有《岁首迎虎溪岩》诗,《清史稿》有传。《行间纪遇》是吴英军旅生涯的回忆录,记载他自清康熙二年(1663)领兵随大师克平金门、厦门,功授都司起,至四十七年(1708)奉谕旨继续担任福建水师提督止,共约45年间所经之事。

康熙十三年(1674)三月,清廷削减三藩势力,三藩为此联合发动叛乱,驻守福建的靖南王耿精忠于当年三月起兵反清,占据了浙江、福建的大片土地,朝廷遂派遣吴英担任平叛先锋。吴英骁勇善战,先后攻下了浙江的黄岩、太平、乐清、青田、象山等县,突破了处州(今浙江丽水)的包围,大破耿精忠大帅曾养性于温州,水陆并进,经大小数十战,消灭了耿精忠的主力。

"炎黄吴氏网"亦列举吴英生平简介,介绍其平定三藩、收复台湾、威震四川、守卫福建沿海等忠贞报国、骁勇作战、收复半壁江山的战绩，亦肯定其体恤爱民、德泽布衣之高功赫勋，笔补如下：

康熙十五年(1676)吴英率兵击退盘踞于象山的曾养性③，乘胜追击之残部于处州(今浙江丽水)，塞提督提补吴英中军参将；十六年(1677)收复松阳城，迫使败将冯公辅率部投降，吴英将军被授职处州副总兵；十七年(1678)奉旨随康亲王入闽，解泉州之困，收复海坛，任福建中军参将；十八年(1679)固守漳州江东桥，击退刘国轩，特旨因军功卓越升任福建同安总兵；十九年(1680)吴英率部击退郑军，收复厦门、金门。郑经、刘国轩败退澎湖，十月福建巡抚吴兴祚请奏吴英复姓；二十年(1681)吴英请求福建总督姚启圣敞开海禁界，民众铭记吴英恩典，请勒建牌坊，勋崇山海、泽沛军民；二十一年(1682)吴英奉旨调任兴化总兵，在莆田定庄兴建府邸；二十二年(1683)吴英收复厦、金有功，康熙皇帝特旨返大浯塘谒祖，并建一座三进，东、西边护厝共三十六间之府第，民间称为将军衙，后驻防莆田定庄，并修建定庄凤山宫拜亭。六月，康熙皇帝派明珠特使招抚郑氏阵营无果，任施琅福建水师提督，兴化镇总兵吴英任左副帅、朱天贵任右副帅从厦门启程，率舟师往铜山进取八罩，直抵澎湖，献策梅花阵克敌，大获全胜。八月收复台湾，随施帅进驻台湾，十一月施琅班师回京复旨，奏留吴英镇抚台湾；二十三年(1684)吴英主持台南东宁靖王府改建妈祖天妃宫，颁发政令，分布屯田，三年免赋税，捐资创办书院；二十四年(1685)三月吴英离台回京觐见，康熙皇帝温旨褒嘉，赐鞍马、五龙衣袍。四月调补浙江舟山镇总兵。八月追击海寇洪焕大捷，征战舟山有功。十月奉旨擢授四川军务提督、授荣禄大夫、世袭三等阿达哈哈番(清爵名)；康熙二十五年(1686)平定吴三桂残余之将杨善、师九经、谭弘父子，收复重庆、长寿、广安，招民垦荒；二十六年(1687)台湾民众在台南东安坊为吴英建立"生人祠"，称为"吴英将军祠"，祠中建"仰止楼"，奉祀吴英将军为"台湾公"；二十七年(1688)吴英与巡抚噶尔图合捐俸禄百两，修复从德阳罗江至昭化之古道。

自康熙三十五年(1696)十月福建水师提督施琅逝世，经李光地上奏推荐，吴英奉旨入闽补任福建陆师军务提督后，吴英曾为兴化旱灾捐银购粮救济三万余灾民。三十七年（1698）吴英又奉旨膺任福建水师军务提督、世袭阿达哈哈番，加五等，捐修漳州白礁慈宁宫保生大帝祖祠宫；三十九年（1700）为减轻福建赋税，吴英奏请改造水师战船，为百姓减除额外军费摊派。吴英捐俸禄重修莆田宁海桥、熙宁桥并亲自督工三年；四十年（1701）吴英捐俸禄重修晋江石佛寺，现存匾额上书晋江大浯塘吴英题的南天禅寺，也修建过泉州文庙，并独捐俸禄建厦门虎溪岩寺，历经十年竣工。四十二年（1703）康熙帝第四次南巡，在杭州行宫召见吴英，授赐"作万人敌"匾额。太子赐诗："荣公昔日镇天雄，锁钥关门百二重。北使也谙人物论，楼台天地仰高风。"

康熙四十四年（1705）康熙帝第五次南巡，召见吴英，钦赐"燕翼贻谋"④；四十五年（1706）吴英自觉海疆任重，恐负圣恩，呈疏乞休，未获恩准；四十六年（1707）康熙帝第六次南巡，召见吴英并御赐"世锦堂"匾额，七月上谕授"威略将军"封号，仍领水陆师提督、世袭阿达哈哈番加五等又加二级。时莆田、仙游二县灾荒，吴英捐俸禄购粮赈数万之灾民，捐建莆田梅峰光孝寺山门一座；五十年（1711）吴英在仙游枫亭捐献银两，修复太平陂、三峰陂水利工程，改造良田六千余亩，又于惠安界山蚵寨修建府第三座、堡垒一座。

康熙五十一年（1712）七月二十四日，吴英卒于厦门官邸，享龄75岁，康熙帝下旨追封太子少保、赠赐蔡夫人诰命一品夫人并钦赐祭葬。御赐对联赞曰"但使虎貔常赫濯，不教山海有烟尘"，并敕建大牌坊，时康熙帝敕封石匾额："荡平山海，统制蜀闽，勋崇山海，泽沛军民"。李光地则为其撰写"诰授威略将军福建水师提督吴公墓志铭"，文称"耿之平也，公既力诸原；海氛之靖，则施侯为之主，而公实赞之。盖公所至，以功业自显，而造功于闽为尤大……"其以中肯之言，对吴英一生功业加以肯定。

康熙五十二年（1713）七月，康熙帝在热河行宫御赐七律诗曰：

水陆封疆六十年，曾经百战驾轻船。

莲台远涉鲸鲲浪，岛屿平开烽火烟。

将老偏宜立壮志，宸襟每注施恩廷。

波涛有作须先靖，黾勉防微截未然。

另值一提的还有,据《历代闽人轶事辑录》所载,明崇祯(1628—1643)末福建莆田人黄斌卿,亦曾为舟山参将。黄斌卿,字明辅,先以御倭功,世千户。其治兵舟山时,王御门亲饯。

九州之大,四海之远,大丈夫当为雄飞,弄潮于万层波面。生而为英,死而为灵,诉尽平生惶惶心,岂止戚戚别离语。

〔注 释〕

①吴丝,字黄绢,学益进,善风雅,喜吟咏,性耽佳句,有林下风,著有《吴丝诗存》。

②吴仙,一作玉姿,能诗,著有《绮窗遗吟》一卷,存世。

③明末清初将领,曾参与三藩之乱,事迹收录《逆臣传》。

④燕,通"宴"。翼:敬。贻:遗留。原指周武王以安敬之谋贻及子孙。后引申为善于为子孙打算,安排。

清代

吕瑞麟

胆略并优,曾任宁波镇海城守营参将

清宣统(1909—1912)初,莆田的主要商埠涵江三江口已经直接与宁波、上海、大连、营口等地通航,涵江的衙前街、前街、后街、顶铺街、宫口河一带,亦已店铺林立,后来还有称衙前街为"江南七八省、不如涵江咸草顶",称涵江为"小上海"等,此与宁波三江口一带非常相似。与宁波三江口毗邻的江厦街,亦有"走遍天下,勿如宁波江厦"之美誉。

开土拓疆,自然离不开武官。清代的武官架构,大体由总督、提督、总兵、副将、参将、游击、都司、守备、千总、把总、外委组成。

参将一职,为分省建置,掌理本营军务,镇戍地方,是绿旗兵中"营"的主官,可直接统领直属的绿营兵(称为"标"),也可作为提督的副手,帮助统管提督的直属部队,称"提标中军参将"。

参将在明代是镇守边区的统兵官,并无定员,职位仅次于总兵、副总兵,分守各路。清朝绿营沿袭明朝,统治者将全国划分为十一个战略军事区,每区下辖一至数省,区的最高军事长官为总督,不设总督的区则由兼领提督的巡抚为最高长官;省的最高军事长官为提督或兼领提督的巡抚;省下为镇,镇的长官是总兵;镇下分协,协的长官为副将;协下设营,营的长官为参将、游击、都司、守备;营下设汛,汛的长官为千总、把总、外委千总、外委把总。

清代莆田人吕瑞麟，即曾任（宁波）镇海参将，后调任台湾镇总兵。《宁波府志》载："吕瑞麟，福建（莆田）人，雍正三年（1725）任（宁波）镇海城守营参将。"另据《四库全书》《台湾省通志·卷三·政事志·军事篇》《清史编年·雍正朝》《台湾研究资料汇编（第一辑）》《福州戍台名将》《莆田市名人志》所载。

吕瑞麟，生卒年不详，莆田平海卫人，后移居台湾。清朝将领，行伍出身，胸有大志。清康熙六十年（1721）台湾朱一贵起事，吕瑞麟时任南澳镇守备，随蓝廷珍赴台平乱。作战勇敢，频频杀敌。平定朱一贯之乱后，升台湾镇标中营游击。时蓝廷珍评价吕瑞麟："水师提标营游击林秀，南澳镇左营守备吕瑞麟，皆刚愎傲上，有好大飞扬之气，然胆略并优，勇敢出群，实国家之骁将也。（林）秀矜夸，（吕）瑞麟沉鸷；（林）秀不拘细谨，（吕）瑞麟凛于操持。弗拥节旄（古代武馆持旄节专治一方），二人俱弗肯已，但（吕）瑞麟似较远大尔。"雍正元年（1723）再升台湾南路营参将。雍正二年（1724）浙江镇海协城守营改称镇海水师营。翌年，出任镇海水师营参将。任上仔细勘测浙江定海至温州的海洋及附近山形，并绘成完整的地图，地图以中国浙江东南沿海黄金海岸线中段玉环为原点，北至宁波，南至温州，同时对玉环山的现状也做了深入调查，对开发和保卫玉环作用很大。雍正五年（1727），升任澎湖水师副将。

澎湖四面皆海，无所不通，由厦门海道七百余里至台湾，澎湖扼其冲。古人非常重视认识海洋和经略海洋，早就掌握了利用舟楫航行的技术，《左传·哀公十年》记载："徐承帅舟师，将自海入齐，齐人败之，吴师乃还。"春秋时则有了初级的海军。《国语·越语》记载了与宁波有关的人物范蠡："越之人吴也，范蠡，古庸帅师自海诣淮，以绝吴路。"然而先秦时期海上航行的局限性很大，只能在渤海、黄海、东海等近海水域活动，秦朝建立以后才有较大规模的远海航行，使原来多集中于北部海域的航行逐渐移向南海，东冶（今福州）则是当时重要的海上运输中转站。至两汉时期，海上航运的中心在今天的山东和浙江一带，北可抵辽东，南可达交趾（今越南北部）等七郡。《汉书·艺文志》明确记载了汉代有关海上航行中天象观测的六种书籍，足见汉代人对航海业已积累了相当丰富的经验。时至清代,跨越海峡,早已不在话下。

吕瑞麟任澎湖水师副将时,曾从岛外引来麻雀,以作中药等用途。雍正八年(1730),吕瑞麟升任海坛镇总兵,守卫今平潭县及周边海面。时平潭县没有学校,吕瑞麟卖掉家里田产和住宅,于雍正九年(1731)在海坛侯屿区南炮台创建"兴文书院"。此年末,平埔族之道卡斯族的大甲西社,因官府指派劳役过多,群起反抗,发动武装抗官行动,烧毁同知衙门,杀伤衙役兵丁。事发之初,值吕瑞麟新调任台湾镇总兵,巡视途中闻变被困,后突围入彰化县治驻扎,征兵合攻,仍未平复。雍正十年(1732)五月,负责征讨大甲西社乱事的福建分巡台湾道倪象恺的刘姓表亲为求立功,竟将台湾大肚社(今台湾台中县大肚乡)五名前来帮助官府运粮的原住民给杀了,并佯称他们是大甲西社的作乱者。此事引起原住民不满,群涌彰化县城说理,县令敷衍了事,导致十余社平埔族原住民约两千多人集中围攻彰化县治,焚烧附近数十里民房。而此时凤山吴福生又起事。在平定过程中,吕瑞麟常坚持己见,故与台湾道倪象恺意见不合。当年六月,闽浙总督郝玉麟以吕瑞麟"驭兵无术",将其调回府治。《清史编年(雍正朝第四卷)》载称:福建水师提督王郡参奏金门总兵官吕瑞麟"奇淫异酷,贪婪不法","待属官如奴隶,视兵丁如草芥"。全镇额兵二千余,受棍责者不下千余。"闻有兵丁家少艾妇女,用威强占,恣意宣淫,不惜声名,不畏国法。"还有又多占茗粮五十余名等,是非对错,不作详究。

朱一贵是清康熙年间(1662—1722)台湾农民起义军的首领,因反抗知府王珍等的横征暴敛,托称明裔,以反清复明为由,于康熙六十年(1721)夏率黄殿、李勇、吴外等聚众起义,各地纷起响应,推朱一贵为"大明重兴元帅",接连在诸罗的赤山、春牛埔等地大败清军,杀死总兵欧阳凯、副将许云等人,台厦道梁文煊、知府王珍见势不妙而逃,起义军进而攻占府城,队伍很快就发展到了三十万人,并占领了台湾全地区,被拥为中兴王,年号永和,设国师、太师、国公等官爵。清廷为平叛,急忙从闽浙调兵渡海进攻,吕瑞麟时任南澳镇守备,干戈戚扬,随蓝廷珍赴台平乱。他与众将联合作战,勇敢杀敌,起义军战斗不断失利,最后朱一贵等被俘,余部退入山中继续抗清,吕瑞麟则因战功升台湾镇标中营游击。

率领吕瑞麟等赴台平乱的蓝廷珍(1663—1729),字荆璞,福建漳浦人,幼而颖异,性情朴直,虽不善言辞,却胸怀大志。为投奔其移镇浙江舟山的族祖蓝理,他千里迢迢,越洋渡海,克服一路上的颠簸凶险,只为请求入伍而来。为此蓝理对他甚是器重,命其凡种种武艺,皆精习之,遂成高手,康熙三十四年(1695)被提升为把总,四年后再升磐石守备。四十四年(1705),升温州镇右营游击,以巡守有功调任温州镇中营游击。五十三年(1714),其领兵深追海贼至青水大洋,斩27人、擒获64人、夺巨舰2艘,又远涉汪洋绝岛,全面搜查罕有人迹岛屿,海贼惧其威,名声大振。后又因大战孙森擒获90多人缴获全部舰炮之功,越级提升为澎湖副将,至夏秋间又升为广东南澳总兵,此时与吕瑞麟有了亲密接触。时朱一贵起事攻取全台,朝廷命闽浙总督满保、福建提督施世骠征讨。满保进驻厦门,委令蓝廷珍总统水陆大军,领战船400余艘,官兵1.2万名,前赴进攻,吕瑞麟随行。入台时,蓝廷珍主张不可滥杀,采用瓦解的策略,只歼巨魁,不问胁从,则"人人有生存的意愿,没有必死的决心",使绝大部分百姓免遭杀害。打败朱一贵后,蓝廷珍奉檄暂理台湾总兵官事务,九月提督施世骠亡故,蓝廷珍奉檄暂理提督印务。蓝廷珍驻台期间,整编保甲,实行团练,加强地方管理和防务工作,发动百姓开垦荒地,很快恢复生活秩序,农业生产得以发展。雍正元年(1723),蓝廷珍升任福建水师提督,加左都督,世袭三等阿达哈哈番(即轻车都尉),吕瑞麟则升任台湾南路营参将。雍正七年(1729)冬,蓝廷珍卒于任上,时66岁。赠太子少保,赐祭葬,谥"襄毅"。雍正九年(1731),吕瑞麟新调任台湾镇总兵。

雍正十一年(1733)吕瑞麟转任金门镇总兵。金门至今还留有他的"如画"题刻,《东征集》亦多处记录其战功,《四库全书》也载有其事迹,今涵江区、城厢区等地,则有其遗族。

吕瑞麟虽为武将,但也颇重视文治,前段文字述其创建"兴文书院"一事,乃平潭旧时最高学府。吕瑞麟于雍正间(1723—1735)镇守海坛镇,"整顿营伍,号令严肃,军旅之暇,雅歌投壶,雍容有儒将风,常曰'移风易俗必以学校为先',特率两营员弁捐俸创建兴文书院,详请大宪以营中旧有园地店屋归书院,收租为延师脯费,俊秀子弟赖以造就者甚多,文风一振。"书院创立之初仅四柱三进,规模较小,其中二进崇奉朱子,三进作讲堂。书院"兴文"之名,则取振兴文风之念,实寓多士云兴之意。据《重修兴文书院记》所载,平潭地理环境相当特殊,"屹然俯临大海,日受飓风所簸荡,瘴雨所浸淫","栋宇栾栌"易于毁坏,故自其创建以后,平潭历代有为长官都给予修葺扩建,其中乾隆十一年(1746),县丞岑尧臣倡捐增建书院学舍三间,并延师授徒;乾隆五十年(1785),兴文书院大门倒塌,县丞张学浦"念学宇倾颓、文教废坠",上任伊始即以振兴文教为己任,劝说贡生陈承颖倡捐重修书院前进以崇祀朱子,当时各绅士耆民皆踊跃捐助,不数月即告成,时更名为"澄潭书院";嘉庆元年(1796),同知徐汝澜修复书院,并题写书院匾额,复"兴文书院"旧名;道光八年(1828),同知沈钦霖以乌石埔等处三百八十余亩荒地为租地,年纳草租七十六千文,充书院膏火,并率岁贡任可大、生员陈方策等捐置紫菜罅业,书院用费始备;咸丰元年(1851),同知恩煜在詹功显的倡导下,在全县募银三千余两,恩煜在《募修兴文书院序》中称:当时书院"规模狭隘,论文之苦无,多风雨飘摇,讲学之堂将就圮",因而再建第四进为文昌殿,殿北附厅作名宦祠,又"增数楹之屋","拓半亩之宫为诸生广乐群之趣",并将仪门增高数尺,二进崇奉朱子,三进作讲堂,经两年而竣工,为历代最大一次扩建,魏敬中亦在《重修书院碑记》中称:"规模灿然一新,多士弦诵鼓歌,方兴未艾。"民国初年,新学兴起,兴文书院改为兴文小学。民国九年(1920),书院改建文庙,移筑校舍于文庙北侧。

  武士剑锋,文人笔锋,谁说纸上谈兵?武将论文,文人讲武,岂止道听途说!

清代

释慧修

住持宝庆寺、天童寺,示寂后全身塔在宝庆寺

据《宁波佛教志》载:

慧修宏智(1838—1894),俗姓林,别号竹庵,福建莆田人。幼年入道,首参金山观心禅师,既而参常州天宁寺定念禅师。时定念授以"念佛是谁"话,疑情顿发,屡呈己解,皆不契合,由是奋志力参,昼夜精勤。后又参天童广昱禅师,广昱识为法器,命领纲维之职,并传以衣拂。光绪四年(1878),受请主席慈溪宝庆寺,殿掌像设,修葺一新。十六年(1890),住持天童,重修库堂、客堂等院舍。十九年(1893),任满辞归宝庆寺。次年正月,示寂,塔于宝庆寺左陇。宏智嗣广昱悟净,为临济四十世。

又据《新修天童寺志》载:

慧修宏智禅师,别号竹庵,俗姓林,福建莆田人。师身材短小,音吐如钟。幼年入道,便游诸方。首参金山观心禅师,既而参常州天宁寺定念禅师。念授以"念佛是谁"话,师疑情顿发,屡呈己解,皆不契合。由是,奋志力参,昼夜精勤,肋不沾席数月。一夕,穷究至人法双忘,瞥见满堂成一大光明藏。少顷,觉知如故。自是生平碍膺之物,豁然冰释。回忆古人公案,宛同宿习。虽有所契,终不自诺。又参天童广昱悟净禅师。净识为法器,命领纲维之职,付最后衣拂。清光绪四年(1878)受请主席慈溪宝庆寺(今江北宝

庆寺），殿堂像设，均为一新。光绪十六年（1890）住持天童。重修库堂、客堂等院舍。三年后辞归宝庆寺。光绪二十年（1894）正月二十日示寂。世寿五十七。塔于宝庆寺左陇。

慧眼识珠的天童寺广昱悟净禅师，俗姓林，宁波鄞县人，壮岁依龙华寺观竺禅师剃发受具足戒。观竺知是法器，待之弥严。清咸丰十一年（1861）天童虚席，师就班首寮受请，补处法位，训师参法，兴圮振废，重修下院、客堂，竭尽心力。三年任满辞去。光绪三年（1877）受请再住天童，又改新新堂为龙王堂。阅三年又辞去，兴复青山诸寺。

浙江的佛教文化历史悠久、底蕴深厚、内涵丰富、影响深远，宁波佛教文化则是其特点鲜明、发展潜力巨大的重要组成部分，仅天童寺，从宋迄今有影响的佛教名人就有义兴、法璿、宗弼昙总、清闲、心镜藏奂、咸启、清简、子凝、瑞新、佛国维白、宏智正觉、长翁如净、密云圆悟、山翁道忞、广昱悟净、寄禅敬安、圆瑛宏悟等，他们为佛教文化事业鞠躬尽瘁，不仅全国知名，而且具有国际地位。

福建莆田也是寺庙庵堂众多，宗教流派纷呈，民间信仰繁盛，著名高僧有本寂禅师、妙应禅师、越浦禅师、无了禅师、慧忠禅师、正觉禅师等，著名的民间信仰人物就有女神林默、陈靖姑、陈氏仙女等，以及影响广泛的三一教创始人林兆恩及三一教著名弟子张洪都、朱逢时、陈衷瑜、林至敬、卢文辉、董史等等，皆天分超卓，闻名遐迩。据《祖堂集》《景德传灯录》《中国文学家大辞典》《福建佛教史》《莆田市名人志》等的记载，闽王王审知曾延请莆田名僧释光云住持福州报慈院，赐号"慧觉大师"，世称报慈和尚。时与闽王过从甚密的八闽高僧有数十人，如龟洋无了、福州长庆大安、龟山正元、崇福慧日、三平义忠、南际僧一、雪峰义存、罗山道闲、建州梦笔、长生皎然、长庆慧棱（稜）、迁宗行瑫、鼓山神晏、安国弘瑫、福清玄讷、玄沙师备、保福从展、报慈光云、招庆道匡、报恩清护、瑞峰志端、安国慧球、招庆省僜、罗汉桂深（琛）、隆寿绍卿、越山师鼐、藻光禅师等，可见环境因素作用于环境，也必然产生环境影响。

示寂于宁波慈溪宝庆寺的慧修宏智，幼年入道，经历特殊，最先入谒参见的师父是观心大师。镇江金山寺观心大师于道光乙巳年(1845)至金山寺,被金山寺道公许为入室弟子,授以法印。后因咸丰三年(1853)"癸丑"事件,金山寺被毁,其曾师奉道公避居五峰山下院。后又避地如皋,再返五峰。后道公示寂,月师退居,观心继席金山,先后建复金山寺。

此后,慧修宏智又参常州天宁寺定念禅师。定念禅师门风峻肃,法席巍然,参叩者鳞集。咸丰十年(1860),常州天宁寺毁于战火。同治元年(1862),方丈定念禅师开始准备重修天宁寺,然直到圆寂,尚未完成,后由其看出慧根的冶开大师历时10余年努力而圆梦。冶开对定念禅师奉之殷殷,始终矢心执侍,被称为同治光绪年间(1862—1908)中国佛界"四大尊宿"之一。

时定念禅师授慧修宏智一句"念佛是谁",使其疑情顿发。这是个因不同根性而参悟不同的话题,固然没有统一答案,但宏智依然屡呈己解,然皆不契合,由是奋志力参,滋滋昼夜,衍衍不息,不断领会其中的玄与妙、先与后、破与承、开与结,待学佛参禅和磨砺心志到了一定的程度,即所谓悟入处尽是禅机,于是他又参宁波天童禅寺广昱禅师。

广昱悟净(?—1883),青年时依龙华寺观竺禅师剃发受具足戒。数年后,遍游讲肆,融性、相二宗之旨。继参扬州高旻寺,闻普洽禅师唱道天童,即往参谒,一见针芥相投,遂获付嘱。清咸丰十一年(1861),受请住持天童,训徒参法,兴圮振废,重修下院、客堂,竭尽心力。任满三年,辞去。光绪三年(1877),受请再住天童,改新新堂为龙王堂,讲《法华经》于大鉴堂。阅三年,复辞去,主青山诸寺。光绪九年(1883),宁波知府宗源翰又延请主天童。是年冬,圆寂于方丈室,塔全身于天童东谷。广昱禅师视慧修宏智为真正的修行人,认为他修为高、有特质,于是命其领纲维(寺庙中的司事僧)之职,并传以衣钵。

光绪四年(1878),天童寺纲维慧修宏智主持慈溪宝庆寺,苦心经营十余年,使寺内外面貌大变,殿堂像设,修葺一新,地方名流俱有题赠。光绪十五年(1889)国史馆编纂慈溪人杨泰亨为寺院重建殿宇,并重书"宝庆讲寺"匾额,犹存。慧修圆寂后,安葬于宝庆寺左。

今宁波江北区宝庆寺所在地，旧时属慈溪。今慈溪位于宁波市西北部，北濒杭州湾，东南毗镇海区、江北区，西、西南界余姚市。《宁波市志》载，秦王政二十五年（前222）置鄞、鄮、句章三县，今境属句章县，县治设今江北区慈城镇城山渡。东晋隆安四年（400）徙小溪（今鄞江镇）。隋朝并鄞、鄮入句章县。唐武德四年（621）改句章县置鄞州。625年废鄞州复置鄮县。开元二十六年（738）析鄮县置慈溪县，属明州，县境为今宁波市江北区西北部及余姚市东部，设治于慈湖之南（今江北区慈城镇）。南宋后期，明州改庆元府，元属庆元路，明、清属宁波府。1914年属会稽道，1927年废道制后，直属浙江省。1935年属第六行政督察区，1948年属第二行政督察区，1949年5月24日起隶于宁波专区，1954年10月以原慈溪、镇海、余姚三县北部（习称"三北"）为慈溪县县境，县治由慈城镇移浒山镇，1983年7月实行市管县体制后属宁波市，1988年10月13日撤慈溪县设慈溪市。

而坐落鄞东太白山麓的天童寺，清代时属鄞溪乡，现归辖鄞州。唐开元二十年（732），僧法璿（璇）建精舍于山麓之东，法轮息而复转，后人称之为"古天童"。北宋景德四年（1007），改天童景德禅寺。明太祖册封天下名寺时，被列为天下禅宗五山之第二山。清顺治十七年（1660），赐今寺额。清雍正十一年（1733），赐"慈云密布"四字及金字《心经》一卷，又赐御书"名香清梵"四大字。后又有多次赐函和重建、重修、新建，与镇江金山寺、扬州高旻寺、常州天宁寺共称为禅宗四大丛林。该寺坐北朝南，寺周重峦叠翠，寺内殿阁巍峨，旧说拥有殿、堂、楼、阁、轩、寮、居、室等九百九十九间。其殿堂之雄伟，寮阁之众多，甲于东南。现存殿宇规模，基本保持明时格局。沿中轴线，自南往北依次为外万工池、七佛塔、内万工池、照壁、天王殿、佛殿、法堂（藏经楼）、先觉堂、罗汉堂；东轴线上，有新新堂、伽蓝殿、云水堂、自得斋、立雪轩；西轴线上，有清规堂、祖师殿、应供堂、静观堂、面壁居等。还建有钟楼、禅堂、戒堂、奎焕楼、回光楼、返照楼、库房、如意寮、大鉴堂、方丈室、东桂堂、西挂堂、长庚楼、古松堂等诸多垛殿寮室，构成规模宏大、结构精致的建筑群体。王安石有《游天童》诗："村村桑柘绿浮空，春日莺啼谷口风。二十里松行欲尽，青山捧出梵王宫。溪水清涟树老苍，行穿溪树踏春阳。溪深树密无人处,惟有幽花度水香。"

圆瑛禅师,福建古田端上村人,18岁时于福州鼓山涌泉寺剃度,礼莆田梅峰寺增西上人为师,连任七届中国佛教会主席或理事长,曾任天童寺住持。1982年,广修任天童寺方丈。1983年4月,国务院批准天童寺列为全国汉族地区佛教重点寺院之一。1988年,圆瑛弟子明旸升座任第171代住持。

明旸戒先(1916—2002),俗姓陈,名心涛,号俊豪,法名日新,号明旸,福建福州人。民国十五年(1926)于福州白塔寺皈依圆瑛法师披剃出家。后侍圆瑛赴宁波七塔寺、天童寺研习大乘经教、佛门仪轨和丛林唱诵。民国十九年(1930),在天童寺受具足戒。抗战初期,明旸随圆瑛组织僧侣救护队支援抗日,并任中国佛教会灾区救护团秘书兼总联络,先后两次随师往南洋募捐救国。曾任全国政协常委,中国佛教协会副会长,上海市佛教协会会长,上海佛学院院长,上海龙华古寺法主和尚,上海圆明讲堂住持,北京广济寺、宁波天童寺、福建莆田光孝寺方丈等职。2002年7月,圆寂于上海龙华寺。荼毗法会在天童寺隆重举行,塔建于天童。明旸戒先嗣圆瑛宏悟,为临济四十一世、曹洞四十七世。著作有《佛法概论》等。

清代

黄邦杰

在宁波开设商行，乃莆田桂圆干行业巨商

名邦多文士，莆商亦浩荡。莆商，是福建省莆仙籍在国内外从事工商业者的总称。

莆田古称"兴化""莆阳"，俗称"莆仙"。其有两个独具魅力的地域文化，一是"家贫子读书"的"仕人群体"，二是"无兴不成镇"的"兴化商帮"，千百年来薪火相传，世代承衍，在中华民族文明史中占有重要地位。其中，仕人群体留下了"一家九刺史""一门五学士""一家三宰相"等众多令人惊叹的科甲佳话。而兴化商帮，也源于隋唐、发展于宋元、昌隆于明清，到再兴于后。无论是通都大邑还是穷乡僻壤，到处都有操莆田口音的商人，尤其是到了清朝中后期，兴化的商贸交易进一步发展，仅涵江就有二三百家商家店铺，涵江苍然的陈家、丁铺的徐家、宫下的吕家、霞徐的黄家、延宁的林家等，都是富甲一方的巨贾。在全国各地的一些地方，甚至还涌现出"莆田村""兴化路""兴化桂元街"等特色村街。

从表面上看，兴化商人似乎很精明，很会算经济账，向钱看、听钱话，其实是他们能够快人一招、先行一步，既讲交情，也讲价钱，说到底就是高看一眼、顺势而动，按经济规律办事，服务于更大的目标，于是应运而兴，走向更远的世界。

元明清

唐代是兴化农业发展的黄金时期,也是商业经济崛起的重要阶段,各行各业都有长足发展。至唐末,随着广植荔枝、龙眼树和加工荔枝干、桂圆干技术的日趋成熟,尤其是货物出口需求增加,与之相适应的港口码头建设和造船技术也在不断发展中,航线也越走越远,商船越造越大,莆口港、江口港、枫亭港、涵头港逐渐成为主要对外通商港口,国内主要航线则有莆田至广州、泉州、温州、宁波、上海等地,国外主要航线也有莆田至罗马帝国、印度和暹罗(今泰国)、日本、高丽等国家,莆田境内形成了一支专门漂洋过海的海商队伍,史书载"闽国榷货务张睦,体恤商艰,招徕海舶。'利涉益远',北至新罗,南达南洋诸岛及印度、三佛齐(古代在今马来西亚一带的王国)和阿拉伯等国,都经常有使者、商旅往来"。

宋朝是中国历史上承五代十国、下启元朝的重要朝代,宋代福建造船业更加发达,福州、泉州、兴化、漳州四地所造海船享誉天下。兴化不仅是福建四大造船基地之一,且其舟匠的造船水平更是首屈一指,几乎掌握了宋元时期全国一流的造船技术,能建造船面宽度八丈以上的远洋大船。福建尤其是兴化所产的大量荔枝干和桂圆干得以作为对外贸易的重要物资,通过海上运输销往江浙、江淮地区和高丽、越南、琉球半岛等地。朝廷为鼓励海上贸易,放宽进出口商品的报批手续,允许前来福州、泉州、兴化沿海的外国商船,经广州、明州和杭州市舶司抽解、博买之后,持有公凭者可以放行,未经抽解或无公凭者押送附近市舶司抽解、博买后放行,并鼓励百姓检举"漏舶"商人。

明代的海洋活动,尤其是捞捕作业,开始向大陆外拓展,舟山群岛、台湾海峡,琼州海峡等早已成为热门海域。每逢秋季来临,兴化渔民就成群结队出海捕捞;捕捞的季节,也是航运的过程。然而明代倭寇祸乱尤烈,最为猖獗时,亦曾多次进犯兴化府,平海、莆禧、宁海、黄石等莆田沿海集镇、集市被洗劫一空,商人被绑架勒索,许多兴化商人开始陆续外闯谋生,往南主要有泉州、厦门、海澄、潮州、广东等地,往北方向的则有福州、温州、台州、宁波、上海、湖州、天津、烟台等地,漂洋过海的也不在少数,并由此在全国和海外逐渐形成了一个个以兴化商人为主体的商帮或村落。

当然，也有外地人来莆田旅居的，据《涵江区志》载称："明清时期，随着涵江商贸、海运的日渐兴起，来自浙江宁波、温州及省内福州、闽北、闽南等地的商贩亦在涵江定居。清顺治十八年（1661），受清朝'截界'影响，沿海数以千计的百姓迁至境内定居，导致人口迅速增长。"

据《莆田县简志》载："清初之莆，亦有远航贾舶。至今西陈、吉蓼、塔林人罕至莆城者，而多在宁波经商。塔林薯园极少，然其妇女如在城镇者不事耕作，以其所需之粮食、薪炭及家庭日需品，多由宁波、温、台采购，以本村之船运回故也。"然而，朝廷的"截界迁民"，对兴化等地造成的破坏程度，也堪称空前绝后。顺治十三年（1656）朝廷颁布禁海令，饬沿海疆吏，"把截隘巷"，"片帆不许下海"，既不准外地海船入港，也不准本地渔船、商船出海，还禁止民间买卖海鲜鱼货。许多老百姓被迫离乡背井，颠沛流离。顺治十八年（1661），朝廷实施更加严厉的海禁政策，兴化"海滨8里102铺633村士民一律内迁，寸板不得下海"，导致民不聊生，惨不堪言。

清康熙二十三年（1684），清廷诏令撤界，允许沿海百姓返回原籍耕种，此后兴化迎来了长达170多年的稳定期，经济开始恢复和发展，如兴化的桂圆干，市场需求日趋旺盛，众多的兴化商人选择在南京、上海、宁波、杭州、松江等地开设桂圆行。据《福建史稿》载，"宁波、上海的桂元行，皆为莆人所开设。每年白露节，新桂圆出口。一到甬、沪，江浙人士，争相购买，以分赠戚友。最主要的顾客，均为舟山渔民。每只渔船出海，一定要购一箱（重30斤）高级桂圆，因为海上生涯，非炖服桂圆汤，不足以御寒。"

到了晚清至民国时期，凭借福建人勤劳智慧与开拓精神，兴化商帮队伍不断扩大，实力日益增强，一个敢为天下先的莆商群体日趋活跃，并迅猛发展而独执福建商界牛耳，抒写了一幅幅"无兴不成镇、无莆不成市"的生动画卷。其中最具代表性的就有涵江霞徐的黄氏商帮，其经营桂圆干的规模占当时兴化同行总量的30%以上，故坊间把他们的家族联盟称为"黄家门"。其中涵江与宁波，是黄氏商帮的两处主要淘金地。而"黄家门"最具代表性的人物，则是黄邦杰。据《涵江区志》载：

黄邦杰（1821—1897），名步，学名廷拔，字孟衢，号茹乡。祖籍莆田县渭阳村,后迁居涵江霞徐街(今涵东街道霞徐社区)。家贫,19岁赴宁波学习经商。不久,开设瑞裕商行,自置"瑞安"号木帆船一只,载重二千担,航行于宁波、上海与莆田之间。北航时运出莆仙的桂圆干、白糖、赤砂和荔枝干等土特产,南航时运回当地的棉花、布匹、草席、蚕豆、豆饼和绍兴酒等,获利颇丰。数年后,遂在渭阳和涵江开设多处鲜龙眼收购站和焙制桂圆干的焙房,店号名黄瑞裕,把焙制的桂圆干运销上海、宁波和温州等地,成为莆田桂圆干的批发行。其又在宁波开设分店南昌号,专营桂圆干零售、批发及转运业务。因之,黄邦杰逐渐成为莆(田)桂圆干行业的巨商。据称当时运至宁波的兴化桂圆总数大概有两万担左右,其中大同、泉裕、鼎和、瑞裕四家约占一万三千担。

黄邦杰自奉俭朴,勤俭治家,但对社会公益事业则慷慨解囊。在渭阳祠堂内设明远书院,为族内子弟读书之处;捐巨资修建黄巷大宗祠、霞徐天后宫和兴安会馆;捐白银五百两,助建萩芦溪大桥等。道光二十九年(1849),(黄)邦杰由监生捐州同知职衔。同治间举孝廉,县里赠"孝廉方正"匾,后加捐府同知。光绪二十三年(1897)去世,终年七十六岁。

据称著名的涵江霞徐"黄家门",原籍莆田西天尾谓阳。另传"黄家门"名称来历因"瑞裕"和"鼎和"两商行的老板是亲兄弟,"大同"和"泉裕"两商家的老板也是亲兄弟,"瑞裕""鼎和"与"大同""泉裕"的老板皆为堂兄弟,故称。

由于经营有方,黄家财力渐渐兴盛雄厚,在清同治、光绪年间连续创办了"瑞裕""鼎和""大同""泉裕"几大家族企业,其中所经营的桂圆干,数量约占兴化总量的三分之一。"大同"号还曾经购置近代轮船,成为兴化境内最早使用机器动力轮船的商家之一。《莆商发展史》载称,早在清同治、光绪年间,"瑞裕"号就开辟了从莆田涵江的三江口到宁波、上海等的航线,长期从事海上运输。

"瑞裕"号的创始人是黄邦杰,其父早年在宁波经商,却不幸于道光年间病逝,时19岁的黄邦杰只身赶赴宁波料理后事。当他打开父亲的枕头箱时里面并无分文,却有父亲遗留的头发一束,从此埋下了黄家门"后发"之

伏笔。

人受惊受挫后易成熟,身在异乡、身无分文的黄邦杰,很快找到一家兴化人开设的商店当学徒。昔时离乡背井来到宁波的莆田人,没钱的一般先当店员、学徒,吃上几年苦头后大多会节俭下来一点本钱,然后尝试着独立经营,此种情形不只发生在个别人身上。

且说黄邦杰诚实勤快,故深受店主信赖,经常委派他回老家办货,店里的生意也越来越好。此后突发太平军逼近宁波事件,时商人们纷纷逃离,黄邦杰却主动要求留下护店。店主感动不已,与黄邦杰立下约定,要是能够保全店中财物,店主愿意赠其半数。有心于避祸,时来运也转,黄邦杰几经周旋,竟保全了店里的所有财产。战乱过后,店主遵约分一半店产归黄邦杰所有,黄邦杰一下子从伙计变成了股东,从此走上了快速成长的道路。

眼看黄邦杰如此勤朴,不久后店主鼓励黄邦杰自立门户,于是黄邦杰在宁波创办了"瑞裕"桂圆行,事业由此起步,一直做到生意兴隆,财源滚滚,有了购办大件之资时,于是购置了一艘载重量为10吨的木帆船,取其名曰"瑞安号",往返涵江与宁波之间。为了掌握和稳定桂圆干的产地货源,黄邦杰还在涵江设点经营,往北运去桂圆干,回来时则捎带豆饼、面粉、花生油、桶装煤油、棉花、棉纱、布匹、中药材、温州纸、绍兴酒、宁波席等"回头货",双头赢利。其还涉足金融行业等,日盛一日,如日中天。

创办于清光绪十二年(1886)的"鼎和"号,则先是由黄智群经营,后由其儿子黄纪年接手。该商行在宁波设有"南昌"桂圆行,以销售桂圆干为主,资金雄厚、信誉良好,可与黄邦杰相比肩,其同时亦是兴化境内最大的桂圆行之一。

"大同"号创始人是黄孟誉,早期受雇于堂兄黄邦杰。随后,黄邦杰资助其在宁波自立门户,创办"大同"桂圆行。经过10多年的努力,大同桂圆行资本暴增,后虽发生遭抢等事故,但在黄邦杰的资助下,重新创办"大同"号,生意逐渐兴隆,并发展成为清末一大商号。

创办于光绪三十年(1904)之前的"泉裕"号,其创始人乃黄孟誉之胞弟黄孟育,该商号亦是兄弟分家时从"大同"号拆产创立的黄家商行,初期生意并不景气,到其四个儿子接手后开始兴隆,并逐步发展成为兴化巨商之一。

《莆田市志》有载,兴化商人在全国各地创办了众多桂圆行,境内桂圆干每年外运40万—50万担。在外经营桂圆干生意的有上海50家、宁波30家、南京24家。尤其是宁波,作为兴化人最早经营桂圆干生意的商埠,先后出现了许多巨商富豪。

据黄国华在《天下莆商》所撰写的《莆田渭阳黄氏家族经商创业史》一文介绍:"无兴不成镇",是莆商雄踞四方的豪言壮语。宁波有个童谣:"哪怕你宁波人刁,兴化人要买断甬江的腰。"所谓"甬江的腰",指宁波最繁荣的江厦街一带,这里的码头及其主干道,是当年莆商黄氏家族生意的停泊地和推销站。

宁波最繁荣的码头和商业街江厦街一带,清同治年间,在短短的几百米长的街上,就有众多的南北洋船运业、鱼盐、南北货、药业、钱庄等,小钱庄和兑换庄更是不计其数,此间还汇聚了慈溪三七市的董家、镇海小港的李家、西门口的秦家、湖西的赵家、十七房的郑家等大掌柜与把舵主,此地也是兴化商船停泊和销售桂圆干的集市,有"南昌""安记""隆记"等20多家莆商创办的桂圆商行,经济实力十分雄厚,形成了一个颇有名气的兴化商帮,因而此街也被宁波人誉称为"走遍天下,不如宁波江厦"。

时桂圆干行有"里行"与"外行"之分。在莆田涵江,霞徐黄家门所开的桂圆行是"里行",其他的统称"外行"。"里行"是品牌和老牌,价格要比"外行"高一大截。通常的情况是,桂圆干按颗粒的大小定等级和价钱,"大三"级的每斤96—100粒,最小的"五圆"每斤160—170粒。"黄家门"所开的瑞裕、鼎和、大同、泉裕等桂圆行,几乎达到垄断的地步,如在宁波、南昌等地,桂圆干定价之高低,一般都要听其主张。

以黄邦杰为代表的黄氏商帮,积资巨万,事业有成。黄邦杰更是富甲一方,却经常教育儿辈务必坚守"三本"和"四不"。"三本"即要有持家本性、有经商本领、要储存本钱;"四不"是不嫖、不赌、不抽烟、不喝酒。不仅如此,他们还始终不忘回报桑梓,对家乡的慈善事业多有慷慨之举。据《天下莆商》等载,黄家门先后"资建东南角青龙港石堤、试院考棚、府县文庙明伦堂、城

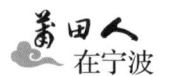

隍庙、梅峰西来寺、节孝忠义孝悌等祠堂",还出资建设"涵江宫口年子祠书院、观顶孔子圣庙、四元殿、关圣庙、重修兴安圣母会馆及晏公中军庙、继助建大樟通省大路,广为里寺院、桥梁,三江口圣母宫,涵江保尾神庙等"。为善尚多,不能悉数,体现了兴化商人热心社会公益事业的优良品德,演绎了驰骋商海的传奇故事。

民国《鄞县通志》所载清代郭柏荫《重修福建会馆碑记》中,亦有黄邦杰等首事之记。姚汉村的《涵江"黄家门":莆商精英的百年涵养》一文则称,后黄邦杰时代,其子孙后代们开始华丽转身,舍商贾趋儒业,走出了一大批在社会诸多领域的杰出人才,如清末刑部郎中黄纪元,曾任漳平县教谕、福清县训导的黄纪云,莆田辛亥革命发起人、福建谘议局议员黄纪星,参加同盟会起义后任江西建昌府知县的黄绶,1923年任莆田知事的黄湘等等。

借事说事,为善最乐;积善之家,必有余庆。

近代以来
JIN DAI YI LAI

近代

郑维春

先世自兴化迁居象山,风来雨落

据民国《象山县志》卷二十六《先贤传五·寓贤传》载:

郑维春,字月峰,先世自兴化莆田迁居象山石浦。咸丰四年(1854),红巾刘丽川[①]踞扰上海县。维春奉札,分带夹板艇壮勇六十名,从广东千总刘某进攻之。五年(1855),克复上海,苏松太道[②]奖给六品功牌。

清道光二十年(1840),第一次鸦片战争爆发后,大清军队面对全副武装的英兵屡战屡败。道光皇帝继位之初,也试图清理陋规,整顿吏治,包括官僚内部的下级对上司、地方官对京官、各衙门之间,什么节寿礼、程仪、别敬、炭敬、冰敬、秋审部费、晋升部费、门生礼等等,尤其是令嘉庆皇帝愤怒的"从来未有之奇"的因查赈而被害的清官李毓昌案件,教训都相当深刻,但最终遭到朝廷内外的反对而作罢。

道光二十一年(1841)六月十日,被道光皇帝革职的林则徐以四品卿衔"戴罪赴浙"至宁波镇海,住蛟川书院。连日协办镇海海防,察看地形和炮台,检视新铸大炮,观看演放铜炮、铁炮。六月十八日,林则徐复被革去四品卿衔,是日发往新疆伊犁。从六月十日至七月十四日,林则徐共在镇海留居34天。

是年十月十八日,清廷授协办大学士、吏部尚书、道光皇帝的侄子奕经为扬威将军,文蔚、特依顺为参赞大臣,赴浙江规复失地。而次日,英军就自

宁波掠余姚,至余姚陷失。十二月三十一日,英军掠慈溪,慈溪失陷。

道光二十二年(1842)一月十日,英军掠奉化,奉化失陷。二月九日,苏、赣、皖、豫、鄂、湘、川、陕等奉调援浙11000名官兵陆续抵达。二月十日,奕经至杭州过年,求签于关帝庙,得"虎头人"句,依之用兵,制定了"五虎扑羊"之策。此处的"羊"指洋人,"五虎"指选一位生肖属虎的将军统领部队,时选得安义镇总兵段永福为前敌大将,定于三月十日凌晨(正月二十九日四更)即寅年、寅月、寅日、寅时三路出兵,图划收复宁波、镇海、定海三城,不料被英军奸细窃密,军机早泄。后清军数次攻城,未得。《宁波市志》载"英军侵占宁波期间,掠去府库白银17万元,丝绸、粮食无数,勒索'犒军费'120万元,掠去天一阁藏书《一统志》和舆地书数种,并掳去不少青年女子"。

道光二十二年(1842)八月二十九日,丧权辱国的中英《南京条约》签订,宁波、上海等被列为"五口通商"口岸之一。开埠后,列强大量往内地倾销商品,破坏了中国的自然经济,导致中国传统的棉纺织业、航运业等受到严重打击,尤其是东南沿海受创最大。白银外流,赋税增加,兵勇裁撤,翠减红衰。不仅如此,清政府为了筹集赔款,对老百姓加征苛捐杂税,导致民不聊生,福建、广东等地的移民也不断增加,为了生存,他们开始抱团求生,组建帮派,其中尤以粤籍移民中的三合会和闽籍移民中的小刀会最为突出。据《镜湖自撰年谱》载,道光二十八年(1848),浙江镇海就发生过渔户聚众毁关事件。而三年前,余姚也发生过佃农抗租事件。当时盗贼横行,杀人越货,掳人勒赎,无时无处不发生,时广东学政戴熙进京陛见道光皇帝,报告沿路所见:"盗贼蜂起,民不聊生。"道光三十年(1850)春,内阁侍读学士董瀛山则奏称"邪教、盗匪,在在皆有",尤其是一些省界地区,以及不同府州县的邻界处,属于"三不管"地区,更是成为恶匪出没的处所。

咸丰三年(1853)一月,宁波城区出现天地会党所张贴的署衔为"行军提督谭"告白,揭露清政府屈膝媚外,痛斥外国侵略者罪恶,警告必须在农历七月前"尽率丑类归尔巢穴"。三月十九日,太平军攻占南京。时上海小刀会领袖刘丽川,会合各路人马,共商起义大事。未料头领潘启亮为清军所捕,上海道台吴健彰押潘启亮欲于辕门校场开斩,刘丽川等以红巾为号,提前起义,救出潘启亮,攻克道台府,攻占上海城,队伍迅速扩大。时宁波鄞县的姜山、茅山一带,以陈春富为首组织的双刀会,也积极响应上海小刀会起义,聚众设局于姜山,后被宁波知府段光清派兵镇压。

时郑维春奉命带领舰艇兵勇随广东千总刘某等一众进攻,在咸丰五年(1855)光复上海,并因此获得六品功牌。功牌是帝制时代政府颁发给有功人员的奖牌。清代以前,朝廷嘉奖将士,明英宗时即造赏功牌,分奇功、头功、齐力三种,奖给有功将士。满人入主中原后,废除"丹书铁券",用"功牌"取而代之。清功牌先为银制,后以紫绫裱纸等替代。

上海被清军包围期间,刘丽川曾多次派员去南京求援,欲建立与太平天国之联系,并表示愿意接受太平天国洪秀全的领导,未果[③]。之后孤军与清军和英、美、法军作战一年多,至弹尽粮绝,最后在率师突围时战死虹桥。

此后不久,太平天国起义军陷绍兴府,宁绍台道张景渠立保卫公局于宁波北门外,招郑维春入局。咸丰十一年(1861)十一月,宁波又陷。郑维春自己出资招募三百名锐勇,与英国领事夏福礼防堵江北岸,寇不敢渡江。夏福礼乃英国人,19世纪60年代期间,曾任英国驻宁波领事一职。

据《宁波通史》记载,咸丰十一年(1861)太平军占领上虞、攻克余姚[④],攻占奉化、慈溪、镇海县城,从南西北三面对宁波形成包围之势。宁绍台道张景渠、浙江提督陈世章、宁波知府林钧等在太平军攻城前弃城而逃至江北岸,后又逃往定海,成千上万的难民也涌入江北岸。

张景渠(?—1873),字翼伯,上饶人。道光十二年(1832)进士,入国史馆编修。咸丰三年(1853)后,历任无锡、吴县知县,浙江署宁绍台道员,因失守宁波而被左宗棠革职[⑤],并奏请史致谔取代。

《宁波市志》载,咸丰十一年(1861)即太平天国十一年十二月九日,"南路太平军黄呈忠部协力攻克宁波府城……宁绍台道台张景渠、浙江提督陈世章得英领事保护,乘法舰逃定海。官绅豪富躲入外人居留地。"时史致谔已实授宁绍台道,认为贼众兵寡,分援则力弱,提议直捣上虞,贼必返救,因出师渐远,郡城军粮之事不能兼顾,于是提请巡抚左宗棠疏免前署道张景渠罪,责其专任兵事。

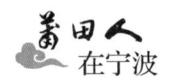

同治元年（1862）即太平天国十二年九月十七日，新任宁绍台道台史致谔还以宁波吃紧为由乞援，李鸿章命华尔率"常胜军"洋枪队1000人自沪到甬援助。

华尔是美国人，1860年受清廷委派，招募十几个愿意从军的外国人和几百名中国人组成洋枪队，帮助清军围剿太平军。后华尔加入中国籍，被清廷委任为副将，"洋枪队"改称"常胜军"。1862年9月，华尔在进攻宁波府慈溪县时被太平军击毙。

而在史致谔乞援的前五个月，夏福礼已得其国王书，愿出外国兵助剿，郑维春钩得之，以告鄞县内阁中书⑥陈政钥，陈大喜。陈政钥即陈鱼门（1817—1878年），号仰楼，宁波人，麻将牌创始人，"甬上闻人"。民国《鄞县通志》称："政钥负才广交，为当道所重。郡县有事，若拓荒、修学、协济邻饷之举，皆倚办之"。太平天国期间，陈政钥执掌善后局，负责筹措浙江全省的军饷，其"上下周旋，雍容酬答"，得到左宗棠的赏识。

陈政钥与英国驻宁波领事夏福礼交往甚密，常以打麻将为娱。他极喜玩耍，精通纸牌，并将纸牌改为竹牌，保留了碰和牌中的"万""索""筒"，共108张，改"红花"为"绿发"，"白花"改为"白板"，"老千"改为"红中"，命名为"三箭"，每样四张。同时增加东、南、西、北四个方向的"风"，每样也是四张，由此形成当时流行的136张一副的麻将牌。经他整合、改造后的麻将，简单易学，一经问世，便盛行大江南北，尤其是在"五口通商"后，各地商贾云集于宁波港口，学打麻将的人越来越多，乃至传播到中国沿海各省和日本等国。

时张景渠与提督陈世章等奔往定海，陈政钥遣使迎之，并招兵买马、内应外合克镇海，提督、巡道则率诸军直达江北岸，规复宁波。寇死守，不下。郑维春添募乡勇二百名，合前三百名，号"常福军"。即率所领，缚长梯于府城东灵桥门下。英国参将科诺华先登，中炮弹颠下。郑维春挥中外兵继进，手发枪击黄衣贼头目，立毙。英将呸乐德克（Roderick Dew）连放炸子炮。郑维春首先登陴。寇不能支，开西、南二门分路窜去，即克复府城。

巡道史致谔叙功保举，免补同知，即选知府，赏戴花翎。旋获前踞象山伪参天豫顾廷菁，正法。秋七月，从中外诸军进克上虞、余姚。八月，粤寇窜回慈溪、奉化,窥伺府城,郑维春又扼守府城南门,枪毙贼众,进复慈溪、奉化。

同治二年(1863)春正月,从复绍兴。二月,进复萧山,与浙江布政使蒋益沣之师合会。叙功,免补知府,以盐运使司运同选用,并加盐运使衔。撤散"常福军",帮办各国兵税事务,并帮办英、法、美三国交涉事务。未几,病卒于任。

郑维春的弟弟郑维祥,亦曾官镇海守备。郑维春之少弟郑胜元,本名维亨,字心乎,同治元年(1862)投效水军。四月从克镇海、鄞县,进攻余姚。改从楚军新右旗游击刘光明,攻剿出力,浙江巡抚左宗棠赏给五品军功。二年(1863),从克金华、兰溪、龙游、汤溪,拔补千总,赏戴蓝翎。四年(1865),从克武康、德清、石门、孝丰、安吉,以守备尽先补用。九年(1870),从福建船政局办理各省沿海舆图。十一年(1872),派赴闽、浙、粤各海洋测量沙线、礁石。光绪元年(1875)罢,回本省。九年(1883),署提督左营左哨千总。十年(1884),回右营候补守备。十一年(1885),定海镇总兵咨调,委充宁军敏字正旗左哨正哨长兼洋操教习。十九年(1893),署温州镇标左营右哨千总,旋署中营守备。二十七年(1901),试署定海镇标中营守备。次年,回避本籍,与海门镇标左营守备何桢对调。三十四年(1908),代理海门镇标左营游击。宣统元年(1909),奏补中营游击。以绿营裁撤,未到任,候发浙洋水师差遣,后回籍,卒年六(七)十余。

〔注 释〕

①刘丽川,广东香山(今中山)人,经商于上海,咸丰三年(1853),集粤、闽、江右三省会党起事,占领上海。

②苏松太道的前身是苏松道、苏松常道,其全称通常为分巡苏松太兵备道。苏松太仓道,因驻地中后期在上海县并兼理江海关,又简称为上海道、沪道、江海关道等。

③另有太平天国并不知道刘丽川上表请求归附之事一说。

④时上虞、余姚等均为绍兴府所辖。

⑤张景渠后往浙南招募海盗并收复宁波,受同治帝召见。有《烬余诗草》。

⑥官名,掌撰拟、记载、翻译、缮写等。

> 近代

林柏青

开设货行，经营起家，航运之星，商海达人

自古以来，闽风尚贾。其实，其中也有自然的法则，"闽"字有虫蛇出没之意，另则指自然环境恶劣，土地贫瘠，不宜农耕，故"出海从商"为不得已选择。"贾"字所指，则多为古代坐商或泛指后来的商人，其成长与发展，成就了兴化商人以海运作为对外联系的特殊优势。

这也与兴化商人"在家是条虫，出门是条龙"的观念有关。勤劳俭朴、精明能干的兴化商人，面临大海的挑战与困难，他们既心存敬畏，又无惧困厄，既魂系大海，又不图安逸，他们弄潮商海，或单打独斗，或金石齐鸣，虽无常胜之法，却有一定之规，经过千淘万漉，内加百长并集，硬生生地开发了一片片海洋，闯出了一块块天地。

据《福建兴业事典》《莆田市志》《涵江区志》等载：

林柏青（1890—1929），又名林伯清，字万曦，莆田县望江乡（三江口鳌山村）人。20岁左右赴漳州、厦门等地谋生，在厦门得到同乡刘季鸿的支持和亲友的资助，开设永发办货行，办理同乡前往南洋和接待回乡华侨等业务，并经营桂圆干和荸荠等土特产，远销海内外，因而起家，人称"荸荠大王"。同时，在涵江印兜开设大成办货行，经营桂圆干、豆饼和碎米生意。

交通运输业是一个古老的传统行业，既是商业发展的主要载体，也是商贸扩大的重要条件。莆田与宁波具有传统的航海交流和天然的交通资源优势,对扩大南北物资交流起较大作用。据光绪《鄞县志》载:"鄞之商贾,聚于甬江,嘉(嘉庆)道(道光)以来,云集辐凑,闽人最多,粤人、吴人次之"。

清道光十年(1830),宁波商业船帮进入黄金时期,南号、北号不下六七十家,最盛时约有海船400艘,其中较著名者有福建帮15家,宁波帮北号9家、南号10家,山东帮数家,计30余家。又据《宁波市志》载,受光绪三年(1877)温州开埠和以后的杭州开埠等的影响,宁波港腹地虽然相应缩小,但港口运输贸易则由转运过境货物变成转销地产品为主,并由此成为依赖和支撑区域经济的商业港,随之触动和兴起的轮船业及其轮船出入港的艘次与吨位得以迅猛提高,尤其是来自福建的船只,其中不少来自莆田、涵江。

民国十五年(1927),林柏青因父亲病故,雇用了厦门泰利公司的"泉州"号轮船回家奔丧,因轮船行驶到莆田主要商埠涵江三江口搭仔海面时遇退潮而无法靠岸,故萌生开发秀屿港的念头,他也是民国时期第一个私人开发秀屿港的民族资本家。

林柏青合资开设的"兴安"公司,顾名思义,除了地名代称,还寓意既兴且安。航行于涵江至福州、宁波的"涵江号"等,在促进多地商贸经济发展的同时,也带来了莆田与宁波金融业的快速起步,两地在三江口周边纷纷开设起了都具不凡实力的钱庄、当铺和金银店等等,商贸兴盛所带来的红利也促使无数的莆田人、涵江人奔赴福州、厦门、上海、宁波等地开行设店,或建立中转站,推销莆田的桂圆、荔枝干、食糖等,并运回大量本地所需物品,宁波、沈家门等地大量的兴化商号和货栈所经营的桂圆干等无不通过航运而来,从民国元年莆商筹建轮船公司到二十世纪30年代,包括林柏青所设立的船队,莆田境内已高达20多家。宁波海运中心江厦,亦达全盛时期。

武官刘季鸿是林柏青的贵人,林柏青莅厦门筹划生计之时,曾得到同乡刘季鸿等人的支持与帮助,时人称刘季鸿为刘协台。据民国《莆田县志》《莆田市文史资料(第2辑)》等所载:

刘季鸿,生卒年不详,又称刘协台,字幼笙。协台是清代副将的别称,相当于现在的军长。刘季鸿的父亲刘绪出冲沁姚民,故又姓姚,莆田新县洋林村人，后定居涵江后坡。刘季鸿与刘天祐、刘燕有"莆田炮兵三刘"之称。其幼习武事，时刘燕统带长门要塞炮台，刘季鸿同母兄也往投之。清光绪十九年（1893）考升炮首，学习水旱雷毕业。同年督炮队赴台湾征服粟藩，授千总。光绪二十三年（1897）管理七娘湾炮台兼电光厂炮台总教习。其精于炮术，治军严明。

刘季鸿家宅建于1918年，位于涵江区涵西街道延宁社区萝苜田18号，2008年入选莆田市优秀近现代建筑名录。房子坐北朝南偏东，为独特的中西合璧双层砖木建筑。

林柏青约在30岁时，考察莆田、仙游、惠安等地沿海，发现秀屿是个良港，当时由莆田涵江三江口所进的豆饼等物资，须用驳船运到涵江或桥兜、林墩，再用溪船运往仙游；如用轮船直接运到秀屿，再用驳船转运到仙游枫亭下桥，方便可行。于是他筹资约五万元，投入秀屿建港，并同仙游商家刘机庭、杨瑶屏合资兴办兴安公司，租用厦门泰利洋行的"鹭江""涵江""驾鳌""泉州""振东"等5艘轮船，自置"枫江""枫湄""兴安""福兴"等号小机动船，组建船队，开辟航线，航运于厦门、上海、宁波、温州诸港口，经营货运，兼营客运，成为境内进出口货物运输的主要舶户。

约经三年时间，林柏青在莆田秀屿港建成钢筋水泥码头一座，宽3米，长60米；仓库三座，每座可放三万块豆饼；还建有饭店、客栈等楼房十多幢，规模颇大。他曾向厦门泰利洋行租用轮船，从上海、厦门等地运进豆饼、纱布、肥田粉、煤油、杂货等，运出桂圆干、蔗糖、生猪等土特产品。惠安、仙游两县商人的货物，也在秀屿装卸，码头因而繁荣，沉寂了一百多年的秀屿港，开始重现生机。

为了发挥秀屿港的优势，他还向莆田驻军建议，自秀屿开辟公路，直通莆田、仙游两县城。但这条公路只开至埔尾（约长12千米），因故未能完成。

林柏青生意越做越红火，引起同行的嫉妒，一些人向南京国民政府和福建省政府控告，要求制止柏青在秀屿建港。虽然政府未加干涉，但形势不利，他只好放弃使用大型轮船的计划，改用小型船只经营客、货运业务。国民政府海关、水上警察等则也相继在秀屿港设卡收税。

近代以来

惜林柏青1929年被匪人暗杀，卒于湄洲岛，时年仅39岁。其在秀屿建港先后不过六七年时间，去世后业务缺乏人主持，航运业日趋衰落，最后仅剩剥蚀的沉积，向世人诉说着曾经的辉煌。

砖儿何厚，瓦儿何薄，一段伤情的历史，恰是时人的闹场。

秀屿是湄洲湾内的一个小海屿，古称小屿、候屿，位于醴泉半岛（今东庄镇所在地）最南端海面，因其清秀美丽而名。

莆田文化网等以"沧海桑田史话秀屿"为题载文称，秀屿历史上很早就有百姓居住，宋代后秀屿港就成莆田、仙游、惠安诸县货物吞吐港口。约明洪武元年（1368），巡检司在此筑城抵御倭寇，保护百姓。据传，明兴化府太守岳正曾在此兴建一座有99个石墩的长石桥，当地民众称"铁锁桥"，把秀屿和陆地连接起来，以便利百姓往来，并在附近海边兴建石塔作航海标志。秀屿至醴泉半岛之间海底因潮水只涨和退，流动性不是很大，故沉积有很多海泥，年长日久竟堆积至桥面，因而潮水退尽后海底就会裸露。时有些士绅对岳正不满，攻击他破坏狮穴好风水。他们认为，秀屿是头狮子，建了桥和塔便把狮子控制住了，使之动弹不得，因而造成海泥淤积。20世纪80年代初，政府发动群众围海造田，秀屿与陆地连成一片。

明嘉靖十三年（1534），秀屿至前运、东沁一带商船云集，系我国对外通航重要港口之一。清初朝廷截界移民，沦为废墟。民国十二年（1923）重建，民国十七年（1928）林柏青在此兴建码头、仓库，民国二十三年（1934）英商万吨级轮船"新亚号"入港装卸货物，民国二十七年（1938）前沁、山腰盐场产品均至此中转海运福州、汕头等地，民国二十八年（1939）码头设施被日机炸毁。1979年后，秀屿发展进入快车道，1999年起正式开放靠泊外籍船舶，且与27个国家和地区近50个港口通航，年吞吐量达1000万多吨。2008年成为全国首批对台直航港口之一。如今的莆田港，就位于莆田市的湄洲湾，主要由秀屿、东吴、三江口、枫亭和各小港区组成。

而林柏青生活过的三江口，主港区位于新浦村。三江口是天然良港，拥有四通八达的内河，早在唐代，就凭临海地利，游商海贾云集。宋代成为商贸集镇。明代倭寇祸莆以后，渐成莆田商业中心。清代后期，作为兴化最大

港口，名列福建沿海四大名镇之首，乃闽中工商业中心和物资集散地。清光绪二十五年（1899年）①，兴化商人雇用日本轮船"纪摄丸"号驶入三江口港，这是兴化港口接纳的第一艘外轮，而后外船接踵而至，从此海禁消解，门户大开，三江口直接与宁波、上海、大连等城市通航，与福州、厦门、泉州和三都澳并称福建省五大港口。

与三江口连为一体的涵江，号称"小上海"，清代郭龙光曾著诗《涵江》：

涵江连郡郭，二十里平田。村小皆依树，桥低欲碍船。

风光小吴越，财货甲漳泉。日暮停桡处，微闻宿雁还。

其实早在唐朝，涵江境内就开始围海造田，筑涵排涝，故这里又称"涵头"。天然港湾三江口，还有木兰溪、延寿溪、萩芦溪以及三溪六岸和无数的沟渠湖塘等，在这里交汇分支，来自四面八方的商贾在这得天独厚的地头云集，带动了基本设施等的建设，促进了区域经济与文化的繁荣，遂有建筑成片、小桥流水、水乡韵味、"大厝"人家之景象。

涵江成为莆田主要商埠，离不开与相关港口等的互动关系，时航船所到之处，人们开行设店，拓展业务，无不能者。抗日战争时期，福州、厦门等大港口均被日军封锁，三江口港反而盛极一时，涵江则成为闽中经济中心。中华人民共和国成立后，三江口港作为省内的转运港，于1979年12月重新办理外运业务。1985年，三江口被列为湄洲湾港的中转疏运港。

敏锐、睿智的林柏青，要不是英年早逝，在文武双火的炙烤下，如同飞黄之驹，既能跃马挥戈从头越，亦可泼墨挥毫新天地，岂止出人头地，定是腾达之人。

〔注　释〕

①另有一说为清光绪二十二年（1896），涵江商人租用的日本"纪摄丸"号货轮靠泊三江口，为进三江口港的第一艘外轮。

近代

朱 铎

百年来兴化画坛花鸟创作成就最大者，
与宁波结缘

在中国书法与绘画史上，莆仙书画界名人成就高，作品范围广，书家云集，画才奇雅。

著名画家在唐宋时期虽然为数不多，但从明代开始，则先后涌现出李在、曾鲸、吴彬、宋珏等饮誉画坛的人物，近代则有莆田仙游画派"三杰"李霞、李耕、黄羲等。著名书法家则有唐代林蕴、黄滔、林藻等；宋代有陈靖、蔡京、蔡襄、蔡卞、蔡楸、柯梦得、卓得庆、郑侨、林英、林伯修等；明代有周瑛、黄约仲、周瑄、林俊、陈瑛、陈琳、陈仁、李庭修、宋珏、柯燉、郑纪、柯潜、吴智、方昌龄、林毂、林虎等；清代有郭尚先、翁方纲、林熊等。

福建历史上第一位书法家是莆阳进士林藻，系"九牧林"家族成员，其传世名作《深慰帖》神采飞扬，直追晋韵，在中国书法史上占有一席之地。北宋时期的蔡襄、蔡京、蔡卞，书法造诣亦首屈一指，其中蔡襄的书法被苏轼推为"本朝第一"，权相蔡京人品虽差但书法却"冠绝一时"，而蔡卞的书法功底，明安世凤《墨林快事》称"（蔡）卞胜于（蔡）京，（蔡）京又胜于（蔡）襄"。当然还有被称为莆田大书法家的明代周瑛，人称"小楷王"的清代郭尚先、清朝御史第一人江春霖等等。

其中画家宋珏，平生虽然落魄，然仗义疏财，为人所难能，其不仅长于书

法,且尤擅长山水画,《国朝画征录》称其"能脱尽画史习气,自是仕人高致,其写松树尤秀绝"。首创以八分入印,自成一家,世称"莆田派""闽派",当属全能型艺术家;画家李在,则与戴进、谢环等人同值仁智殿,工画山水,兼工人物;肖像画大师曾鲸,所画肖像,生动逼真,如镜取影,前无古人,在明清两代画家中享有极高声望,《中国绘画史》称其肖像画在朱明王朝三百年间首屈一指,其曾为宁波余姚人、明末清初四大启蒙思想家之一的黄宗羲作《黄宗羲像》,即属珍品;宫廷画家吴彬则擅长山水、人物,尤工佛像,所画人物脱出唐、宋规格,笔端秀雅,白描尤佳;画家周文靖亦善山水、人物、花卉、竹石、翎毛、楼阁、牛马之类,咸有高致,御试枯木寒鸦第一;画家朱官登乃清代"江南画竹第一人";被后人称为"莆田诗书画四绝"的则有吴彬的山水画、曾鲸的人物画、洪仲韦的小楷、黄允修的篆刻。其中吴彬是明末"人物变形主义画风"和"复兴北宋经典山水画风"的主要倡导者和奠基人,是中国美术史上重要画家之一。明末著名画家曾鲸,亦常在闽、浙、吴一带作画,其曾于崇祯十一年(1638)来宁波余姚为黄宗羲的父亲写像。

与宁波有缘有交集且结识不少江浙书画名家的朱铎,则被誉为近百年来兴化画坛中花鸟创作成就之最大者。据《城厢区志》《莆田朱氏通谱》《苦涩的梦》载:

朱铎(1876—1945),字庆庭,号警予,晚年署半亩花农。莆田县(今荔城区拱辰街道七步村)人。近代画家。擅花鸟,尤精芦雁;间作山水,气韵天然。善篆刻。1930年左右,寄居涵江宫口"知者来"画室授徒。朱铎自幼酷爱丹青,早岁蜚声莆阳艺坛。光绪三十一年(1905)被兴郡中学堂(莆田一中前身)破格聘为图画教师。因其生性如闲云野鹤,不惯于执教舌耕,不久就辞去教职,到涵江一家商行当账房。该商号在上海、宁波等地设有分行,因而在江浙结识不少书画名家,观赏到了许多前人的真迹精品,画技因之大进,至求画者络绎不绝,时南京中央大学艺术系主任张书旂有"闽中翎毛,朱铎一人"之誉。朱铎善画花鸟,兼善山水、人物,尤精芦雁。其飞鸣宿食,各肖其状,笔简墨清,雅俗共赏,有闽籍画坛巨擘称其作品"可以力敌"驰名全国的清末花鸟画家云云。朱铎一生对莆田画界影响深广,除他的学生郭梁、周秀廷外,莆田现代名画家如黄愧群、许英三、陈鹤、朱成淦以及晚辈画友,皆承教泽。有作品多幅,收录在《莆田历代书画选集》,有篆刻《警予印存》传世。

早在朱铎出生之前,已有很多满载着莆田当地的桂圆干、线面等土特产的"沟船"(莆田农村一种水上使用的重要运输工具),从各方源源不断地运至涵江,再转运至江浙等地,当时有不少莆田人,尤其是涵江人在上海、宁波、杭州、嘉兴、苏州一带做生意、开商行。谁也不会料到,被破格聘为莆田著名学校图画教师的朱铎,竟然会有那么大的勇气,毅然辞职并到涵江一家于上海、宁波等地设有分行的商号当起了账房先生,也只有这样才有更多的机会去上海、宁波结识更多的文人墨客和书画名家,想必他经常搭乘"沟船",辗转到宁波时,也许会去与宁波老江桥(今灵桥)相对应的新江桥一带,会一会在此发迹的老乡。

宁波老江桥前身称浮桥、反帝桥,桥的南边昔日有七户寓居于此的莆田大户人家,时人称"七厝头",直至20世纪七八十年代还有居家,晚学曾多次来到几乎成为闹市的桥南之地,所见干果、水果、糖果、宁波草席、鱼鲞等和人流交集在一起,人们摩肩接踵,有时甚至围得水泄不通。撰此文前笔者曾竭力采访知情者及其后代,然因种种原因未果。

朱铎的学生郭梁,号剑狂,福建福安人,清光绪年间(1875—1908)进士郭兆禄之子,随父赴任兴化并就学,善人物,初学黄慎,后追摹宋、元、明诸家,相继向兴化名画家朱铎、李霞学画。喜画"四爱",即苏东坡爱砚、王羲之爱鹅、陶渊明爱菊、林和靖爱梅,亦多画古代仕女,如木兰从军、昭君出塞、岳母刺字等主题。"九一八"事变后,他积极投入抗日救亡运动,成为闽籍十大画家之一。

与莆田绘事有交集的仙游画派"三杰"李霞、李耕和黄羲,《莆田市名人志》也有详细记载。

李霞(1871—1938),字云仙,号髓石子,又号抱琴游子,莆田仙游人。幼年习画,兼修诗文书法,常为寺庙作壁画,名扬乡里。光绪二十八年(1902),到福州参加乡试,寓居西禅寺,作《古美图》,深得阁学陈宝琛赞赏。其为人性格豪爽豁达,喜结交,好施舍。光绪三十四年(1908),曾随御史江春霖入

京,所作人物仕女获京师行家好评。1914年所作《十八罗汉渡海图》被选送参加巴拿马全球博览会获一等奖。1923年其《函谷骑牛图》送纽约参赛再获优等奖。其《麻姑献寿图》《坐鼓观书图》藏于美国纽约博物馆。《群儿闹学图》藏于法国巴黎博物馆。著名画家吴昌硕称赞其为"人物第一家"。

李耕(1885—1964),字砚农,号一琴道人、大帽山人、大目溪湾里一樵子,堂号莱根精舍,莆田仙游人。父亲李步丹,擅长画像和壁画,悬臂提腕,挥洒自如。李耕从小喜爱作画,5岁即能默画看戏印象,7岁入私塾,9岁因家贫辍学,13岁丧母后随父外出卖画谋生。他精人物,工山水、花鸟,善木雕、金石,通诗词、书法,同一题材画,百幅甚至数百幅皆立意不同,未见雷同。1925年用十八笔画成弥勒佛,参加东南五省画展时被评为第一名。作品曾得到徐悲鸿的高度评价,与齐白石被人合称"南李北齐"。其曾任福建省美协副主席,中国美协第一至四届副主席蔡若虹题词曰:"李耕是我国画坛首屈一指的大师,画技独特,自成一派。"

黄羲(1899—1979),原名文清,字可轩,号大蚶山人,出生于莆田仙游城关大蚶山,祖籍南安。著名古典人物画家、美术教育家。14岁拜李耕为师,后又在李霞门下学习,继而上追上官周、华苗、黄慎等闽西画风。1924年考入上海美专深造,因学业成绩优异,吴昌硕、王一亭、诸闻韵曾联名代订《黄羲画例》云:"所作人物尤能袭黄瘿瓢独具家法,诚闽中画士之著者。"1936至1937年,曾与其师黄宾虹参与鉴定故宫南迁书画文物,撰写数十万字《故宫书画鉴定稿》一书。其先后执教于上海美专、昌明艺专、集美高艺与浙江美术学院(现为中国美术学院)。1957年应潘天寿院长聘任,到当时浙江美术学院教授中国人物画传统技法。所作题材多以历史人物故事与神话传说为主,如大禹、西施、东坡、王羲之、麻姑等,作品充分发挥古装人物画以线描为主的特长,造型概括传神,用笔遒劲有力,设色淡雅温和,形神优美自然,亦偶作山水、花鸟,别具情趣,同时还有论著、雕塑、篆刻、诗词等传世。

文化与艺术的繁荣,经济与社会的发展,离不开商海游龙,亦离不开文人艺事。

> 当代

刘玉栋

中国篮球的骄傲,被称为"战神",曾司职宁波

"八一富邦火箭俱乐部双鹿电池篮球队",是由中国人民解放军八一体育工作队和宁波富邦控股集团有限公司共同组建的,是中国篮坛一支老牌甲级劲旅,亦是宁波这座城市的荣耀。这支球队在历史上曾经多次荣获CBA总冠军及全运会金牌,为国家培养和输送了多名优秀运动员与教练员,其中1996至2001年在刘玉栋、李楠和王治郅等的带领下获得了空前绝后的六连冠,为我国篮球事业的发展和篮球水平的提高做出了重大贡献,同时也注定在宁波这块冠军的土壤,在八一队的军功章里有他的贡献与功劳。

2005年1月19日,宁波雅戈尔体育馆内全场齐呼"刘——玉栋"的声音热烈又急切,这是2004至2005赛季CBA联赛第29轮比赛,当中央电视台体育节目主持人孙正平一句"现在,请出我们CBA的十年英雄"时,身着红色球衣的刘玉栋在灯光和目光的追逐下,戴着象征CBA十年最有价值球员的钻戒绕场一周,与观众共享荣耀时刻……

刘玉栋,福建莆田涵江卓坡人,1970年10月23日出生。《战神刘玉栋》中这样叙述刘玉栋对宁波的感受:"刘玉栋曾说他们心里装的全是对宁波这座城市和球迷的感激。说起来,刘玉栋的父亲还曾在宁波工作过,他姐姐就是在这里出生的。"刘玉栋亦如是说:"以我们球员的性格,有时候不会去多

表达什么,但是只有我知道,宁波对我来说有多特别。"八一队曾经下榻的海军第三招待所、云海宾馆等,是刘玉栋经常被热情球迷包围的地方。

莆田是中国的"田径之乡",产生过许多优秀的田径运动员。《莆田县志》载称,篮球运动在这里有着广泛的群众基础,就在这片地里,好些生产队都有自己的篮球场和自己的篮球队,由于当时的条件限制,运动场只能选一块较为平整的地面,在一定距离的两端木架上装个无底箩筐做成篮球架,酷爱集体活动的村民在农活结束之后,往往乐此不疲,像是有使不完的劲。刘玉栋出生的环境,是个人文和自然景观蔚然呈现之地,明代云南知府王伟有诗云:"涵江自昔繁华地,桑柘连荫百余里。笙歌摇曳树底闻,甲第巍峨空中起。"清代的郭龙光亦著诗:"涵江连郡郭,二十里平田。村小皆依树,桥低欲碍船。风光小吴越,财货甲漳泉。日暮停桡处,微闻宿雁还。"而卓坡所种植的韭菜,则驰名兴化,传清朝乾隆皇帝下江南时曾到过涵江,尝过卓坡人种植的"叶肥色浓,清脆香嫩"的韭菜后赞不绝口。

卓坡,原名王坑,境名霓坡,北宋末期王氏举族迁徙,卓姓迁入霓坡,明朝嘉靖年间王姓迁回、卓姓迁出,村名更名为埔头,后又易名卓埔,衍行至民国,中华人民共和国成立后,因"埔"与"坡"近音误读为"卓坡",遂沿用至今,所辖下厝、顶厝、田岑、蒋角(又名招角)。旧时卓坡境内,有望江河贯穿而过,村内沟相连,渠相通,纵横交错,土地肥沃,从卓坡前沟撑船,可直达涵江的热闹地带宫口。卓坡今有古迹"云龙社学",位于下厝,建于明嘉靖年间(1522—1566),因王氏是卓坡最早的定居者和开发者,遂约定是蒋角"兴龙东社"和田岑"新兴中社"的祖社,其"云龙"二字,则取自《周易》。刘玉栋小时候生活过的卓坡田岑,曾建有刘氏宗祠,惜今已不存,仅遗"高廊世第"石刻。

7岁开始上卓坡小学、正在长身体的刘玉栋,在那个年头依然吃不好,有时甚至填不饱肚子,于是捡废铜烂铁碎玻璃去卖钱,捕蛇抓鱼摸螺采蚌补充营养,到村后头的部队营地捡弹壳,跟小伙伴们打架撒野探坟疯跑比胆量等等,既有所能又无所不至,当然也喜欢打篮球,没怎么把读书当回事。但也正是这些经历,磨炼了他的意志,增强了他的体质,才读到小学五年级的时候,刘玉栋身高已有一米八多,学习成绩虽不怎么好,也没上过正规的体育课,但在涵江区的"全区小学生体育运动会"上,竟然轻松地取得跑步、跳远、铅球、标枪第一名。

1985年,卓坡小学的一位老师向涵江体育局郑春沂副局长推荐了15岁已身高1.88米、体重143斤的刘玉栋,省体工队蔡文秀教练为此特地来到涵江,在郑春沂的陪同下去卓坡寻找刘玉栋,没有经过任何专业培训、没有丝毫思想准备的刘玉栋,就这样第一次出远门跟着教练去省城福州试训,并从此开始接触专业训练。在肖光弼等教练的精心指导下,在福建青年队练了一年多的篮球之后,刘玉栋进入了福建男篮,时年17岁,除了球技大涨,个子也长到1.93米,不久就代表福建参加全国第六届运动会,成为乌鲁木齐赛区年龄最小的球员,从此逐步奠定了他日后成为篮坛明星的基础。

1989年,19岁的刘玉栋代表国青队出国比赛,小有名气的他虽因福建男篮解散去南京部队打了一年的球,但因为不俗的表现很快就入选了国家集训队,而更为重要的是他被八一男篮看上了。经过几年的刻苦训练,1993年,23岁的他已然成为八一队最年轻的队员,在第一次参加全运会(第七届全国运动会)决赛时,一人拿下34分,使七运会成为八一男篮起飞的出发点,此后称雄中国篮坛长达10年。1994年的全国联赛,刘玉栋已经成为主力占据场上主要位置,时阿的江为八一队主力控卫,李楠和王治郅则刚入队。

此后在全运会上,刘玉栋代表解放军队夺得七运会、八运会、九运会、十运会冠军;在亚锦赛上,1993年、1995年、2001年代表中国队夺得冠军;在世锦赛上,1994年代表中国队夺得世锦赛第八名,这是中国男篮在世锦赛上取得的最好成绩;在CBA联赛上,1995年、1996年、1997年、1998年、1999年、2000年、2001年、2003年代表八一队夺得CBA冠军,被誉为CBA十年最佳球员,CBA历史上唯一一个单赛季独揽"联赛最有价值球员""常规赛最有价值球员"和"得分王"三大奖项的运动员;在亚运会上,代表中国队夺得1998年第十三届亚运会冠军、2002年第十四届亚运会亚军;在奥运会上,1996年代表中国队获第八名等等。刘玉栋连续担任两届奥运会中国代表团旗手,高举国旗,意气风发,英姿飒爽地行走在中国代表团的最前头。

虽然在篮球场上战功赫赫,但刘玉栋的身体却伤痕累累,身上有大小损伤十几处,1997年曾接连动过两次手术,才接上膝关节胫侧副韧带。次年脚半月板又因长期高负荷的运动磨损而碎裂,导致关节积液引发滑囊炎,不得不再次接受囊肿切除手术。2003年5月14日,刘玉栋的膝盖已不能动弹,只好在他夫人张宏珍工作的单位北京309医院再次手术,此次医生惊讶地从他膝盖里取出十多块碎骨,医生说这种情况发生在别人身上连走路都不可能了,而刘玉栋却凭着顽强的意志坚持打球,而且还帮助八一队收获了总冠军,这简直就是个神话。

更令人称奇的还有,2007年10月刘玉栋复出,加盟SBS福建浔光队,场均拿下17.5分和5.6个篮板,并带领福建队朝着更高的目标冲刺。

《宁波晚报》记者曹歆作为八一男篮的跟队记者,从2003年1月开始,无论主客场,她场场必到,且赞叹有加。笔者曾经在家里接待过刘玉栋和他的堂弟刘良飞,并特意做了几道家乡菜,大家从体育开始一直聊到文事,并在品茗赏画的过程中,念起了木头、纸头、石头的收藏爱好"经",可谓真听、真看、真感受。知己聚谈,勿及权势,小饮不醉,陶然而已,油然而生出诸多感悟,能持这份气质的人,吾辈好者人鲜及也,同为乡人,我为之骄傲自豪。

2019赛季开始CBA最有价值球员奖杯,即以刘玉栋为原型命名。2020年12月28日,为表彰刘玉栋为我国体育事业做出的突出贡献,中华人民共和国国务院发给政府特殊津贴并颁发证书。

2022年11月,梅花盛开之前,鹊儿已报喜讯,刘玉栋当选福建省篮球协会会长;2023年4月9日,"战神"刘玉栋正式入驻中国篮球名人堂。

旧江山,新图画,老乡亲,新征程,同喜,争贺!

当代

翁国良

从战士到副司令员,战风斗浪海盗解救遇袭船只

茫茫大海,浩瀚天边。"编队起航——",随着指挥员一声令下,军乐队奏响《人民海军向前进》的雄壮旋律,舰艇缓缓驰离母港码头,枕戈大洋。根据军委、海军命令,由东海舰队"舟山"号(舷号529)、"徐州号"(舷号530)导弹护卫舰和"千岛湖号"(舷号886)综合补给舰三艘现代化战舰以及两架直升机、70名特战队员等共806名官兵(包括7名女兵)组成的中国海军第三批(东海舰队首批)赴亚丁湾、索马里海域护航编队,首要任务是继续执行保护中国航行在亚丁湾、索马里海域船舶和人员安全,保护世界粮食计划署等国际组织运送人道主义物资船舶安全。

那是2009年7月16日,军港内彩旗招展,威武的军姿、严整的军容、昂扬的精神,整装待发的三艘银白色战舰,在阳光下熠熠生辉。各单位有关领导以及驻舟海军官兵千余人,在舟山外洋螺军港码头举行仪式,热烈欢送海军编队赴亚丁湾、索马里海域执行护航任务。

亚丁湾是国际能源运输和环球贸易的"黄金通道",位于阿拉伯半岛与非洲大陆东海岸的海湾,索马里海盗经常在这里出没且越来越猖獗,严重危及过往船舶和人员的安全。保护中国航经该海域的船只和人员安全,保护世界粮食计划署等国际组织运送人道主义物资船舶等的安全,是这次护航

的主要任务。

时针指向2009年7月16日9时50分,悬挂代满旗①的"舟山"号、"徐州"号、"千岛湖"号缓缓驶离码头,踏上护航征途,任务官兵满载着军委和海军、舰队、基地党委的深情厚望,满载着中国人民的高度关注,满载着党和人民的殷切期望,逐波踏浪,开启了东海舰队走向深蓝的新征途。

7月16日上午10时编队启航,中午即经过舟山虾峙门航道;17日凌晨1时,编队驶入台湾海峡;18日上午10时,编队驶入南海,并依次驶过西沙永兴岛东部海区、西沙东部海区、南沙永暑礁西南海区;19日下午2时至6时在南沙群岛西部海域遇大风浪,风力9级,浪高4米;7月20日早上6时,编队驶过万安滩西部海域,出传统疆界线,一小时后进入公海;21日上午11时,进入新加坡海峡,下午2时30分进入马六甲海峡。22日当地时间20时30分,过马六甲海峡西边线,进入安达曼岛;23日当地时间凌晨1时40分,过格雷特进入印度洋,开始大风浪航行,阵风9级,浪高3米,横摇达13度;25日当地时间早上6时,过斯里兰卡以南海域,9时10分过八度海峡,开始进入阿拉伯海;战风破浪72小时后,编队于27日当地时间下午4时,又遇最大风浪航行,领略了印度洋西南季风的威猛;28日当地时间凌晨,风浪加剧,巨大舰体被高高托起,下午风浪再次加强,浪高5米,舰头甲板纵向三次进入浪里才能抬起,舰船横向摇摆超过25度,已成编队航行以来所碰到的最强风浪,然而晚上风力再次增强达到10级,舰艇纵向颠簸、横向摇摆更加厉害,船头不断地抬起又没入,船体被巨浪冲击变形,直至29日当地时间上午10时,风力依然维持在25米/秒,浪高5—6米,最高7米,约两个小时后才渐渐退去。7月30日当地时间上午8时,护航编队历时339小时,航程5680海里,与第二批167编队在亚丁湾以西60海里附近会合,并于次日举行护航任务交接。

2010年4月23日上午10时,历时282天,编队安全停靠在舟山外洋螺码头,宣告护航任务胜利完成。在护航的无数个日夜里,编队干部战士在应召支援、伴随护卫、慑止海盗、解救商船和人员等方面,面临一次次的生死考验,又一次次地化解危机,机智勇敢,表现出色。

思接古今，时任编队保障指挥所指挥员的大校翁国良，是莆田市荔城区黄石镇清中村人，1957年1月31日出生，1976年入伍，1978年入党，硕士研究生，海军大校军衔，2009年被评为全军优秀指挥军官，荣立三等功三次，2011年1月因亚丁湾护航保障指挥出色荣立二等功（海军）。

清江地处木兰溪下游南洋平原地带，乃历史文化名乡，原名清浦，有清前、清中、清后三个自然村，历代英才辈出，自宋至清有清江籍进士20多位，其中莆田的"六桂翁"②在清浦（今黄石镇清江村）是有名的世家大族，据说清江历代建造的宫庙、祠堂多达九十九座，亦是颇具浓郁乡土物色的闽东乡村文化代表之一。曾任宁波儒学训导的周坦（1414—1462），即黄石镇清浦人，其子周进隆（1453—1520），则是明成化二十年（1484）李旻榜三甲第33名进士，历任绍兴府推官、监察御史、太平知府、广西按察使、右布政使、左布政使等职。翁国良出生的日子，刚好是农历正月初一，这是一年当中最吉利的日子，中国人非常重视这个节日，寓意新的一年万事亨通、大吉大利，时至于今日，出生于这一天的翁国良，亦是该地了不起的风云人物，被人艳羡，称慕不已。

更有意思的是曾经在宁波清水，历任技术员、连长、队长、副处长、处长、副主任等职的翁国良，先后组织完成过19次重大战备演习的军械保障任务，期间先后有四型国产新型导弹装备和四型引俄水中武器装备首次列装部队，通过技术攻关和培训，当年接装当年形成战斗力与保障力。他成功组织的4个系列8型导弹海上无码头补给重复装填试验，标志着导弹补给能力有了实质性的进展，提高了海上作战编队的持续打击力，填补了海军的一项空白。

他还组织了"008""神威-2000""018""神圣-2002""神圣-2003"等重大演习任务的装备技术保障，圆满完成了引俄136舰、137舰武器海上检验性试验、演习等各项保障任务。特别是在"1218"任务中，组织辖区军械系统战线的同志，以临战的姿态、打战的标准和压倒一切的决心完成了超常规的雷弹保障任务，保障的雷弹接近整个海军的三分之二，受到军委、总部、海军、舰队首长的肯定和表扬。

在担任舟山保障基地装备部部长、舟山保障基地副司令兼装备部部长后，装备建设稳步发展，保障能力不断提高，所属部队基层全面建设稳步推进，部队始终保持安全稳定。特别经过应急作战三年装备准备，基地装备保障能力有了很大提高，基本具备了反"台独"作战装备保障能力，能够按时完成一切作战装备保障任务，通过了总部、海军的检查验收。

2002年5月，他曾随海军251舰、522舰编队首次出访韩国；2004年6月，随国防大学进修系第五十七期装备干部进修班考察法国、德国、比利时、荷兰、卢森堡五国。2008年10月，随138舰、526舰编队出访俄罗斯符拉迪沃斯托克。2009年2月，随总装马斯基特导弹二次延寿及其设备修理考察团，赴俄罗斯莫斯科、圣彼得堡、科罗廖夫市等地考察，充分展示了人民海军开放、自信和负责的大国形象。

他还先后撰写学术论文85篇，有60余篇文章在军内刊物发表，37篇文章被海军、舰队、基地评为军事学术一、二、三等奖和优秀奖。编著出版《海军基地军械技术保障与科学管理》《基地军械系统业务管理正规化经验材料汇编》《论装备技术保障》《基地化装备保障模式》《日志亚丁湾》等五部著作。他带头搞科研和技术革新，先后主持了"FJ1755-400直流开关电源系统""HDJ-1000导弹测试设备计量系统""933工程五型专用研制""KGZ-35高压空气综合过滤装置"四项科研革新项目，获军队科学技术进步奖二、三等奖各2项，正所谓"弄潮于万层波面，进步于百尺竿头"。

如今解甲归田的他，不必为稻粱谋，于是时常背着相机，冬观炎象，夏玩雪景，量晴较雨，老道娴熟。物以稀见为珍，人视水见形，有盈盈弱水，亦有坚硬物质，以三分酒醉之姿，七分景迷之态，叹未曾有，为江河狂。

人生风雨几十载，回首经年，为兵戈几十载，梦去心亦去，梦还心不还，原来风不能自为声，附于物而有声。

〔注　释〕

①代满旗是在桅杆顶上挂1号国旗，舰首、尾桅杆上挂海军旗，如在规定挂满旗时遇上了风雨天气，亦可改挂代满旗。

②《翁氏族谱》载：翁氏自唐轩公入闽至清初，登进士第者九十二人，轩公五世孙翁承赞，字文尧，唐昭宗乾宁三年(896)进士，后梁贞明二年(916)授闽国(今属福建省)门下侍郎同平章事，辅佐闽王王审知，遂开福建文化之先声，遗著有《谰议集》等。轩公六世孙翁处厚、处恭、处易、处朴、处廉、处休同胞六兄弟，连登宋建隆、开宝、雍熙进士，世称"六桂联芳"，现存有创建于宋代、重建于明代、重修于清代的"翁六桂祠"，占地面积1200平方米。

当代

陈国潘

从潜艇艇长到宁波港集团副总裁，荣誉满载

百川异源，皆归于海。大海对出生于莆田海边的陈国潘来说，再熟悉不过了，小时候好动的他，踩沙、踏浪、捉小蟹、拾贝壳、看军舰、吹海风，一刻也没闲着。到了懂事的年龄，他才明白祖辈、父辈们说过的话："海对人太好，投什么容什么，取多少给多少。"是呀，大海除了大发雷霆的时候才张口吞噬大地，平常总会充满怜爱地抚摸着海滩，执着温顺地拍打着海岸，因而世代居住在海边的人，才农安于野、渔人安于风波。

陈国潘，秀屿区东庄镇营边村（社区）埔尾自然村人，该村与海为邻，因有明代"古池墩"（古池塘）而声名加身。和伙伴们一样酷爱浪舒浪卷、潮起潮落的陈国潘，如愿以偿地考上了海军军校，开始践行"长大了当艇长、驾大船、做将军"的逐梦之路，并在31年的时间里，从零起步写人生，执着追求终有果，直至荣任海军大校军衔，声名盛于往时。

事有机缘，不先不后。1984年8月的一天，接到入学通知的陈国潘兴不可遏，身高只有1.65米的他蹦跳起来，指尖竟能碰到平常绝不可能够着的树枝。机自己发，时自我为，他就要去海军青岛潜艇学院技术指挥本科班学习了。初学教程便知门道的他，暗下决心，要极尽博学远览，千万不能虚掷光阴。经过不同阶段的紧张学习，历经各个时期的严格训练，经受了一次又一次的严峻考验,学问日深,技术日新,文事武备,以蓄其用。

时序如流,四年过去了,已是瓜果成熟季节,果然香气四溢。毕业后的陈国潘,被分配到宁波某部队,历任连长、营长、团长、副师长,2004年2月提任副师长、海军上校军衔,2006年升海军大校军衔。2014年4月转业,稳步换形,于2015年1月任宁波港集团副总裁,2016年任宁波舟山港集团副总经理、宁波市第十四届人大代表,2020年1月份至今任浙江省海港集团党委委员、职工董事、工会主席,若致声称,亦有荣于家乡。

其定力和慧心不止于此,其间还有诸如参加青岛潜艇学院潜艇副班长战术指挥专业、武汉第二炮兵指挥学院战役交叉班、南京陆军指挥学院战役指挥交叉班等的交流学习,山积而高,水积而长,遂于1991年、1998年、2001年、2003年、2008年先后五次荣立三等功,2004年5月被海军评为"第五届海军十杰青年",并荣获二等功一次,另斩获其他奖项几十个。

要知潜艇是世界武器库中为数不多的战略与战术兼具的水中军备,其常以巡航游弋和待机待举相结合,可主动灵活地进行搜索和攻击,足以让水面舰艇等防不胜防、胆战心惊,其中又以远航能力为潜艇战斗力水平的重要标志。长时间游弋于大洋深处,不仅对潜艇的性能是严峻考验,更要求指挥长对艇上数十个系统了如指掌,密封、注水、下潜、航向、航速、潜行、潜望航行、突破、降噪、定位、观察、标绘、推算、攻击、逃逸、速潜等,以及应对高温、寒流和暴风雨雪雾等恶劣天气,没有倒背如流,不经舌端调惯,是绝对无法熟练驾驭的,尤其是技术含量高、新型设备多、自动化水平高的新型潜艇,仅凭良好的身体素质、丰富的知识、极高的悟性、顽强的毅力远远不够,还需要特有的品格、多元的智力、超凡的能力、强大的创造力,因而有人戏言说,具备这些功夫,足以考上清华、北大。

叫绝的还有他转业后的华丽转身。2014年,宁波市师职军转干部13名,按照规定评分排名,陈国潘以高分成绩选择了宁波港集团,虽然离开了海军,但依然没有离开大海,他想一直以大海为伴,助力地方经济社会发展。

宁波舟山港地处中国大陆南北沿海岸线和长江黄金水道的交汇点,是世界少有的深水良港,与100多个国家和地区的600多个港口有着贸易往

来，是中国大陆进出 10 万吨级以上巨轮最多的港口；宁波舟山港由北仑、穿山、大榭、梅山、镇海、甬江、洋山、六横、衢山、沈家门、金塘、岑港、嵊泗、岱山、白泉、马岙、定海、象山、石浦等 19 个港区组成，拥有万吨级以上大型深水泊位 150 多座，是中国大陆大型和特大型深水泊位最多的港口。2014 年，宁波舟山港完成货物吞吐量 8.7 亿吨，再次蝉联年货物吞吐量全球第一；完成集装箱吞吐量 1945 万标准箱，排名居全球第五位。2022 年，宁波舟山港完成货物吞吐量 12.6 亿吨，连续 14 年蝉联年货物吞吐量全球第一，集装箱吞吐量完成 3335 万标准箱，稳居全球第三。宁波舟山港集团是宁波舟山港公共码头的经营主体，现有从业人员超 3 万人。未来，宁波舟山港集团将进一步对接融入"一带一路"、长江经济带、浙江江海联运服务中心等一系列重要战略，以建成全球一流的现代化枢纽港、全球一流的港口经营集团为目标，持续增强码头主业、现代物流、贸易服务等功能，努力实现"世界大港"向"国际强港"的新跨越。

人之眼光，在所自处，临事明敏，果断是非。陈国潘仿佛龙归沧海，教之有方，导之有术，逐渐在人生旅途中发出声响，当这些声响汇合在一起的时候，将有胜心，士有斗志，则形成了集体的信念与力量，遂能在与大海和风浪的搏击中，时而像藏头护尾、若隐若现的潜龙，以不知为不知乃大知，以慧巧变化而为之；时而似中流击水、破浪飞舟的游龙，以安而生变，以危而求安。如此入则入室操矛、单刀直入，出则出敌意外、出奇制胜，以剑雄万敌、笔扫千军、勇冠天下之气概，判生死于呼吸，争胜负于顷刻，平吞万顷苍茫，飞度千寻杳霭。

再回到陈国潘的老家埔尾自然村，其附近就是湄洲岛妈祖文化旅游景区，有妈祖祖庙、天后祖祠等，是妈祖文化的发祥地，也是海上丝绸之路的重要史迹，妈祖文化历千年而愈新。迄今，全世界 49 个国家和地区，已经拥有 3 亿多妈祖信众、1 万多座妈祖庙，妈祖文化已然成为海峡两岸和"21 世纪海上丝绸之路"沿线民心相通、相互交融的精神纽带。而宁波作为中国大运河南端的主要出海口，亦是古代"海上丝绸之路"重要始发港之一，同样在两宋的 320 年间，存留了许多物质与非物质文化遗产，涌现出大量优秀人才，遂成妈祖文化的重要弘扬地和传播地。

古人把万物之海与圣人相提并论,与海有缘的陈国潘,自小就耳濡目染妈祖文化的巨大魅力,在宁波工作期间,尤其热衷于妈祖文化的弘扬传播与慈善公益事业,热心指导帮助和组织开展早期宁波妈祖文化交流协会的各项筹备工作、各项妈祖文化交流活动。

天下苦列强久矣。笔者曾快问陈国潘:"有朝一日,若需要你重返战位?"其快答:"召必回,保家卫国,义不容辞!"

笔者又问:"那你夫人她……"没等我说完,他当场就自信地拨通了爱人的电话并把手机递给了我,他夫人在电话那头回复我说:"不管他到哪里,我都是他的兵!"

……

> 现代

林国聪

从水下考古到文化遗产管理研究，业峻鸿绩

电影里，深邃的海底，古老沉船横亘眼前，成群的鱼儿游弋身旁……既浪漫，又令人神往。中国的海底有多少宝藏？谁在寻宝？怎么发掘？一艘古代沉船有多少秘密？如何和盗宝者较量？对于大多数人来说，这些问题，神秘而令人奇异。可在林国聪眼里，水下考古是门严谨而艰辛的科学事业，这里没有浪漫，更不是猎奇。

水下考古人员被称为"深海里的神探""勇敢者的探索""看不见的冒险家"，他们所从事的事业，被认为是最危险的职业之一，这是因为水下作业时刻与危险相伴。而从事水下考古的人，除了专业背景和学术素养，还有非常高的身体素质要求，概而言之，就是必须具备过硬的身体和心理素质、专业的历史考古知识，以及熟练掌握现代水下考古技术，具备这些，才能敲开世上最需要勇敢和智慧的水下考古这道门。莆田小伙子林国聪，就是其中的一员。

现任宁波市文化遗产管理研究院书记、副院长，兼任国家水下文化遗产保护宁波基地副主任的林国聪，长期从事海洋文化遗产考古与研究，是宁波乃至浙江水下考古事业的拓荒者，全国水下考古的优秀骨干之一，曾获评国家级人才工程、浙江省文物工作成绩突出个人、浙江省宣传文化系统"五个一批"人才、浙江省重点创新团队带头人、宁波市领军和拔尖人才工程第一层次人选等诸多荣誉,他的事迹被中央电视台、浙江日报、宁波日报等众多媒体广泛报道。

林国聪1981年4月出生于福建莆田秀屿区埭头镇高林村,因旧时这里是深度贫困乡村,故古代劳动者围埭造田,发展农业生产,并将定居点称为"埭",于是"埭头"之名由此而生。传唐人罗隐曾在此地居留,有"隐洞"古迹。到了宋代,仅埭头英田村梨岭就涌现出十八名进士,其中林深之的儿子林雩,就曾任职宁波,时"历明州荆曹属吏及管检法",相当于当今分管刑事和检查执法之类的属官。埭头所辖的高林村,则位于兴化湾后海南面,东面毗连今埭头镇机关所在地,附近是妈祖故里,有湄洲岛妈祖文化旅游区、妈祖祖庙、贤良港天后祖祠、天云洞风景区、闽中海上游击队抗日据点旧址、天妃故里遗址公园等古迹新景,为此他与妈祖文化特别有缘,在传播妈祖文化等方面贡献良多。

宁波是国家历史文化名城,不仅是中国大运河南端的主要出海口,也是古代"海上丝绸之路"重要始发港之一,而且在两宋的320年间存留了不少物质与非物质文化遗产,涌现出大量优秀人才,致学派林立,文化繁荣,信仰多元,海定波宁,遂成妈祖文化的重要弘扬地和传播地。

古往今来,埭头人信仰妈祖文化并从事海上作业的人不计其数,但从事危险的水下考古和神秘的文化遗产管理研究的,还只有林国聪一人。在海边长大,却又似乎畏水如虎的"旱鸭子"林国聪,2003年7月从厦门大学考古学专业毕业。在专家看来,长得不高不矮、不胖不瘦,出身农村、受过教育,似乎天生是做水下考古的料。林国聪也是这样想的,于是毅然报名选择了水下考古这一条件最艰苦的专业,其实他完全有机会选择轻松的工作,但万事皆有因,其中也包括慧眼识珠的时任宁波市文物保护管理所(宁波市文物考古研究所)所长邬向东等的诚邀,他最终来到了东海之滨宁波,开启了属于他的传奇之路。但这条路也并不好走,有些要求甚至堪比航天员。

宁波早在1998年就率先打响了浙江水下考古的第一战,同年12月我国第一个水下考古工作站"中国历史博物馆水下考古宁波工作站"成立。备

受世界关注的中国"海上丝绸之路"的多处宁波史迹中,唯独宁波发现的遗址和文物均来自陆地,而无来自水下文物遗址的印证。7000年前就刳木为舟向海而生的城市,9758平方公里的海域,缺少的不是深藏于海底的遗珍,缺的是发现它们的人,而人才也确实需要用武之地。

挑战很快就来了,就在2004年4月,全国第三期水下考古专业人员培训班开始面向全国招收学员,不会游泳的林国聪义无反顾地报名参加。但意想不到的是,主办方要求开班后的前五天,所有学员必须通过1000米游泳和15分钟踩水测试,否则不能参加潜水训练,甚至淘汰出局。然而开弓没有回头箭,遇此情形,只有把命豁出去,才能脱胎换骨。于是他暗下决心,开始实施自己的行动计划:一、暂时不告诉单位家人;二、争分夺秒多泡水;三、不怕呛水和拉肚子;四、不知疲倦;五、不达目的誓不罢休。

林国聪付出辛勤的汗水,加上不知道从哪里来的劲头与灵感,连晚上做梦都不由自主地伸手踢腿练习游泳动作,竟然也能够在短短的五天时间里奇迹般地通过测试,拿下了这头追梦路上的"拦路虎",顺利进入之后的潜水技能学习和进修,开始了被戏称为"蛙人"的训练。

众所周知,水下情况相当复杂,有些地方甚至暗流湍急且流向不定,加上水面与水下的温差和水下高压、黑暗等不可预测因素,以及大海中包括鲨鱼、章鱼、海胆等攻击性动物和有毒海生物,随时都会对潜水员发起攻击。另外,潜水时还得身穿密不透风的潜水服,背上四十公斤的压缩空气双瓶及水下探测仪等设备,使潜水员在水下作业往往比在陆地上完成同样的工作要多消耗更多的体力和脑力,没有过硬的专业知识、操作技能和强健的身体与心理素质,完全无法应对如此错综复杂的水下环境,更谈不上执行任务了。

可林国聪还是以坚持不懈的姿态,站在队伍前面,并自此由潜水入门者进展到专长潜水员,由专长潜水员进展到潜水长,由潜水长进展到潜水教练,并先后四次被国家择优遴选赴菲律宾、美国学习氦氮氧混合气深潜、密闭循环呼吸器潜水、技术沉船潜水、洞穴潜水等高阶潜水技能,他一步一个脚印地不断提升,一次又一次地激发潜能,终成为我国水下考古界后起之秀,成为我国水下考古界仅有的六个潜水教练之一、六个能够深潜至海底

100米的技术潜水员之一,甚至还拥有洞穴潜水、密闭循环呼吸器潜水和技术沉船潜水等国际少见的高阶潜水证,开始了他考古与潜水优化结合的职业生涯。

2005年,他回到家乡福建,全程参与平潭"碗礁一号"沉船抢救性发掘,令其唏嘘的是,呈现在眼前的竟然是被多次哄抢、一片狼藉的遗址现场,于是"收拾残局"成了考古队要做的第一件事。而第一次在西沙群岛华光礁海域下水作业时,也是在数千平方米的范围内,散落着大堆的瓷器残片,随处可见残破的瓶、碗底、碟片和熏黑的船板,尤其是水下爆破形成的几个大坑,宛如巨大的伤疤,残忍地映入眼帘。触目惊心的遗址现场,林国聪至今记忆犹新,同时也感受到了身上的压力。

2006年,中国国家博物馆水下考古研究中心(原中国历史博物馆水下考古学研究室)与宁波市文物考古研究所合作成立水下考古调查队,林国聪和队员们大量查阅文献,不停地走访海警、边防、渔政、渔民及从事航海、水下工程、海洋地质勘探等一切与海洋打交道的单位和个人,寻找蛛丝马迹。数年间水下考古调查队调查了浙江近100个濒海乡镇,访问1500余人次,共发现了约200条水下文物线索,确认了沉船遗址5处、水下文物点7处、其他水下遗存2处,初步绘制出一幅浙江沿海"海底藏宝图"。

2008年9月20日,由林国聪带队的浙东沿海水下考古陆地调查队一行,来到了位于宁波象山东南约27海里的渔山岛进行走访调查。就在这片海域,他们发现了一艘神秘的清代沉船。被誉为"亚洲第一钓场"的渔山列岛,看上去风吹云动、海浪翻滚,但在水下24米之处的海底却静谧幽暗,林国聪与队员不时地悬浮在海床表面并排游动,不停地摆动脚蹼靠近一块块岩石,不断用手掌连续而快速地拂开海底浮泥,一次次地重复动作,一步步地仔细辨认,一寸寸地清淤观察探摸,就这样搜寻范围由几平方米到十几万平方米,不轻易放过任何一处细节和一片海域。功夫不负有心人,果然,一艘沉睡上百年的沉船被唤醒,被层层泥沙掩盖的遗珍也开始渐露"真容",神秘的清代沉船终于在沉没160多年后重见天日。

更为精彩的是2008年10月19日傍晚,随着另外一处海底搜索范围的

扩大,浙江第一艘真正意义上的古沉船"小白礁Ⅰ号",竟也露出"真面目"。那是大风天气来临的前两天,工作船锚定在"小白礁Ⅰ号"沉船海域,林国聪做好"船头朝外,只抛一锚,如果来风,立马撤离"的准备,并组织两组队员同时下水,从不同位置合围作业,尽量缩短停留时间。所幸这回他们发现了一些底部有"嘉庆""道光"年款的瓷器,最终确认沉船年代为清代道光年间。当最后一组人员一出水,他们就赶紧逆风驶离了小白礁,而此时不远处海面正泛起白头浪,向他们汹涌而来,大风比预计的早来了许多,要是再迟一步,后果不敢设想。

此后每年的五六月间,在"小白礁Ⅰ号"沉船遗址发掘区域,总能看到林国聪的身影,这一干就是四年。好在他们作业赶在了盗捞之前。这是一艘少见的没有被盗捞过的古沉船,主要构件完整,可修复程度高,最终以出水1060余件珍贵文物和"中西合璧"的独特船体,铸就我国水下考古界一块傲人的里程碑。

2014年10月,"小白礁Ⅰ号"出水文物及发掘场景作为"水下考古在中国"专题陈列的重要组成部分,在国家水下文化遗产保护宁波基地内正式对外公开免费展示,让公众也能共享水下考古和水下文化遗产保护成果。这一年以林国聪为带头人、以宁波水下考古人为主要成员的"探索蓝色文明——水下考古创新团队",荣获"浙江省重点创新团队(文化创新类)",并被国家文物局和全国同行誉为"水下考古的宁波帮""水下考古的宁波力量"。2016年5月21日,宁波"小白礁Ⅰ号"水下考古发掘项目从数千个考古项目中脱颖而出,斩获中国考古界最高奖——"田野考古奖",成为我国首个获此殊荣的水下考古项目。而此时,林国聪他们还在某处深海继续探寻着。

林国聪不遗余力地多方呼吁、积极推动,终于成功促成了我国首个国家水下文化遗产保护基地在宁波的落地、建设、运行,由此搭建了一个国家级的行业平台,即宁波基地与中国港口博物馆,一体两翼、共同建设,总投资7亿元,总建筑面积4万平方米,并于2014年10月落成开放,成为我国首个挂牌成立、首个建成投用的国家水下文化遗产保护基地,集水下考古调查、发掘、研究和水下文化遗产保护、展示、交流等诸多功能于一体,为宁波水下考古的发展插上了腾飞的翅膀,也极大完善了浙江乃至全国水下考古的格局。

林国聪积极争取派员参加每一次国家层面举办的水下考古、水下文化遗产保护、出水文物科技保护等专业培训班,还在宁波先后承办了第二期全国水下考古专业人员培训班和首届国家水下文化遗产保护(考古)培训班,使如今的宁波拥有水下考古队员 11 名,其中水下考古教练 1 名、潜水长 1 名、出水文物保护人员 6 名,专业人才力量稳居全国前列。学有所成的宁波水下考古人不仅承担着宁波乃至浙江水下考古工作的重任,同时还频频应邀参与国内外重大水下考古项目与学术交流活动。

以林国聪为代表的宁波水下考古人,在水下考古实践中,高度重视技术规范化、业务流程化、作业标准化,特别强调项目运行管理、多种学科合作、技术创新应用,创建了一套可全国推广的技术规范。如他带队开创性地实施了为期五年的浙江第一次沿海水下文物普查,在全国率先总结出一套水下文物普查的技术规范,受委托起草《全国水下文物普查实施方案(试行)》,并应邀为海南、辽宁、天津、江苏等沿海各省市的水下文物普查培训班讲课教学,传授经验。又如受国家文物局重托,试行、修改、完善了《水下考古工作规程》。再如在他水下考古发掘期间,中央电视台连续多天现场直播,后来又先后录制了 4 集专题纪录片公开播放,收视率创新高,社会反响极好。

林国聪领队主持的浙江第一个内水水下考古调查项目——慈溪上林湖后司岙水域水下考古调查,秉承水陆空结合、学科介入、多团队合作的理念,多项技术突破国内水平,保持与国际接轨。该项目与浙江省考古所组织的后司岙窑址陆上考古发掘有机结合,联合申报并成功获评 2016 年度"全国十大考古新发现"。

林国聪在繁忙的水下考古实践工作之余,努力带动别人尤其是让自己不知疲倦地伏案写作,静心思考,潜心科研,并因此在《考古》《东南文化》《南方文物》等重要学术刊物上发表了论文 30 余篇,合作编著出版考古报告、研究文集、图录图集等专业图书 10 部。其还先后在西沙"华光礁 1 号"南宋古沉船船体发掘研讨会、中·法"船与人"国际学术研讨会、中·韩水下考古学术研讨会、首届"水下考古·宁波论坛"等学术会议上做专题报告……

> 当代

林奇松　潘文庆

宁波市莆田商会创会会长和第二届执行会长,缘之所寄,益奇益庆

一、宁波市莆田商会创会会长林奇松

莆田人独操乡音于一方,在漫长的历史长河中,不仅没有被融化,反而在人多地少、资源相对贫瘠的狭小地域中,兼容并取、包收含纳,顽强不断地繁衍发展,于是有了"莆田商帮"。

莆田商帮源于隋唐,发展于宋元,昌隆于明清,再兴于后。尤其是明清至民国时期,莆商在福建商界独执牛耳,被誉为"闽商之精英"。据统计,时至今日,一个仅有300多万人口的地级市,却有70多万名莆商活跃在全国各地的各行各业,这些被誉为"中国的犹太人"的莆田人,从肩挑步担做起,敢拼敢干,聚沙成塔,其商贸范围之广泛,运营能力之强大,令人瞩目。

由于莆田人吃苦耐劳和善于经营,许多人由小贩发展起来,之后又千方百计地引荐亲戚朋友和乡亲外出经商,于是逐步形成了一个以方言为纽带的地方商人群体,他们在为地方经济社会发展发挥作用的同时,自觉承担社会责任,在各大商埠陆续建立商帮组织,主要类型有:一是同乡会性质的同乡会馆,这种会馆大多以民间结社的形式出现,会员多以行商坐贾、士人学子、达官贵人和平民百姓组成;二是以商人为主体的会馆或行业协会,通常以同业工会的形式出现,是一种以地域为纽带的商人社团组织,具有同业工

会和商会性质。据了解,清咸丰年间(1851—1861),莆田人在象山创办了"兴安会馆";光绪年间(1875—1908),莆田人在宁波等地办有社团组织,而这些又大多与妈祖信仰有关,因而具有明显的莆田地域文化特色。

中华人民共和国成立后,尤其是国家实施改革开放政策以来,莆田也进入了有史以来经济最为繁荣的历史阶段,同时也是莆商人数最多、建立商帮组织最多的历史时期,如莆商几乎覆盖了全国90%的木材市场。试想,一个并没有森林资源的地区,却能够将木材行业做得这么大,其产业发展速度之快,产业规模之大,经济实力之雄厚,着实令人震惊。宁波市莆田商会创会会长林奇松就是莆商中的佼佼者。

宁波市莆田商会是在宁波经商办企业和其他各界的莆田籍人士共同组建的一个民间社团组织,旨在搭建宁波与莆田两地商贸、文化和社会交流平台,参会人员数百人,行业涉及市场、木材、船运、建筑、房产、医疗、珠宝、工艺、食品、制造等,其中不少人已经成为知名人士,享有较高的社会声誉和公信力。

2011年6月,由宁波市江北中亿再生资源有限公司、宁波市司丹尔食品工业有限公司等多家单位联合发起,共同商议宁波市莆田商会组建工作;2011年8月28日,莆田市工商联合会颁发《关于要求支持成立宁波市莆田商会函》表示深切关注宁波市莆田商会发展;2011年10月,宁波市莆田商会筹委会向宁波市工商联、市民政局递交《关于成立宁波市莆田商会的申请报告》;2011年11月6日,宁波市莆田商会(筹)召开第一次筹备会议,推选林奇松担任第一届会长;2011年11月20日,宁波市工商联颁发了《关于同意成立宁波市莆田商会的批复》;2012年1月6日,宁波市民政局颁发《关于准予筹备成立宁波市莆田商会的批复》;2012年5月26日,首届宁波市莆田商会在宁波市开元大酒店隆重举行成立大会,商会设会长一名,常务副会长九名,秘书长一名,副会长15名,林奇松任会长,另有常务理事和理事近百名,会员200多名。

时间穿梭,记忆流淌。1973年,毛泽东主席写给莆田县城郊公社下林小学教师李庆霖的复信,在全国尤其是莆田引起了轰动,林奇松就在这一年

出生。

　　1990年,刚高中毕业还来不及在家歇脚的林奇松,就迫不及待地追随他的二叔林金材"闯关东"去了。天寒地冻的东北大地,他开启了搬木头的日子,手裂开了,脚冻伤了,背压弯了,一干就是几年。1995年,正值春暖花开季节,中国北极科学考察队把五星红旗插到北极点上,喜欢户外运动的林奇松心中为之一爽,迫不及待地和二叔林金材一起南下,先后考察了重庆、广东、宁波等地的木材交易市场,发现宁波市面上供应的大都还是圆木,于是准备开拓宁波市场。经合计,他们从大连将第一船板材运至位于宁波江北的三区码头(货运码头),就此奇迹般地与宁波结下不解之缘,并于1999年正式在宁波这座有着浓重商旅文化氛围的城市开辟新天地并有新收获。

　　起初,林奇松只是租借一个汽车运输场的小角落开展经营业务,这在当时的宁波却是首创,却因此也很快就带动和组织了一批经销木材的老乡来宁波发展,叔侄两人在相当长的一个时期内,成了大家都离不开的双手、双脚与大脑。过了一段时间,他们预测现有的经营场地已远远不能满足业务发展须求,亟需拥有一个自主经营的木材市场。随着思路的不断清晰,发力也更加精准,于是一个完全由莆田经销木材的老乡组成的首个中型木材市场——"宁波江北大桥木材市场"诞生了,市场占地二百多亩地,签约期限三十年,林奇松担任总经理。

　　业有小成的林奇松,在2000年又成立了宁波市江北中亿再生资源有限公司。也是在这一年,他在发烧友的簇拥下,于次年兼任了宁波汽车摩托协会秘书长,在四年的任期里,带领驴友们几乎走遍了全国,包括阿里几十公里的无人区,在体验速度、挑战极限的同时,也考验了自己的毅力和意志。也是在经历过最艰难的旅程之后,他才悟到了抱团取暖的重要性,因而他想和老乡们共同开创一个更高的平台,这就是宁波市莆田商会的雏形。为此,他把投资开发的矿产等业务交由合伙人经营,自己从大草原回到宁波,投入了走访老乡和企业、筹备商会等的事务中,并因此得到大家的信任,被推举为首任商会会长候选人。

　　林奇松任会长后所做的第一件大事,就是从湄洲妈祖祖庙分灵妈祖圣像来宁波,这是目前所知的继宋代莆田商界领军人物沈法询分灵湄洲妈祖祖庙炉香至宁波城内之后的第一人。众所周知,妈祖确有其人,姓林名默,因与妈祖同乡、同姓等的缘故,林奇松对妈祖怀有特别的敬仰之情。当时同去莆田恭请妈祖圣驾的还有黄清杰等人。分灵到宁波的妈祖圣像,先是移驾江北区人民路168号商会会所,后因旧城改造再次移驾江北区相关部门提供的过渡用房,且因时任商会秘书长多次提议等各种原因,业经笔者与林奇松多次同宁波市文保所所长徐炯明和全国重点文物保护单位庆安会馆(又名甬东天后宫)馆长黄浙苏协商,终于在2016年3月14日成功举办妈祖分灵圣像移驾安座庆安会馆仪式,当时来自福建省莆田、泉州、漳州、宁德、龙岩、福州、厦门、三明、南平等地的数百名信众和本市居民、外地游客参加了活动。此外,2017年与庆安会馆等联合发起筹备的宁波市妈祖文化交流协会(简称"筹委会")以及在宁波的妈祖文化活动,都有林奇松的身影。

林奇松的出生地莆田市秀屿区东庄镇东红村后湖自然村,其位于山海画廊、人间福地的福建省莆田市西南部,地处湄洲湾北岸礼泉半岛。礼泉在宋代时称为"醴泉"(甘甜的泉水),泉水自岩缝中涌出,甘洌异常,大旱不竭,境内各家凡有祭祀活动皆来此取水,故称。就林奇松礼于家乡而言,2015年他曾发起组织部分爱心人士将原处"母猪坑"、属危房的小学校,新建为镇里著名的东红小学;于自家则发起建成了幸福家园,也目睹和礼送离别了最亲最近的人。在宁波则与狮友们共同资助贫困地区家庭和有困难的孩子,至今依然结对帮助宁海东仓村的贫困孩子读大学……所谓游子,拳拳如此,可代雨涕,亦可长歌。

古人云:举头三尽,决有神明,趋吉避凶,断然由我。望汝等言则忠信,行则笃敬,独爱千顷云高旷,愿得升平乐事多。

二、宁波市莆田商会第二届执行会长潘文庆

在宁波市北仑区尤其是春晓一带,潘文庆的名字响当当,这不仅是因为他当选过北仑区第八届政协委员,还因为他在北仑滨海新城工业园区永河路8号开办的宁波市北仑地勤工贸有限公司。他的工厂取名"地勤工贸",

意在广阔的土地上勤劳勤恳,努力做到工业生产与贸易企业协调发展。

潘文庆,莆田市秀屿区月塘乡东潘村温厝人,1971年5月12日出生,自小家贫,父母务农,作为长子,既要照顾弟弟妹妹和做家务农务,同时还在班级里担任班长,为了两头兼顾,懂事的他常常先把家里的事务都安顿好再去上学,为此他第一节课经常迟到或缺课,好在学习成绩向来不错。然而由于常欠学费,读到小学时母亲又生病住院,家里再也拿不出钱来为他补交学费了,于是无奈中只能选择辍学,开始跟师学艺,争取早点帮助家长分担养家糊口的重任。

得益于村庄里制作竹器的手艺人多,他很快就学会了制作蒸笼等各种竹制品的基本要领,并在刚满13周岁的那年春节,大胆地跟着堂哥离乡背井去东北谋生计,先是帮人干活不拿工钱,只要填饱肚子就行,到后来慢慢地有了自己多劳多得的报酬,每天积攒一点点,日积月累后除了一点点鼓起来的荷包,逐步开拓的还有视野。于是他学会了经营木材,并逐渐有了自己的主见和远见,在2002年,潘文庆因为一个偶然的机会进入了模具行业,不久又转型开办了地勤工贸,将两者巧妙地结合起来,通过不断的努力和积极进取,在该领域有了出色的表现,展现出与众不同的天赋和创意,其能力和才华也得到了合作者的认可。他渐渐开始在宁波这块神奇的土地上生根、开花,且由此结交了许多良师益友,2012年正月里儿子结婚在老家办喜宴时,从宁波一带远道而来的客人竟达数十位,他们有的甚至乘坐在同一趟动车的同一节车厢,当走出莆田站坐上潘文庆派来迎接的大巴车时,才发现是同来贺喜的宁波同乡。

企业在发展扩张时,必须根据市场环境变化来适时调整自身的管理模式,尤其是面对本行业的激烈竞争和专业精准等方面的学习与挑战。面对这种竞争环境,潘文庆总能不畏艰难,勇敢地面对各种学术难题,用智慧和努力克服每一个困难,以积极主动的态度迎接,目前他的地勤工贸有限公司不仅能给包括汽车、动车、众多机械设备提供零部件,还组建了自己的研发团队,集研制、开发、生产、销售、安装、服务等于一体,浙江省工商行政管理局接连三次为其颁发"浙江省工商企业信用AAA级守合同重信用单位",也获得了宁波市安全生产监督管理局和国家安全生产监督管理局联合颁发的"安全生产标准化三级企业（机械）"证书，宁波市信用建设促进会还授予"诚信之星"和"宁波市诚信之星标志授权使用证书"等称号与信用。

作为质量管理体系认证获证企业和北仑区安生生产协会成员单位、北仑区和谐企业创建先进单位、宁波市科技创新协会会员单位，潘文庆并没有满足与骄傲，而是将所有的信任与鼓励，化为承担社会责任、为社会多做贡献的动力与信心。如在关爱自身企业员工方面，他组织参与了许多健康有益的活动，他的公司曾获评北仑区优秀基层工会、宁波市北仑区和大榭开发区职工技能赛"优秀组织奖"、北仑区"活力基层工会"星级创建四星级单位等，也获得过春晓镇"职工建功成才实践基地优秀企业"、春晓镇统战办和春晓镇洋沙山社区"和谐企业文化建设奖"、春晓街道"企业职工活动中心建设工作先进单位"、春晓街道总工会企业职工文化活动中心资源共享优秀企业等荣誉，并在春晓街道洋沙山社区举办的"最美办公室"评选中获得"整洁舒适奖"称号。

在反哺社会方面，他结对春晓街道咸昶村成为"敦亲睦邻、村企共建"的领头企业；而作为"企业结对爱心食堂"的资助企业，他结对的单位是民丰村股份经济合作社爱心食堂；且因在春晓街道"春润"奖学（育）金项目中慷慨解囊、支持春晓街道慈善和教育事业，北仑区慈善总会春晓街道分会授牌铭记；北仑区慈善总会还为其慷慨捐赠汪清县复兴镇四道村"路灯安装项目"，推进东西部帮扶协作，助推脱贫攻坚行动颁发证书。此外，春晓街道人民政府还曾聘请其为慈岙村慈峰社农村污水治理监督员。

潘文庆还积极参加社会活动，兼任春晓商会常务副会长、北仑区滨海新城企业家联谊会副会长、宁波国际海洋生态科技城企业家联谊会副会长等社会职位，参与组织宁波国际海洋生态科技城企业家联谊会"走进井冈山、初心铸使命"活动，发动春晓商会为云和扶贫捐款、赴延边扶贫献爱心，获评为汪清消费扶贫"爱心企业"等。在支持家乡方面，他也非常热心，如为新建的东潘小学捐资，支持地方传统文化传播与弘扬，帮助修桥铺路，带队运送慰问品前往家乡贫困山区扶贫，疫情期间向秀屿区红十字会捐款等等。

宁波市莆田商会曾经有个庆典活动取名"普天同庆",此处的"普天",在莆田方言中与"莆田"谐音。潘文庆对乡亲们在宁波创立莆田商会甚是关注,并对后来的换届大会、庆功典礼等热心赞助。基于他的办事能力、协调能力以及少有的古道热肠和愿意为他人奉献自己的时间和力量,经宁波市莆田商会第二届第一次理事会选举通过,为此在2018年6月30日,宁波市莆田商会颁发聘书,正式聘请潘文庆为执行会长,任期五年。宁波市莆田商会还曾授予"2018精准扶贫——莆商在行动爱心单位"、2021抗击新冠肺炎疫情"爱心捐赠单位"等。

当笔者问潘文庆做这些行为的源动力是什么时,他说:"是大伯和外公从小引导、指明自己学会怎样做人和做事,而更敬重的还有家族中最引以为荣的、我的曾祖父潘凤群,他一生以亲善、施舍、助人、道义为本,是闻名方圆数百里的好人,对后辈影响很大,这方面的事例有很多,仅举一例,即有一次曾经有恶人趁其不备推其落水,他却因家里有8个儿子恐孩子们为他出头,而回家时竟说是自己不小心滑倒,云云。"

由此笔者亦想起当初主编《大爱妈祖:妈祖信仰在宁波》一书时的情形,时莆田市湄洲岛国家旅游度假区管委会主要领导和湄洲妈祖祖庙董事长一行多人来甬考察,在交流、指导和肯定宁波开展妈祖文化工作的同时,也当众指出了对该项目先重视、后漠视、未遵约等问题,并促成对内容作个别修改后进行第二次印刷,同时也落实了第二次印刷的成本经费,至此有关该书获得资助等子虚乌有的谣言不攻自破。

如今的秀屿区月塘乡东潘村,当领导的、在全国各地做生意的大有人在。潘文庆曾经的同班同学,有的也走上国家旅游部门、地方政府机构、大型企业等重要工作岗位。其出生地东潘村,则是革命老区村,昔日的"界外底"(指经济极落后地区),因为家底穷,素有"走天下"的传统,据不完全统计,全村约有60%的村民,在全国各地从事经营竹器、木材、钢材等,且基本上都是通过"一带一"的方式出外经商,由此也涌现出一大批的商界精英。

亦因自小耳濡目染,潘文庆对妈祖文化的崇敬之情溢于言表。2023年6月2日,秀屿区政协领导一行近10人还专程来到北仑看望潘文庆和参观他的企业,在与在甬的部分莆田老乡代表的座谈中,"秀屿投资指南"中"文旅经济产业集群"篇中的有关发展目标内容尤为引人注目,如"秀屿有山有海有故事,山海资源禀赋突出,人文底蕴深厚,已创建 A 级景区 10 个、申请非遗项目 76 个。2021 年全区接待旅游人数突破 255 万人次,实现旅游收入 21 亿元"和"深入挖掘妈祖文化、银文化[①]、盐文化等文化基因,推进'文旅+'业态整合"等,都是很好的联运与辐射,若能在招商引资过程更注重历史文化的内涵与外延,或将更有实效。

  凡事,与文化结合是上品,与艺术结合是精品,与良心结合是人品。传承良好的家风,有能力助人,用自己的行动,传递温暖和关爱,使善贾者无市井气,使善文者无迂腐气,是谓三道合一。

〔注　释〕

①指银饰文化。

主要参考文献

（按引用先后顺序）

1. （清）黄本骥. 历代职官表[M]. 上海：上海古籍出版社，2005.

2. 宁波市档案馆，宁波市城建档案馆，宁波市地名委员会办公室. 宁波市行政区划沿革[M]. 宁波：浙江省鄞县文教印刷一厂，1994.

3. 上海书店出版社. 中国地方志集成：福建府志县志辑 民国莆田县志[M]. 上海：上海书店出版社，2000.

4. 莆田市莆仙文化研究院，陈春阳. 莆田市名人志（全2册）[M]. 福州：福建人民出版社，2014.

5. （后晋）刘昫，等. 百衲本旧唐书[M]. 北京：国家图书馆出版社，2017.

6. 福建省政协文化文史和学习委员会，福建省炎黄文化研究会. 福建海上丝绸之路：莆田卷[M]. 福州：福建人民出版社，2021.

7. 吴景銮. 福建莆田吴祭世系宗谱[M].2002.

8. （民国）陈汉章. 象山县志[M]. 点校本. 北京：方志出版社，2004.

9. 王俊. 中国古代称谓史话[M]. 北京：中国商业出版社，2022.

10. 杨中启. 福建名书院与名人[M]. 福州：海峡文艺出版社，2021.

11.《中国海洋文化》编委会. 中国海洋文化·福建卷[M]. 北京：海洋出版社，2016.

12. （清）曹秉仁. 宁波府志[M]. 补刊本. 台北：成文出版社，清乾隆六年（1741）．

13.（明）杨寔．宁波郡志[M]．刊本．台北：成文出版社，明成化四年（1468）．

14.（宋）晁补之．鸡肋集[M]．重印本．长春：吉林出版集团，2005．

15. 王力．同源字典[M]．北京：商务印书馆，1982．

16. 陈支平．虚室止止集[M]．北京：人民出版社，2016．

17.（明）周瑛,（明）黄仲昭．重刊兴化府志[M]．福州：福建人民出版社，2007．

18. 中华妈祖文化交流协会，莆田学院妈祖文化研究所，福建省社科"十五"规划重点项目组，湄洲妈祖祖庙董事会．妈祖文献史料汇编（第一辑）[M]．北京：中国档案出版社，2007．

19. 中华妈祖文化交流协会，莆田学院妈祖文化研究所，湄洲妈祖祖庙董事会．妈祖文献史料汇编（第二辑）[M]．北京：中国档案出版社，2009．

20. 中华妈祖文化交流协会，莆田学院妈祖文化研究所，湄洲妈祖祖庙董事会．妈祖文献史料汇编（第三辑）[M]．福州：海风出版社，2011．

21. 妈祖文献整理与研究丛刊编纂委员会．妈祖文献整理与研究丛刊（第二辑）[M]．福州：海峡文艺出版社，2017．

22. 林祖泉．莆阳进士录[M]．福州：海峡文艺出版社，2013．

23. 福建省福清县志编纂委员会．福清县志[M]．福州：福建省福州康山中学印刷厂，1989．

24. 阮其山．莆阳名人传[M]．福州：海峡文艺出版社，2013．

25. 福建省妇女联合会，陈秀榕．福建女名人[M]．北京：方志出版社，1996．

26.（清）陈梦雷,（清）蒋廷锡．古今图书集成[M]．北京：中华书局，1985．

27.（明）郑岳．莆阳文献[M]．吴伯雄,点校．扬州：广陵书社，2016．

28. 福建省地方志编纂委员会．八闽通志（修订本）（上、下）[M]．福州：福建人民出版社，2006．

29. 莆田市地方志编纂委员会,莆田市秀屿区地方志编纂委员会. 莆阳比事[M]. 北京：中国文史出版社,2017.

30.（清）徐兆昺. 四明谈助[M]. 宁波：宁波出版社,2000.

31.（明）夏玉麟,（明）汪佃. 建宁府志[M]. 厦门：厦门大学出版社,2009.

32.（汉）班固. 汉书[M]. 北京：中华书局,2007.

33.（春秋）左丘明. 左传[M]. 吴茹芝,编译. 西安：三秦出版社,2008.

34. 唐圭璋. 全宋词[M]. 北京：中华书局,1965.

35. 王凯旋. 秦汉社会日常生活[M]. 北京：中国工人出版社,2021.

36. 毕宝魁. 隋唐社会日常生活[M]. 北京：中国工人出版社,2021.

37. 傅璇琮,北京大学古文献研究所,等. 全宋诗[M]. 北京：北京大学出版社,1998.

38. 陈振. 宋史[M]. 上海：上海人民出版社,2020.

39. 章国庆. 天一阁明州碑林集录[M]. 上海：上海古籍出版社,2008.

40.（宋）楼钥. 攻媿集[M]. 北京：中华书局,1985.

41. 宁波市地方志编纂委员会,俞福海. 宁波市志[M]. 北京：中华书局,1995.

42. 宁波市地方志编纂委员会,俞福海. 宁波市志外编[M]. 北京：中华书局,1998.

43. 阮其山. 莆阳名臣谱[M]. 福州：鹭江出版社,2010.

44.（明）何乔远. 闽书[M]. 福州：福建人民出版社,1995.

45. 方煜东. 镇海柏墅方氏家族研究[M]. 杭州：浙江人民出版社,2015.

46. 李之亮. 宋福建路郡守年表[M]. 成都：巴蜀书社,2001.

47.（宋）黄岩孙. 福建地方志丛刊：仙溪志[M]. 福州：福建人民出版社,1989.

48.（明）陶宗仪. 书史会要[M]. 上海：上海书店,1984.

49.《镇海县志》编纂委员会. 镇海县志[M]. 上海：中国大百科全书出版社上海分社,1994.

50. 宁波市鄞州区地方文献整理委员会. 鄞县通志[M]. 宁波：宁波出版社，2006.

51. 宁波市海曙区文化教育局，区民间文学三集成办公室. 中国民间文学集成：浙江省宁波市·海曙区故事歌谣谚语卷[M]. 宁波：宁波甬江印刷厂二分厂，1989.

52. （清）袁枚. 子不语（全译）[M]. 申孟，甘林，校点. 陆海明，等译. 上海：上海古籍出版社，2017.

53. 《宁波历代文选》编委会. 宁波历代文选·散文卷[M]. 宁波：宁波出版社，2010.

54. 章国庆，裘燕萍. 甬城现存历代碑碣志[M]. 宁波：宁波出版社，2009.

55. 周祖譔. 中国文学家大辞典：唐五代卷[M]. 北京：中华书局，1992.

56. 程民生. 宋代地域文化[M]. 开封：河南大学出版社，1997.

57. 何少川. 闽人要籍评鉴[M]. 福州：海峡文艺出版社，2016.

58. （清）严可均. 全宋[M]. 苑育新，审订. 北京：商务印书馆，2006.

59. （清）郑王臣. 莆风清籁集[M]. 北京：中国文史出版社，2013.

60. （清）郑杰，等. 全闽诗录[M]. 福建省文史研究馆，整理. 福州：福建人民出版社，2011.

61. 王长英，黄兆郸. 福建藏书家传略[M]. 福州：福建教育出版社，2007.

62. 城厢区地方志编纂委员会，阮军. 城厢区志[M]. 北京：中国社会科学出版社，1999.

63. （宋）叶适. 叶适集（全三册）[M]. 刘公纯，王孝鱼，李哲夫，点校. 北京：中华书局，2010.

64. 黄祖绪. 莆仙历代高僧大德知见录[M]. 北京：宗教文化出版社，2019.

65. 宁波市佛教协会. 宁波佛教志[M]. 北京：中央编译出版社，2007.

66. （宋）释普济. 五灯会元[M]. 张恩富，钱发平，吴德新，译. 重庆：重庆出版社，2008.

67. （清）王恒. 兴化府莆田县志[M]. （清）宫兆麟，（清）汪大经，莆田市荔城区地方志编纂委员会,校.北京:方志出版社,2017.

68. 莆田县地方志编纂委员会.莆田县志[M].北京:中华书局,1994.

69. 江苏省武进县县志编纂委员会.武进县志[M].上海:上海人民出版社,1988.

70.（明）邵有道.汀州府志[M].何云,伍晏,纂.涂秀虹,涂明谦,点校.福州:海峡书局,2019.

71. 杜春和.张国淦文集（三编）[M].北京:北京燕山出版社,2009.

72. 梁战,郭群一.历代藏书家辞典[M].西安:陕西人民出版社,1991.

73.（清）瑞麟,（清）戴肇辰.中国方志丛书:广州府志[M].台北:成文出版社,1966.

74. 泉州市地方志编纂委员会.泉州市志[M].北京:中国社会科学出版社,2000.

75. 泉州海关.泉州海关志[M].厦门:厦门大学出版社,2005.

76.（清）朱孙诒,等.同治临江府志[M].台北:成文出版社,1970.

77.（明）林庭㭿,（明）周广.江西通志[M].南昌:江西人民出版社,2015.

78. 夏传才.中国古典诗词分类鉴赏辞典[M].石家庄:河北教育出版社,2017.

79. 于北山,于蕴生.杨万里年谱[M].上海:上海古籍出版社,2017.

80. 刘德城,周羡颖.福建名人词典[M].福州:福建人民出版社,1995.

81.（宋）蔡襄.荔枝谱[M].陈定玉,点校.福州:福建人民出版社,2004.

82. 缪启愉,缪桂龙.齐民要术（译注）[M].上海:上海古籍出版社,2006.

83.（清）陆心源.宋史翼[M].北京:中华书局,1991.

84. 谢巍.中国历代人物年谱考录[M].北京:中华书局,1992.

85. 李裕民.四库提要订误（增订本）[M].北京:中华书局,2005.

86. 曹济平,马兴荣,吴熊和.中国词学大辞典[M].杭州:浙江教育出版社,1996.

87.（宋）史能之.咸淳毗陵志[M].朱玉龙,等点校.扬州:广陵书社,2005.

88.（清）徐松.宋会要辑稿[M].北京:中华书局,1957.

89. 宁波市人民政府地方志办公室. 宁波历代文献珍本选刊[M]. 宁波：宁波出版社, 2021.

90.（宋）刘克庄. 后村先生大全集[M]. 王蓉贵, 向以鲜, 校点. 成都：四川大学出版社, 2008.

91.（宋）陈骙,（宋）佚名. 南宋馆阁录续录[M]. 张富祥, 点校. 北京：中华书局, 1998.

92.（宋）徐天麟. 东汉会要[M]. 北京：中华书局, 1955.

93.（唐）欧阳询. 艺文类聚[M]. 汪绍楹, 校. 上海：上海古籍出版社, 1965.

94. 宁波市鄞州区政协文史资料委员会. 甬上族望表[M]. 宁波：宁波出版社, 2008.

95.（宋）刘克庄. 后村词笺注[M]. 上海：上海古籍出版社, 2012.

96. 戴逸. 二十六史大辞典·人物卷[M]. 长春：吉林人民出版社, 1993.

97. 李之亮. 宋两江郡守易替考[M]. 成都：巴蜀书社, 2001.

98.《宁波历代文选》编委会. 宁波历代文选·诗词曲卷[M]. 宁波：宁波出版社, 2012.

99. 盖国梁. 唐宋词三百首[M]. 赵昌平, 曹明纲, 等注评. 上海：上海古籍出版社, 1999.

100. 金锋. 唐诗宋词元曲全集[M]. 伊犁：伊犁人民出版社, 2002.

101. 蒋哲伦, 杨万里. 唐宋词书录[M]. 长沙：岳麓书社, 2007.

102.（元）袁桷. 清容居士集[M]. 王颋, 点校. 杭州：浙江古籍出版社, 2015.

103.（宋）张炎. 词源[M]. 北京：商务印书馆, 1984.

104. 仙游县地方志编纂委员会. 仙游县志[M]. 北京：方志出版社, 1995.

105.（明）宋濂, 等. 元史[M]. 北京：中华书局, 2016.

106. 傅璇琮, 等. 中国诗学大辞典[M]. 杭州：浙江教育出版社, 1999.

107. 中共宁波市鄞州区委党史研究室. 鄞州清官谦吏传略[M]. 北京：中国文史出版社, 2021.

108.（清）周学曾,等.晋江县志[M].晋江县地方志编纂委员会,整理.福州:福建人民出版社,1990.

109.于德才.晚清戴罪功臣——林则徐[M].上海:上海大学出版社,2007.

110.徐铁生.中华姓氏源流大辞典[M].北京:中华书局,2014.

111.（清）黄宗羲.宋元学案[M].（清）全祖望,补修.陈金生,梁运华,点校.北京:中华书局,1986.

112.周时奋.鄞县志[M].北京:中华书局,1996.

113.（元）苏天爵.元文类[M].张金铣,点注.合肥:安徽大学出版社,2020.

114.冯尔康.古人日常生活与社会风俗[M].北京:中国工人出版社,2021.

115.冯尔康.清代社会日常生活[M].北京:中国工人出版社,2021.

116.上海书店出版社.明实录[M].上海:上海书店出版社,2018.

117.（明）蔡迎恩,（明）甘东阳.万历太平府志[M].崇左市地方志办公室,整理.南宁:广西人民出版社,2016.

118.广西壮族自治区博物馆.广西博物馆文集（第五辑）[M].南宁:广西人民出版社,2008.

119.《宁波盐志》编纂委员会.宁波盐志[M].宁波:宁波出版社,2009.

120.张坚.普陀山志[M].杭州:浙江古籍出版社,2016.

121.（清）张廷玉,等.明史[M].长春:吉林人民出版社,1995.

122.莆田县地方志编纂委员会.莆田市志（第三册）[M].北京:方志出版社,2001.

123.（清）金鉷修,（清）钱元昌,（清）陆纶.雍正广西通志[M].南宁:广西人民出版社,2009.

124.陈文新,何坤翁,赵伯陶.明代科举与文学编年[M].武汉:武汉大学出版社,2015.

125.广西民族研究所.明实录·广西史料摘录[M].南宁:广西人民出

版社,1990.

126.（明）严从简．殊域周咨录[M]．余思黎,点校．北京：中华书局,2009.

127.吴枫,高振择．中华古文献大辞典·文学卷[M]．长春：吉林文史出版社,1994.

128.（清）董天工．武夷山志[M]．武夷山市市志编纂委员会,整理．北京：方志出版社,1997.

129.（明）王应山．闽大记[M]．福建省地方志编纂委员会,整理．北京：中国社会科学出版社,2005.

130.（明）王守仁．王阳明全集[M]．吴光,等编．北京：上海古籍出版社,2011.

131.（明）王阳明．传习录[M]．北京：中国画报出版社,2012.

132.胡惠瑞．阳明故里见闻录[M]．北京：中国文史出版社,2013.

133.沈瑜庆,陈衍．民国福建通志[M]．扬州：广陵古籍刻印社,1986.

134.（清）涂庆澜．莆阳文辑：国朝莆阳诗辑[M]．福州：福建人民出版社,2009.

135.李学勤,吕文郁．四库大辞典（上下）[M]．长春：吉林大学出版社,1996.

136.祖慧．中国历代名状元传[M]．杭州：杭州出版社,2005.

137.梧州市地方志编纂委员会．梧州市志[M]．南宁：广西人民出版社,2000.

138.《丽水地区人物志》编辑部．丽水地区人物志[M]．杭州：浙江人民出版社,1995.

138.叶晔．明代中央文官制度与文学[M]．杭州：浙江大学出版社,2011.

140.（清）纪昀．四库全书总目提要[M]．石家庄：河北人民出版社,2000.

141.（清）郑方坤．全闽诗话[M]．陈节,刘大治,点校．福州：福建人民出版社,2006.

142.兴国县地方志编纂委员会．兴国县志[M]．西安：陕西出版集团,2009.

143.季啸风．中国书院辞典[M]．杭州：浙江教育出版社,1996.

144. 陈秉宏. 兴化文献新编（单行本）[M]. 台北：太平兴安会馆，1985.

145.（明）焦竑. 国朝献征录[M]. 影印本. 扬州：广陵书社，2013.

146. 潘荣胜. 明清进士录[M]. 北京：中华书局，2006.

147. 故宫博物院. 德庆州志·封川县志[M]. 海口：海南出版社，2001.

148.《教育大辞典》编纂委员会. 教育大辞典[M]. 上海：上海教育出版社，1990.

149.（明）萧良幹. 万历绍兴府志点校本[M].（明）张元忭，孙鑛，纂. 李能成，点校. 宁波：宁波出版社，2012.

150.（清）穆彰阿，（清）潘锡恩，等. 大清一统志[M]. 上海：上海古籍出版社，2008.

151. 四库全书存目丛书编纂委员会. 四库全书存目丛书[M]. 济南：齐鲁书社，1997.

152.（清）郑杰，等. 全闽诗录[M]. 福州：福建人民出版社，2011.

153. 陈田. 明诗纪事[M]. 上海：上海古籍出版社，1993.

154. 中国人民政治协商会议福建省莆田县委员会. 莆田市文史资料[M]. 地方史论丛专辑，1983.

155. 宁海县地方志编纂委员会. 宁海县志[M]. 杭州：浙江人民出版社，1993.

156. 南京市高淳区古籍研究会. 民国高淳县志[M]. 南京：南京出版社，2015.

157.（清）吕恩湛，宗绩辰. 道光永州府志[M]. 长沙：岳麓书社，2008.

158. 朱维干. 福建史稿（上下）[M]. 福州：福建教育出版社，2008.

159. 赵禄祥. 中国美术家大辞典（上下卷）[M]. 北京：北京出版社，2007.

160. 上海书店出版社. 中国地方志集成：广东府县志辑　同治韶州府志[M]. 上海：上海书店出版社，2003.

161. 陈瑞赞. 温州文献丛刊：东瓯逸事汇录[M]. 上海：上海社会科学院出版社，2006.

162.（清）李琬修，（清）齐召南，等. 浙江省温州府志[M]. 台北：成文出版社,1983.

163.（明）彭韶,等.四库明人文集丛刊:彭惠安集·清风序集·方洲辑[M].上海:上海古籍出版社,1991.

164.淳安县志编纂委员会.淳安县志[M].北京:汉语大词典出版社,1990.

165.（清）黄虞稷.千顷堂书目[M].瞿凤起,潘景郑,整理.上海:上海古籍出版社,1990.

166.中共贵州省铜仁地委档案室,贵州省铜仁地区政治志编辑部.铜仁府志[M].贵阳:贵州民族出版社,1992.

167.瞿冕良.中国古籍版刻辞典[M].济南:齐鲁书社,1999.

168.刘正刚.海瑞在淳安[M].北京:中国文史出版社,2008.

169.赵望秦,白玉林.明史解读（精编本）[M].北京:华龄出版社,2006.

170.（清）程余庆.历代名家评注·史记集说[M].西安:三秦出版社,2011.

171.永泰县地方志编纂委员会.永泰县志[M].福州:福建省地图出版社,2013.

172.怀效锋.大明律[M].沈阳:辽沈书社,1990.

173.中华书局编辑部.全唐诗[M].北京:中华书局,1999.

174.（明）刘文征.滇志[M].古永继校点,昆明:云南教育出版社,1991.

175.李溁.都梁文钞今编[M].长沙:湖南出版社,1992.

176.（清）宗源瀚,等.湖州府志[M].台北:成文出版社,1970.

177.季啸风.中国书院辞典[M].杭州:浙江教育出版社,1996.

178.（清）张澍.姓韵（上、下）[M].徐兴海,袁宪,张天池,校点.西安:三秦出版社,2003.

179.弘一书画院.甬上留香:弘一大师在宁波[M].天津:天津人民美术出版社,2020.

180.书目文献出版社.崇祯廉州府志[M].北京:书目文献出版社,1992.

181.金华市文物局.金华府志[M].北京:中华书局,2009.

182. （清）钱谦益 . 列朝诗集小传 [M]. 上海：上海古籍出版社,1983.

183. （清）钱谦益 . 历朝诗集小传 [M]. 许逸民,林淑敏,等点校 . 北京：中华书局,2007.

184. 伊永文 . 明代社会日常生活 [M]. 北京：中国工人出版社,2020.

185. 海南省民族学会 . 黎族藏书·方志部 [M]. 海口：海南出版社,2009.

186. （明）戴熺,（明）欧阳灿,等 . 万历琼州府志（上、下册）[M]. 海口：海南出版社,2004.

187. 龚书铎 . 中国社会通史 [M]. 太原：山西教育出版社,1996.

188. 徐朔方 . 晚明曲家年谱 [M]. 杭州：浙江古籍出版社,1993.

189. （民国）丁燮,（民国）薛达,（民国）戴鸿熙 . 民国汤溪县志 [M]. 上海：上海书店出版社,1993.

190. 徐顺旗,永嘉县地方志编纂委员会 . 永嘉县志 [M]. 北京：方志出版社,2003.

191. 钱明 . 王阳明及其学派论考 [M]. 北京：人民出版社,2009.

192. 赵乐强,王纪芳,阮伯林 . 历代诗人咏乐清 [M]. 北京：中国文史出版社,2007.

193. 中国地方志集成编辑工作委员会 . 中国地方志集成：广东府县志辑　嘉庆雷州府志 [M]. 上海：上海书店出版社,2003.

194. 蒙荫昭,梁全进 . 广西教育史 [M]. 南宁：广西人民出版社,1999.

195. 陈村富 . 宗教文化 [M]. 北京：东方出版社,1997.

196. 傅璇琮 . 宁波通史 [M]. 宁波：宁波出版社,2009.

197. 钱仲联,傅璇琮,王运熙,等 . 中国文学大辞典 [M]. 上海：上海辞书出版社,1997.

198. 黄惠贤 . 二十五史人名大辞典（上下册）[M]. 郑州：中州古籍出版社,1997.

199. （清）梁章钜 . 归田琐记 [M]. 于亦时,点校 . 北京：中华书局,1981.

200. （清）马步蟾 . 中国地方志集成：安徽府县志辑　道光徽州府志 [M]. 南京：江苏古籍出版社,1998.

201.《古籍整理与研究》编辑部. 古籍整理与研究[M]. 上海：上海古籍出版社,1987.

202. 奉化市志编纂委员会. 奉化市志[M]. 北京：中华书局,1994.

203. 秦皇岛市山海关区地方志编纂委员会. 山海关志[M]. 天津：天津人民出版社,1994.

204. 王彬. 清代禁书总述[M]. 北京：中国书店出版社,1999.

205. 中国第一历史档案部. 纂修四库全书档案[M]. 上海：上海古籍出版社,1997.

206.（清）江日昇. 台湾外记[M]. 福州：福建人民出版社,1983.

207. 赵尔巽,等. 清史稿[M]. 北京：中华书局,1976.

208. 晋江市地方志编纂委员会. 晋江市志[M]. 上海：上海三联书店,1994.

209.（清）钱仪吉. 碑传集[M]. 北京：中华书局,1993.

210. 姚玲飞. 历代闽人轶事辑录[M]. 福州：福建人民出版社,2015.

211. 连横. 台湾通史[M]. 北京：生活、读书、新知三联书店,2011.

212. 中国人民大学清史研究所. 清史编年[M]. 北京：中国人民大学出版社,2004.

213. 政协福州市委员会,陈扬富. 福州戍台名将[M]. 福州：海潮摄影艺术出版社,2009.

214. 台湾省文献委员会. 澎湖纪略·澎湖续编[M]. 北京：中华书局,1961.

215. 陈支平. 台湾文献汇刊[M]. 北京：九州出版社,2004.

216.《天童寺志》编纂委员会. 新修天童寺志[M]. 北京：宗教文化出版社,1997.

217.（南唐）释静,（南唐）释筠. 祖堂集[M]. 长沙：岳麓书社,1996.

218. 张华. 景德传灯录[M]. 北京：东方出版社,2017.

219. 曾枣庄. 中国文学家大辞典·宋代卷[M]. 北京：中华书局,2004.

220. 王荣国. 福建佛教史[M]. 厦门：厦门大学出版社,1997.

221.（清）段光清,中国科学院安徽分院社科所历史室. 镜湖自撰年谱[M]. 北京：中华书局,1997.

222. 涵江区地方志编纂委员会. 涵江区志[M]. 北京：方志出版社，1997.

223. 朱维幹. 莆田县简志[M]. 莆田市荔城区地方志编纂委员会，整理. 北京：方志出版社，2005.

224. 蔡天新. 莆商发展史[M]. 北京：中央文献出版社，2014.

225. 翁卫平. 天下莆商[M]. 北京：经济日报出版社，2005.

226. 谢如明. 莆田发展简史[M]. 厦门：厦门大学出版社，2008.

227. 北京大学中国名人丛书编委会. 中国名人谈少儿时代：苦涩的梦[M]. 北京：北方妇女儿童出版社，1990.

228. 政协福建省莆田县委员会. 莆田历代书画选集[M]. 福州：福建美术出版社，1988.

229. 王文洪，俞强，来其，等. 西方人眼中的近代舟山[M]. 宁波：宁波出版社，2014.

230. 重石. 闽商的拼劲：闽商征服商业帝国的答案[M]. 北京：北京工业大学出版社，2013.

231. （明）姚旅. 露书[M]. 刘彦捷，点校. 福州：福建人民出版社，2008.

232. （清）全祖望. 鲒埼亭集[M]. 台北：华世出版社，1977.

233. 吴城，张瑞尧. 福建兴业事典[M]. 福州：福建人民出版社，1994.

234. 易小荷. 战神刘玉栋[M]. 厦门：厦门大学出版社，2012.

235. 刘金林. 涵江的传说[M]. 延吉：延边人民出版社，2004.

236. 丁小炜. 在那遥远的亚丁湾[M]. 上海：上海文艺出版社，2012.

237. （清）全祖望. 甬上望族表[M]. 袁元龙，点注. 宁波：宁波出版社，2008.

后 记

半路出家　实干最佳

"半路出家"通常指中途换工作,有的是在重新寻找自己的位置,有的则身不由己随人处置,我的人生转折也大抵如此。就说上学,只有一张大专文凭、一张业余大学专科证书,纯属低学历,却常在文化的边缘行走,没有所谓的"童子功";再说出身,如果没有当上工人,就跳不出农门,成不了城里人,明眼人一看就知道吃的是家底。再比如说职业,从技术工人转职到群文干部,还粗沾一命,粗成一名,靠的则是以学为基以及任劳任怨。再后来归身政协机关,除了八方交往,就是编报、编书、编杂志,离不开凝皱设色与调朱和绿。毕竟是半路出家,身处半亩方塘,既有粗壮的张扬,亦有莫名的枯黄,只可冒斋饭噢,不能悉数殚述。

为此枯肠索过又索,是黄昏压低屋檐,还是黄叶无风自落?是梅子未黄先涩,抑或满径黄花盈绿竹?莫谓才疏行缺,莫辩学浅艺空,莫道枯槁劳形,但观书橱架上。由此想到"学问"二字,终须拆开来读,而读书,则是"广智第一法"。广义的读书,是一种修行,广义的"书路",是一条察看世界的路。故古人将积德读书与珠边翠饰连在一起,倡导有工夫读书,有力量济人,有学问述著。今人则更有趣味,形象地把读书比喻为大脑吃饭,把吃饭比喻为肠胃读书,恰似高明的模糊。至1995年,联合国教科文组织把每年的4月23

日确定为世界读书日,宁波因有天一阁等著名藏书楼而自誉"书藏古今",但似乎藏多而见工甚少。收藏之道在于一呼一吸,读书亦然,但凡耕读之家,其文化能够绵延不绝。然而自己迄今也只是索了些皮毛,腹笥甚窘,母亲昨日还在电话里重复过去几十年的老话,教我别在盆子里捞鱼,要到大海里去抓鱼,但我的学历和面貌等依旧空疏苍白。

不能解粘去缚,怎能安然脱俗,于是我尝试读史,读史就要反本溯源、究其所穷,发现在挖掘真善美的过程中,形似枯燥的史料也有神来之笔,一些丰满、鲜活的灵魂会时不时地从书页中跳出来,我因此起五更爬半夜,寸心谨书,乐此不疲,原来自己的这块小小心地,依然存储着一定量的良知与良能。

好不容易到写后记的时候,听从了责编提到前言的佶屈聱牙,希望后记通爽光猛一些,譬如开头写古人、后头画自己等等。老学究更是当面笑语,数言清亮,知今不知古为俗,知古不知今乃腐。年轻人与老面孔悟性高,有凤慧,表里綮然,语甚直捷,这是要我打消原先的写作构想,将自己的感受体认或直截了当、或温婉地表达出来。见尔前、虑尔后,我苦思良久,只能顺水推舟,遂以此为题。尚需释疑者,此举非充正色,乃举所长以盖短以供杂脚,而攀亲结义则是为了借智攀升,依此书以咏怀,以自戒,以发笑,以壮家威。

为此我把魏明伦先生于2000年为我题写的勉励之词"实干最佳"找了出来,借重鼎言,他对莆田人的印象是质朴、尚义与干练,看似夸我,实则誉人。魏先生在戏剧、杂文、词赋碑文等领域穿梭,变化多端,取得了不菲的文学成就,加上他独立思考、独家发现和独特表述,被誉为"巴蜀鬼才",今多地设有魏明伦碑文馆、魏明伦文学馆和魏明伦戏剧馆,他说自己的写作是一条不知走向的河流,而我却认为他的创作更像一条纵横交织的路网,他若想网住什么,总不会失之交臂。

日历翻到改革开放初期的1980年,那也是魏明伦先生创作的黄金阶段,是时我也接到顶替进父亲所在单位的通知。在一个初春的早晨,我开始了由莆田去宁波的两天两夜的远行,其中有个夜晚是坐在杭州火车站的长

后　记

条椅上等天亮。这次单独出远门，完全颠覆了被乡村生活尘封而闭目塞听的审美与认知，感受到了山河排列的井然有序以及陌生人群的同行与善意。其实我小时候曾经跟随母亲和在宁波附近当兵的老乡去过宁波几回，依稀记得还住在宁波江北轮船码头附近时称"五层楼"的建筑里。冬天的宁波气候寒冷，很多时候都是在煤球炉旁边烤火取暖度过，最舍不得的是数月的子承欢与父爱犊的情满意溢。

父亲姓高，出生于20世纪30年代初，家贫兄弟多，很小就被送给了一户有钱人家当童养夫，听他和知情人说，主人稍有不顺，就会拿他出气，打骂和用炉香、香烟头烫皮肉等都是常事。有一次，受尽折磨的他趁人不备，躲避到了停靠在他母亲家附近港口的一条船上，不料该船不久就启航了，当饥饿难耐的他爬出来寻找食物时被船员发现，原来这是条往宁波运送桂圆干等干果的货船，他就这样阴差阳错地来到人生地不熟的宁波。因出逃时衣着破旧且单薄，虽有船上好心人的接济照料，抵达宁波时依旧寒冷难耐，幸亏有人提携介绍他给做早点的小店当烧火童，才不至于流浪街头。为力避席卷以去，他以常人难以忍受的痛苦挣扎不休，遂立定脚跟安顿下来，先后干过杂差、杂货店伙计等，直至公私合营成为灯泡厂、搪瓷厂一员，竟也培养出不少复合型人才，此与我则全然无关，除了拼命拍打自己的翅膀，就是一任自然。源于自然，归于本真，父亲他是经老乡介绍才与母亲组成家庭，半是天意半缘分。

小时候的我肩膀瘦小，又是独生子，在老家常被小伙伴们取绰号。亦因懂得太少，按乡例因循改从母姓，为此到宁波报到时让人嘻哈笑倒。时单位给我安排的钳工是个技术活，此应与父亲懂得让步和待人处事有关。因住在厂内，上下班与食宿等都很有规律。三年的学徒期，月资只有十几元，勉强够用，其间还报名参加宁波业余大学写作班学习，每周看一场电影，初步学会了讲宁波本地话，同时还通过接触一些在宁波周边当兵的老乡，了解有关家乡的情况。另外就是带张宁波地图，借用师傅的一辆旧自行车，优哉游哉地几乎骑遍了城内的大街小巷。而更多的业余时间，则用在单位的"为你服务队"、《欲晓》团刊、小乐队、工会活动等方面，颇有一种"人勤地生宝、苗

正开红花、咱们工人有力量"的自豪。

人瘦尚可肥，但往者不可及。正当我踌躇满志、憧憬未来的时候，噩耗突如其来，退休回乡的父亲因突发中风且又被当地庸医误诊，待送往涵江医院时已经失去生命体征。再后来，常接济家用的在马来西亚的祖父，也去天堂寻找我年轻的祖母。时天暗地昏，歧路穷途，若无树干，枝叶枯也，打脸的岂止是养儿待老，还有未尽孝道。经过很长一段时间的痛苦、挣扎与折叠，把受伤的种子埋进黑暗的土地，一如我保留的部分旧时书信，至今观之，依旧让人凄然。

人有第二本能却不能自见，风平浪静之时谁都能掌舵，能为而不为是不为者的借口，身无长处的人往往以咬他人的短处为快事。为此我真切理解到父亲当时为何短时期陪我挤小床的缘故，无非是在暗示人生旅程的狭小与艰难，以及对安逸生活的希冀和愿望。然而有时，自以为是而未必果是，自以为非而未必尽非，缘分尽了，就该散了，相约只是失约。为此我常独步姚江边上，把含痛的泪水滴在了黑夜下的江面，为的是让它不停地旅行，以不至于被风吹干。

也许生活就是这样，生容易，活容易，就是生活不容易。母亲为独撑全家重担，锻造出更为坚强的性格，碰壁绝不回头，遇事永不言败，是家乡出了名的劳动能手。待到孩子们各奔前程，基本稳定，母亲的身心已随着不断增长的年龄渐现疲态，境况反不如前。这既有儿女的原因，也是个性和经历等使然，对此姐夫曾有预言，培土不必过高，大树不得掏空，情感不能晾晒，命运不可预知，大声武气，意所独运，昔作预测，今成实事。好在我姐是位明白事理的人，小时候家长不在家都是她带领我们种植、养殖，做家务、打短工，全家总动员，勤耕补不足，常敛助不给，且又开我识见，佐我事业，熟人皆合词称美，今子孙后代有飘然出尘之表。

我曾经有过几次离职的决意，因为在工作和生活中接触到了个别君子，也确实便宜了一些小人，尤其是处在痴迷和混沌的时候，但往往都能够重新恢复思考并冷静下来，我不能放弃父亲亲手交给我的饭碗，这也是今辈永剪不断的脐带，为此即便是庸常的忙碌，也不算冤枉。颇感意外的是，退休时

后 记

低职高配的返聘,似乎囤满了甜蜜,因而编写出了《甬城千年》和《甬城胜迹》二书,加上过去白手起家的《甬城街巷》《甬城老字号》《甬城藏书楼》和《甬城古港》,则成就了所称的合集,然则风大吹倒树,树大挡住风,因而这块园地还没有完全定格。

没有人愿意将经历作为回忆往事的资本,而是渴望每天都有暖阳去了云即晴天,因此无论如何一个人只要信念之火不灭,不管遇到什么都不会沉沦,其脚步永远向前,也根本不必回头去看害你的人是谁,因为不作胯下骑不是忘记而是铭记。如同甘愿遇难题比体力、比耐力和比时间,三年的新冠疫情,在把人逼到了墙脚的同时,也把人埋进了独立的空间,于是有了更多的时间去深入了解莆田人在宁波的角色和细节,此间虽然也有很多次失败的采访,但当庸俗与失语同时袭来的时候,确需掩耳求闻抑或闭目求见。要是懒得思考,那就把往日所得的满箱奖状证书捧出来,把名家们"有用是宝,无用是草""世上虽少有,识者才有用""家有此君国不虚"等赠句张开来,实干奖字字珠玑,委屈奖语语峭丽。

为余浩叹者,吴有吴音、越有越语,"莆仙话"尤为独特,不必其效之同。每个人、每个地方都是一个个跳动的音符,而家乡的音符,引发的是思乡的浓情,道出的是游子的心声。现如今在宁波,我较熟悉的莆田人肖金山、陈启华、连玉巷、郑金铭、苏金荣、蔡元光、颜庆竹与颜波父子、连伯练与连鸿宾父子、陈辉与陈洁兄妹、刘良飞与黄春娇夫妇、黄尚征、欧金森、张瑞龙、林丽英、何玉镇、林天杰、黄章平、肖立武、陈文言、林慧芬、陈清锋、陈志诚、林建华、邓炳、吴秀珍、吴小兰、蔡建明、林海山、黄海蜂、朱政玉、林旺芳、翁映峰等,以及许多认识、面熟、有一定知名度或平凡无奇的老乡,他们有的事业有成,定居宁波,有的图未就之功继续前行,展现出莆田人应有的风采,此中真意自心知,各司其职。

我屡屡请教莆田等方面的专家,特别要感谢博士、教授、研究生导师、原莆田学院文化与传播学院院长、中华诗词学会海峡诗词研究院常务副院长孟建煌先生,深蒙耳提面命;感谢《湄洲日报》原副社长、高级记者、莆田市诚信促进会副会长兼诚信书画院院长郑金铸先生,向获承颜接辞。

　　尤其要感谢莆田市政协副主席林玉瑞、莆田市政协文化文史和学习委主任吴建鋆等,他们为加强文化交流合作和传承发展中华优秀传统文化,积极指导、帮助本书开展调研等工作,助力讲好莆田故事,传播莆田好声音,阐释好莆田特色,展示好莆田形象,培其根,卫其长,操好心,乐成之。

　　乡亲柯志华先生时刻关注家乡独特文化、人物形象与风土人情,对本书加以统筹、策划、指导,积德累功,慈心于物。宁波树心文化团队既有思策,亦有思路,心之所及,颇有建树,尤其是罗林、邵紫丹、徐晓丽、陈国燕、詹怡欣诸同仁以文会友,敬贤礼士,旦呻夕吟,书香永存。此外,莆田市著名摄影家蔡昊、宁波市著名摄影家叶炜等,分别为本书插图组稿,特此表示谢忱!

　　莆田市政协文史委原主任、《中华妈祖》杂志社编委会副主任翁卫平先生,莆田学院图书馆馆长、《莆田市名人志》主编陈春阳先生,莆田市城厢区方志办主任林建如先生,莆田市涵江区方志办原主任林祖泉先生,宁波慈溪伏龙寺住持、弘一书画院执行院长、《甬上留香:弘一大师在宁波》主编传道法师,宁波文化名人、著名词作家、文旅策划人陈民宪先生,宁波地方文化学者蔡馨涯女士,以及良师益友许孟光、唐佐助、楼稼平、缪金星先生等,容我左采右获,受益良多。是他们给了我信心、智慧和勇气,让本书顺利面世。

　　著名书画家、浙江当代中国画研究院副院长盛欣夫,八方探索、十分坦荡,每作清言、必有新获,为完善本书情真切、语自然,实乃良师益友。

　　家人之助,温暖可亲。大郎王磊在本书的选材、誊写、组合、成稿过程中做了大量工作,二郎王奕虽年幼亦懂舒纸蘸墨,处处用心皆可成文。

　　莆田文友陈立人、鲍文芳、陈天寿、张元昌、朱仁良、高亚成等,莆田学友黄德莺、杨元珍和周凤英伉俪、刘梅妹、王小忠等,为询访、检稿提供帮助,在此一并表示感谢!

　　同时还要感谢所有关心、支持、帮助编写与出版的各位同仁,大家为本书添油加布、增色捐威,暖于布帛、重于金石,其风雅之举、举重若轻,于时于世、无不利焉。

后 记

　　楚河三分阔,二分是尘土,手中一粒棋,不外乎四端。虽为半路出家,不能半途而弃;只有米豆杂粮,不使中途挨饿。我一路历数着走过的路,平凡人捧出的只能是平淡与实在,而非浓肥辛甘。像是睇视熟睡中孩子的面庞,面对《莆田人在宁波》,竟让我如此刻骨铭心与长久坚持。我知道现实能馈赠给自己的是更多的付出,前方依然是一条长长的路。希望星光收容我游走的忧伤,祈求炎夏有风,冬日少雨,能安则定,嘉言善行,以避买椟还珠之憾,离数典忘祖之嗟。

　　半文半白,佳思忽来,杂感飞出题外,辨味即是内行。所谓半路出家,唯有实干最佳,一实能抵百虚,忍小可以全大。

　　其说虽未必然,然则亦有所本云,是为记。

王国宝于三头斋
癸卯年中秋